SPSS를 활용한

다변량

데이터의

통계분석

Statistical Analysis of
Multivariate Data

머리말

다변량 통계는 하나 이상의 결과 변수에 대한 동시 관찰 및 분석을 포괄하는 통계의 세분화이다. 다변량 통계는 다양한 형태의 다변량분석의 다양한 목표와 배경을 이해하고 서로 어떻게 관련되는지에 대해 궁구한다. 특정 문제에 다변량 통계의 실용적인 응용은 변수와 연구 중인 문제에 대한 관련성 사이의 관계를 이해하기 위해 여러 유형의 다변량분석을 포함할 수 있다. 또한 다변량 통계는 다변량 확률분포와 관련이 있다.

- 관찰된 데이터의 분포를 나타내는 데 사용할 수 있는 방법
- 통계적 추론의 일부로 사용할 수 있는 방법

다변량 데이터 분석 방법은 인과관계를 알아보는 일반화 선형모형과 변수들 간의 상관관계 혹은 변수들에 의해 측정된 개체의 유사성을 이용한 데이터 차원 축소 방법인 주성분분석과 요인분석 그리고 군집분석과 다차원척도법 등이 있다. 후자를 협의의 다변량 데이터 분석이라 하는데, 이 책에서는 이에 관해 다루기로 한다. 다변량분석 방법론을 경영, 경제, 사회과학 분야의 데이터 예제 중심으로 다루되 개념과 방법론에 대한 설명도 충분히 하였다. 또한 통계소프트웨어 SPSS를 활용한 분석 및 결과 해석에 많은 지면을 할애하였다.

다변량분석(multivariate analysis)이라고 하면 통계학 중에서도 왠지 어려운 분야에 속하는 것은 아닐까 하고 생각하는 사람이 많을 것이다. 그러나 실제로 이 기법들을 사용해 보면 미리 걱정했던 것보다 쉽고 의외로 간단하다는 것을 알 수 있다. 물론 다변량분석의 이론적인 내용에 관해서는 대학교 교양과정 정도의 선형대수와 미적분의 지식이 필요하지만, 구체적인 예를 계산하는 데는 연립방정식에 대한 해법의 지식과 탁상용 계산기만 있으면 충분하다. PC가 있다면 더 말할 나위가 없다.

다변량분석이란 여러 현상이나 사건에 대한 측정치를 개별적으로 분석하지 않고 동시에 한 번에 분석하는 통계적 기법을 말한다. 즉 여러 변인들 간의 관계성을 동시에 고려해 그 효과를 밝히는 것이다.

다변량분석에 관한 책을 읽고 그 기법이나 의미하는 바를 충분히 이해할 수 있는 사람은 많지 않을 것으로 생각한다. 대부분의 사람들은 아무 생각 없이 사용설명서에 의존하여 나름대로 다변량분석을 이해하고 실제의 데이터를 다루는 과정에서 이 기법에 익숙해져 가는 것이 고작일 것이다.

이 책은 다변량분석에 관한 일반적으로 널리 쓰이는 기법들로 구성되어 있다. 소위 다변량분석은 과거의 기록 데이터와 새로 계획적으로 수집한 데이터의 어느 쪽에도 적용가능한 기법이다. 수치로 표시되는 양적 데이터는 말할 것도 없고, 수치로는 표현하기 어려운 질적 데이터도 코드화를 통해서 처리할 수 있는 유연성이 높은 기법이다. 이와 같은 특색에 덧붙여서 PC의 급속한 보급과 양질의 소프트웨어의 등장에 의해 최근에는 분야를 불문하고 넓은 범위에서 활용하고 있다.

다변량분석을 실천하려면 컴퓨터와 분석을 위한 소프트웨어가 필요하다. 프로그램을 스스로 작성할 수 있는 사람이더라도 다변량분석의 소프트웨어를 자주적으로 개발한다는 것은 상당한 수고가 필요하다. 그러나 다행스럽게도 PC로 작동되는 SPSS와 같은 신뢰성이 높은 통계 패키지가 시판되고 있어 이것들을 이용하면 수집한 데이터를 다변량분석의 기법으로 분석할 수 있게 된다.

이 책에서는 SPSS의 조작 방법에 대해서 필요최소한의 것밖에 설명하고 있지 않다. 그러나 이 책에 따라 학습하다 보면 스스로 이들 소프트웨어의 조작 방법에 익숙해져 있는 자신을 발견할 것이다. 이 책에서 사용한 소프트웨어는 SPSS 27 버전이다.

끝으로 이 책의 출간을 기꺼이 허락해 주신 한올출판사 사장님과 관계자 여러분의 노고에 감사의 말씀을 드린다.

2022년 6월
저자 씀

CONTENTS

Chapter 01　다중회귀분석 ································· 2

　　1. 개요 ··· 4

　　2. 데이터와 분석의 목표 ······················· 5

　　3. 다중회귀분석을 위한 순서 ··················· 7

Chapter 02　계층형 신경망 ····························· 18

　　1. 개요 ··· 20

　　2 데이터와 분석의 목표 ······················· 23

　　3. 신경망 분석을 위한 순서 ··················· 24

Chapter 03　로지스틱 회귀분석 입문 ················· 34

　　1. 개요 ··· 36

　　2. 데이터와 분석의 목표 ······················· 38

　　3. 로지스틱 회귀분석을 위한 순서 ············· 39

Chapter 04　로지스틱 회귀분석 설명변수의 선택 ····· 50

　　1. 모든 가능한 회귀 ··························· 52

　　2. 축차변수선택법 ····························· 59

CONTENTS ......

Chapter 05 로지스틱 회귀분석의 유의점 74

1. 다중공선성 76
2. 완전 분리 89
3. 이상치와 영향도 102
4. ROC 곡선 113

Chapter 06 일반화 선형모형 118

1. 일반화 선형모형에 의한 로지스틱 회귀분석 120
2. 일반화 추정방정식에 의한 로지스틱 회귀분석 127

Chapter 07 로지스틱 회귀분석의 확장 146

1. 다항 로지스틱 회귀분석 148
2. 순서 로지스틱 회귀분석 160

Chapter 08 의사결정나무 174

1. 개요 176
2. 데이터와 분석의 목표 178
3. 의사결정나무를 위한 순서 179

CONTENTS

Chapter 09 **주성분분석** ··· 190

1. 개요 ·· 192

2. 데이터와 분석의 목표 ····································· 194

3. 주성분분석을 위한 순서 ·································· 195

4. 주성분분석과 관능평가 ·································· 208

Chapter 10 **요인분석** ··· 218

1. 개론 ·· 220

2 데이터와 분석의 목표 ····································· 223

3. 요인분석을 위한 순서(주축요인추출법) ····················· 224

4. 요인분석을 위한 순서(최대우도법) ······················· 234

Chapter 11 **군집분석** ··· 244

1. 군집분석의 기초지식 ····································· 246

2. 군집분석의 실제 ··· 254

3. 비계층적 K-평균 군집분석법 ······························· 267

Chapter 12 **다차원척도법** ··· 276

1. 다차원척도법의 기초지식 ································· 278

2. 다차원척도법의 실제 ····································· 286

CONTENTS ......

Chapter 13 **대응분석** 306

1. 대응분석과 분할표 308

2. (0, 1)형 데이터의 대응분석 317

Chapter 14 **신뢰성분석** 326

1. 신뢰성과 타당성 328

2. 신뢰성분석의 실제 334

Chapter 15 **결측값의 처리** 342

1. 앙케트 조사와 결측값 344

2. 추가처리 기능 363

● 참고문헌 / 370

● Index / 373

다중회귀분석

Chapter 01
다중회귀분석

1. 개요

1. 회귀분석

통계학에서 회귀분석(回歸分析, regression analysis)은 관찰된 연속형 변수들에 대해 두 변수 사이의 모형을 구한 뒤 적합도를 측정해 내는 분석 방법이다.

회귀분석은 시간에 따라 변화하는 데이터나 어떤 영향, 가설적 실험, 인과관계의 모델링 등의 통계적 예측에 이용될 수 있다. 그러나 많은 경우 가정이 맞는지 아닌지 적절하게 밝혀지지 않은 채로 이용되어 그 결과가 오용되는 경우도 있다. 특히 통계 소프트웨어의 발달로 분석이 용이해져서 결과를 쉽게 얻을 수 있지만 분석 방법의 선택이 적절했는지 또한 정보 분석이 정확한지 판단하는 것은 전적으로 연구자에게 달려 있다.

하나의 종속변수와 하나의 독립변수 사이의 관계를 분석할 경우를 단순회귀분석(simple regression analysis), 하나의 종속변수와 여러 독립변수 사이의 관계를 규명하고자 할 경우를 다중회귀분석(multiple regression analysis)이라고 한다.

통계학에서, 선형 회귀(線型回歸, linear regression)는 종속변수 y와 한 개 이상의 독립변수 (또는 설명변수) x와의 선형 상관관계를 모델링하는 회귀분석 기법이다. 한 개의 설명변수에 기반한 경우에는 단순 선형 회귀(simple linear regression), 둘 이상의 설명 변수에 기반한 경우에는 다중 선형 회귀라고 한다.

선형 회귀는 선형 예측 함수를 사용해 회귀식을 모델링하며, 알려지지 않은 파라미터는 데이터로부터 추정한다. 이렇게 만들어진 회귀식을 선형 모델이라고 한다.

선형 회귀는 깊이 있게 연구되고 널리 사용된 첫 번째 회귀분석 기법이다. 이는 알려지지 않은 파라미터에 대해 선형 관계를 갖는 모델을 세우는 것이, 비선형 관계를 갖는 모델을 세우는 것보다 용이하기 때문이다.

선형 회귀는 여러 사용 사례가 있지만, 대개 아래와 같은 두 가지 분류 중 하나로 요약할 수 있다.

- 값을 예측하는 것이 목적일 경우, 선형 회귀를 사용해 데이터에 적합한 예측 모형을 개발한다. 개발한 선형 회귀식을 사용해 y가 없는 x값에 대해 y를 예측하기 위해 사용할 수 있다.
- 종속변수 y와 이것과 연관된 독립변수 $x_1, x_2, \cdots, x_p$가 존재하는 경우에, 선형 회귀분석을 사용해 x_j와 y의 관계를 정량화할 수 있다. x_j는 y와 전혀 관계가 없을 수도 있고, 추가적인 정보를 제공하는 변수일 수도 있다.

2. 데이터와 분석의 목표

다음의 데이터는 미국은행에 취업해 있는 은행원 265명의 현재의 급료, 성별, 업무의 숙달도 등에 대해서 조사한 결과이다.

| 표 1.1 | 은행원 급료와 여러 가지 요인

No.	현재의 급료	성별	숙달도	연령	취학년수	근속년수	직종
1	10620	여성	88	34.17	15	5.08	사무직
2	6960	여성	72	46.50	12	9.67	사무직
3	41400	남성	73	40.33	16	12.50	관리직
4	28350	남성	83	41.92	19	13.00	관리직
5	16080	남성	79	28.00	15	3.17	사무직
6	8580	여성	72	45.92	8	16.17	사무직
:	:	:	:	:	:	:	:
264	7380	여성	85	51.00	12	19.00	사무직
265	8340	여성	70	38.00	12	10.58	사무직
266	?	여성	30	30	10	3	사무직
267	?	남성	30	30	10	3	기술직

?의 예측값은?

분석하고 싶은 것은?
현재의 급료와 {성별·숙달도·연령·취학년수·근속년수·직종} 사이에 어떠한 인과관계가 있는 것일까?

이와 같은 경우에 결과에 해당하는 {현재의 급료}는 종속변수가 되고, 나머지 변수인 원인에 해당하는 {성별·숙달도·연령·취학년수·근속년수·직종}은 독립변수가 된다. 즉, 다중회귀 모델을 만들어 보기로 한다.

그 다중회귀 모델 식은

$$현재의 급료 = b_1 \times 성별 + b_2 \times 숙달도 + b_3 \times 연령 + b_4 \times 취학년수$$
$$+ b_5 \times 근속년수 + b_6 \times 직종 + b_0$$

가 된다.

3. 다중회귀분석을 위한 순서

통계처리 순서

《순서 1》 데이터의 입력

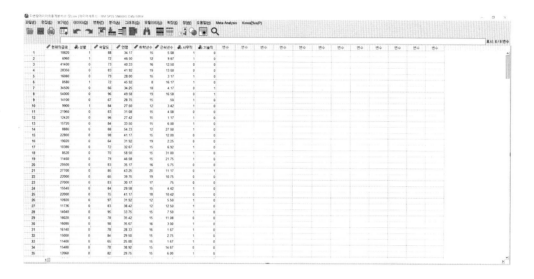

《순서 2》 메뉴에서 [분석] - [회귀분석] - [선형]을 선택한다.

《순서 3》변수의 선택

현재의 급료를 클릭해서 [종속변수] 난에 입력하고, 나머지 변수 성별·숙달도·연령·취학년수·근속년수·직종 등을 [독립변수] 난에 입력한다. 다음에 [통계량]을 선택한다.

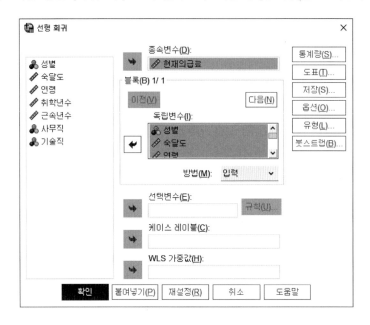

《순서 4》통계량의 선택

다음 화면이 나타나면 추가로 [부분상관 및 편상관계수]와 [공선성 진단]을 체크하고, [계속]을 클릭한다. 앞의 화면으로 되돌아간다.

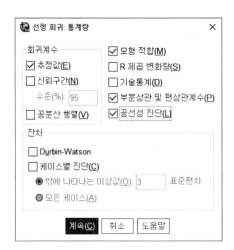

▶ 경제 데이터의 경우에는 [Durbin-Watson]의 검정을 체크할 수 있다.

《순서 5》 도표 메뉴의 선택

[도표]를 클릭하면, 화면이 다음과 같이 된다. [정규확률도표]를 체크하고 [계속]을 클릭한다.
앞의 화면으로 되돌아간다.

▶ 종속변수는 정규성을 가정하고 있다.

《순서 6》 저장의 선택

[저장]을 클릭하면, 화면이 다음과 같이 된다. [Cook의 거리], [레버리지 값], [공분산비율]을
선택하고 [계속]을 클릭한다.

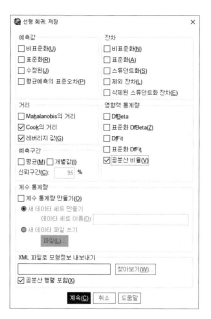

▶ 예측값를 알고 싶을 때는 [예측값]의 [비표준화]를 체크한다.

다음의 화면이 되면 [확인]을 클릭한다.

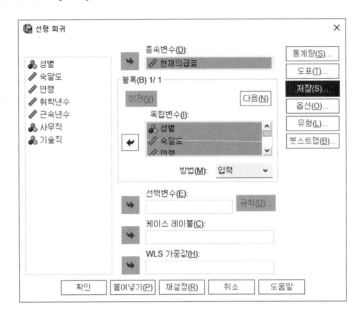

SPSS에 의한 출력 결과와 해석방법

모형 요약[b]

모형	R	R 제곱	수정된 R 제곱	추정값의 표준 오차
1	.870[a]	.757	.750	3604.477

a. 예측자: (상수), 기술직, 연령, 숙달도, 성별, 사무직, 취학년 수, 근속년수

b. 종속변수: 현재의급료

    R은 중상관계수를 가리킨다. R=0.870은 1에 가까우므로, 분석 결과 구한 다중회귀식은 적합도가 좋다는 것을 알 수 있다. 중상관계수는 실측값과 예측값의 상관계수이다.

    R 제곱은 결정계수 R^2을 가리킨다. $R^2 = 0.757$은 1에 가까우므로, 분석 결과 구한 다중회귀식은 적합도가 좋다는 것을 알 수 있다.

$$중상관계수 = \sqrt{결정계수}$$

$$0 \leq R^2 \leq 1$$

수정된 R 제곱은 자유도조정필 결정계수를 가리킨다. 이 값과 R 제곱의 차가 클 때는 주의를 요한다.

ANOVA[a]

모형		제곱합	자유도	평균제곱	F	유의확률
1	회귀	1.039E+10	7	1483662887	114.196	.000[b]
	잔차	3339008584	257	12992251.30		
	전체	1.372E+10	264			

a. 종속변수: 현재의급료
b. 예측자: (상수), 기술직, 연령, 숙달도, 성별, 사무직, 취학년수, 근속년수

다중회귀분석의 분산분석표이다.

다음의 가설

가설 H_0 : 구한 중회귀식은 예측에 도움이 되지 않는다

가설 H_0 : $\beta_1 = \beta_2 = \cdots = \beta_7 = 0$

를 검정하고 있다.

유의수준 0.000이 유의수준 $\alpha = 0.05$보다 작으므로, 이 가설 H_0은 기각된다.

다시 말하면, 여기에서 구한 중회귀식은 예측에 도움이 된다고 하는 것이다.

계수[a]

모형		비표준화 계수 B	표준화 오류	표준화 계수 베타	t	유의확률	상관계수 0차	편상관	부분상관	공선성 통계량 공차	VIF
1	(상수)	16133.381	2771.199		5.822	.000					
	성별	-1642.963	562.711	-.114	-2.920	.004	-.448	-.179	-.090	.626	1.598
	숙달도	50.174	22.367	.070	2.243	.026	.050	.139	.069	.974	1.027
	연령	-52.877	31.193	-.086	-1.695	.091	-.233	-.105	-.052	.364	2.749
	취학년수	457.332	100.992	.188	4.528	.000	.645	.272	.139	.549	1.822
	근속년수	-29.858	40.817	-.035	-.732	.465	-.093	-.046	-.023	.419	2.388
	사무직	-11695.243	808.406	-.570	-14.467	.000	-.790	-.670	-.445	.611	1.637
	기술직	10626.316	1620.657	.220	6.557	.000	.491	.379	.202	.844	1.186

a. 종속변수: 현재의급료

여기에서 구한 중회귀식 y는 [비표준화계수] B를 보면, 다음과 같이 된다.

$$y = -1642.963 \times 성별 + 50.174 \times 숙달도 - 52.877 \times 연령 + 457.332 \times 취학년수 - 29.858 \times 근속년수 - 11659.243 \times 사무직 + 10626.316 \times 기술직 + 16133.381$$

비표준화계수의 절대치가 큰 독립변수는 종속변수에 영향을 많이 미치고 있다. 현재의 급료

에 영향을 미치고 있는 것은 직종, 성별, 취학년수 등이다.

유의확률이 0.05보다 큰 독립변수는 종속변수에 영향을 미치고 있지 않다. 이 출력 결과를 보면, 근속년수는 현재의 급료에 관계가 없어 보인다.

역으로 유의확률이 0.05 이하인 독립변수는 가설 H_0가 기각되므로, 종속변수에 영향을 미치는 요인이라고 할 수 있다.

다중회귀분석에서는 다중공선성의 문제가 자주 일어난다. 공선성이란

"독립변수 사이에 1차식의 관계가 존재하고 있는 것은 아닐까?"

라고 하는 것이다.

공차와 VIF 사이에는 다음의 관계가 성립한다.

$$VIF = \frac{1}{공차} \qquad 1.186 = \frac{1}{0.844}$$

공차가 작다거나 혹은 VIF가 큰 독립변수는 나머지 독립변수와의 사이에 1차식의 관계가 있을 가능성이 있으므로, 다중회귀분석을 실시할 때에는 제거하는 편이 좋을지도 모른다.

공선성 진단[a]

모형	차원	고유값	상태지수	분산비율							
				(상수)	성별	숙달도	연령	취학년수	근속년수	사무직	기술직
1	1	5.910	1.000	.00	.01	.00	.00	.00	.00	.00	.00
	2	1.037	2.388	.00	.02	.00	.00	.00	.00	.00	.72
	3	.495	3.455	.00	.52	.00	.00	.00	.04	.00	.12
	4	.402	3.835	.00	.04	.00	.00	.01	.31	.01	.00
	5	.109	7.379	.00	.11	.00	.00	.04	.00	.58	.15
	6	.027	14.771	.00	.29	.00	.76	.14	.60	.04	.00
	7	.016	19.261	.01	.01	.55	.09	.45	.02	.22	.00
	8	.005	35.024	.99	.00	.45	.15	.36	.02	.15	.00

a. 종속변수: 현재의근로

상태지수는

$$\sqrt{\frac{5.910}{5.910}} = 1.000, \quad \sqrt{\frac{5.910}{1.037}} = 2.388, \quad \sqrt{\frac{5.910}{0.495}} = 3.455, \quad \cdots$$

와 같이 계산된다.

여섯 번째 상태지수가 큰 곳에 공선성의 가능성이 있다고 할 수 있다. 예를 들면 여섯 번째 고유값의 상태지수는 14.771로 갑자기 커지고 있다. 이 여섯 번째를 가로 방향으로 보면, 연령이나 근속년수가 다른 독립변수보다 크게 되어 있다.

따라서 성별·연령·취학년수·근속년수 사이에 공선성이 숨어 있을 가능성이 있다. 이와 같은 때에는 독립변수 사이의 상관계수나 VIF도 조사해 보는 것이 좋다.

상관관계

		근속년수	연령
근속년수	Pearson 상관	1	.720**
	유의확률 (양측)		.000
	N	265	265
연령	Pearson 상관	.720**	1
	유의확률 (양측)	.000	
	N	265	265

**. 상관관계가 0.01 수준에서 유의합니다(양측).

근속년수와 연령 사이의 상관계수가 0.720으로 1% 수준에서 유의함을 알 수 있다.

회귀 표준화 잔차의 정규 P-P 도표

종속변수: 현재의급료

오차의 분포가 정규분포에 따르고 있는지 어떤지를 조사하고 있다.

이것도 중회귀 모델

$$y_1 = \beta_1 x_{11} + \beta_2 x_{21} + \cdots + \beta_p x_{p1} + \beta_0 + \varepsilon_1$$
$$y_2 = \beta_1 x_{12} + \beta_2 x_{22} + \cdots + \beta_p x_{p2} + \beta_0 + \varepsilon_2$$
$$\vdots$$
$$y_n = \beta_1 x_{1n} + \beta_2 x_{2n} + \cdots + \beta_p x_{pn} + \beta_0 + \varepsilon_n$$

에서는

"오차 $\varepsilon_1, \varepsilon_2, \cdots, \varepsilon_n$은 서로 독립으로 동일한 정규분포 $N(0, \sigma^2)$에 따르고 있다" 라고 하는 전제를 두므로, 이 그래프에 의한 정규성의 체크는 중요하다.

▶ 오차 ε이 정규분포라고 하는 것은 종속변수 y도 정규분포이다.

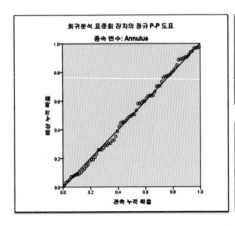

잔차의 정규분포 가정을 검정하기 위하여 정규 P-P 도표를 출력하여 산 포도를 확인할 수 있음

잔차의 형태가 대각선 직선의 형태 를 지니고 있으면 잔차가 정규분포 라고 할 수 있음

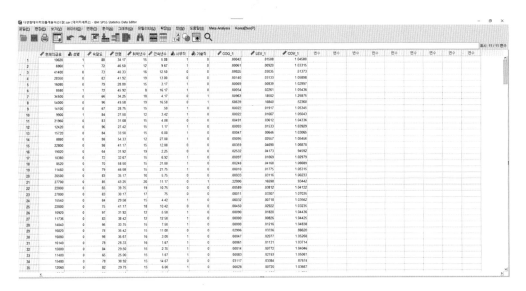

COO_1은 Cook의 거리를 가리킨다. 이 값이 클 때, 그 값의 데이터는 이상치(outlier)의 가능성이 있다.

LEV_1은 레버리지를 가리킨다. 이 값이 크면 이상치일 지도 모른다.

COV_1은 공분산 비율을 가리킨다. 공분산 비율이 1에 가까울 때, 그 데이터의 영향력은 작다고 생각할 수 있다.

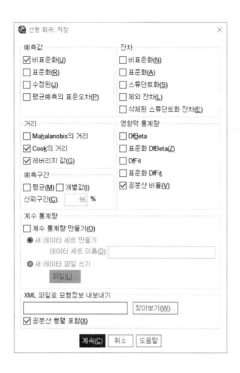

266, 267번 째 사람의 데이터를 입력하고, [저장] 창에서 [예측값]의 [비표준화]에 체크하고
분석하면 현재의 급료에 대한 예측값을 계산한다.

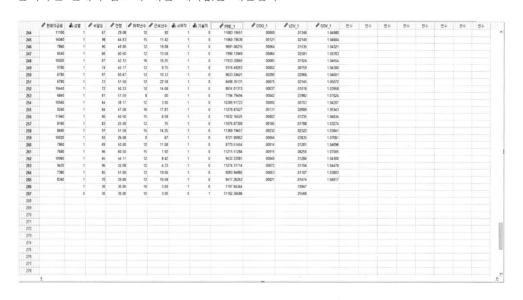

266번 째의 예측값 =7197.84344

267번 째의 예측값 = 31162.36586

회귀분석의 종류는 단순선형회귀분석, 다중선형회귀분석, 로지스틱회귀분석, Cox 비례회귀분석 등이 있다.

- 단순선형회귀분석(단변량회귀, simple linear regression)
- 단순선형회귀는 종속변수와 독립변수 사이의 관계를 선형으로 설명한 것이다.

SPSS를 활용한
다변량 데이터의
통계분석

계층형 신경망

Chapter 02
계층형 신경망

1. 신경망

신경망(神經網) 또는 뉴럴 네트워크(neural network)는 신경회로 또는 신경의 망(網)으로, 현대적 의미에서는 인공 뉴런[1]이나 노드로 구성된 인공 신경망을 의미한다. 그러므로 신경망은 실제 생물학적 뉴런으로 구성된 생물학적 신경망이거나 인공지능(AI) 문제를 해결하기 위한 인공 신경망으로 구분할 수 있다. 생물학적 뉴런의 연결은 하중(무게)으로 모델링된다.

생물학적 신경망은 화학적으로 연결되거나 기능적으로 연결된 뉴런들의 그룹으로 구성된다. 하나의 뉴런은 다른 수많은 뉴런들과 연결될 수 있으며 망 내의 뉴런과 연결점들의 모든 수는 광활하다. 연결, 즉 시냅스는 일반적으로 축삭에서 가지돌기, 수상돌기간 시냅스를 통해 구성되며 다른 연결 또한 가능하다.

---

1) 뉴런(neuron), 신경세포 또는 신경원은 신경아교세포와 함께 신경계와 신경조직을 이루는 기본 단위이다. 신경계의 모든 작용이 신경세포와 신경세포 간의 상호작용으로 인해 이루어진다. 예를 들어, 우리 몸의 내부와 외부에 자극을 가하게 되면 일련의 과정을 통해 뉴런은 자극을 전달하게 되며, 최종적으로 척수와 뇌 등의 중추신경계로 도달하게 되며 중추신경계에서 처리한 정보를 다시 우리 몸으로 전달해 명령을 수행한다.

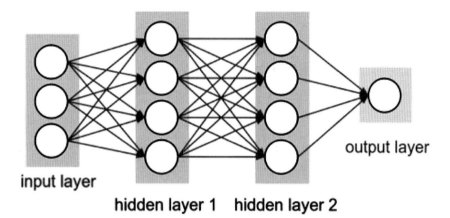

| 그림 2.1 | 은닉층이 2개 있는 모델

2. 인공 신경망

인공신경망(人工神經網, artificial neural network, ANN)은 기계학습과 인지과학에서 생물학의 신경망(동물의 중추신경계 중 특히 뇌)에서 영감을 얻은 통계학적 학습 알고리즘이다. 인공신경망은 시냅스의 결합으로 네트워크를 형성한 인공 뉴런(노드)이 학습을 통해 시냅스의 결합 세기를 변화시켜, 문제해결 능력을 가지는 모델 전반을 가리킨다. 좁은 의미에서는 오차역전파법을 이용한 다층 퍼셉트론을 가리키는 경우도 있지만, 이것은 잘못된 용법으로, 인공신경망은 이에 국한되지 않는다.

인공신경망에는 교사 신호(정답)의 입력에 의해서 문제에 최적화되어 가는 지도 학습과 교사 신호를 필요로 하지 않는 비지도 학습으로 나뉘어져 있다. 명확한 해답이 있는 경우에는 교사 학습이, 데이터 클러스터링에는 비교사 학습이 이용된다. 인공 신경망은 많은 입력들에 의존하면서 일반적으로 베일에 싸인 함수를 추측하고 근사치를 낼 경우 사용한다. 일반적으로 입력으로부터 값을 계산하는 뉴런 시스템의 상호연결로 표현되고 적응성이 있어 패턴인식과 같은 기계학습을 수행할 수 있다.

예를 들면, 필기체 인식을 위한 신경망은 입력 뉴런의 집합으로 정의되며 이들은 입력 이미지의 픽셀에 의해 활성화된다. 함수의 변형과 가중치가(이들은 신경망을 만든 사람이 결정한다.) 적용된 후 해당 뉴런의 활성화는 다른 뉴런으로 전달된다. 이러한 처리는 마지막 출력 뉴런이 활성화될 때까지 반복되며 이것은 어떤 문자를 읽었는지에 따라 결정된다.

다른 기계학습과 같이-데이터로부터 학습하는-신경망은 일반적으로 규칙기반 프로그래밍으로 풀기 어려운 컴퓨터 비전 또는 음성 인식과 같은 다양한 범위의 문제를 푸는 데 이용된다.

3. 신경망 분석

생물학적인 신경망과 구분하여 인공 신경망(artificial neural network)이라고도 하며 신경망은 각 뉴런이 독립적으로 동작하는 처리기의 역할을 하기 때문에 병렬처리(parallelism)가 뛰어나고 많은 연결선에 정보가 분산되어 있기 때문에 일부 뉴런에 문제가 발생하더라도 전체 시스템에 큰 영향을 주지 않는 결함 허용(fault tolerance) 능력이 있다.

주어진 환경에 대해 학습 능력이 있기 때문에 인공지능 분야에 이용되고 있으며 문자인식, 화상처리, 자연 언어 처리, 음성 인식 등 여러 분야에 이용되고 있다.

신경망 모수인 시냅스[2] 가중치를 데이터로부터 추정하는 작업을 학습이라 하며 모수 추정에 사용되지 않았던 데이터에 대하여 네트워크가 정확하게 예측하는 경우 네트워크 일반화 성능이 높다고 한다.

[장점]
- 복잡하고 다양한 자료를 쉽게 해결해 준다.
- 질적 변수와 양적 변수에 관계 없이 모두 분석이 가능하다.
- 입력 변수들 간의 비선형 조합이 가능하며 예측력이 우수하다.

[단점]
- 결과에 대한 분류와 예측 결과만 보여준다.
- 결과 생성의 원인과 이유를 설명하기가 어렵다.
- 데이터 분석 시 랜덤하게 표본을 선정하기 때문에 회귀분석의 결과 일치하지 않을 수 있다.

[활용 사례]
- IBM 왓슨의 헬스케어 시스템 :http://sqlmvp.kr/140187754065

---

2) 시냅스(Synapse) 또는 '신경접합부'란 한 뉴런(신경 세포, neuron)에서 다른 뉴런으로 신호를 전달하는 연결 지점이다.

2 데이터와 분석의 목표

   다음의 데이터는 60명의 피험자에 대해서 뇌졸중과 그 몇 가지의 요인에 대하여 조사한 결과이다.

| 표 2.1 | **뇌졸중과 그 몇 가지의 요인**

피험자 번호	뇌졸중	체중	알콜	담배	혈압
1	위험성없음	비만	안마심	금연	정상
2	위험성없음	정상	안마심	금연	정상
3	위험성있음	비만	마심	끽연	높음
4	위험성있음	비만	안마심	끽연	높음
5	위험성있음	정상	마심	끽연	높음
6	위험성없음	비만	마심	금연	정상
:	:	:	:	:	:
59	위험성없음	정상	안마심	끽연	높음
60	위험성없음	정상	안마심	금연	정상
61	?	비만	마심	끽연	높음

?의 예측값?

분석하고 싶은 것은?
체중, 알콜, 담배, 혈압 등 네 가지 조건이 주어졌을 때, 뇌졸중의 가능성을 예측하고 싶다.

TIPS!

뇌졸중을 일으키는 주 위험요인으로 고혈압, 흡연, 스트레스, 복부비만, 나쁜 식습관, 혈중 지방 수치, 당뇨병, 음주, 우울증, 심장질환 등이 90%를 차지하고 있는 것으로 나타났다. 연구결과 "특히 고혈압, 흡연, 스트레스, 나쁜 식습관, 복부비만 등 다섯 가지가 뇌졸중 위험요인의 80%를 차지했다"며 "이 다섯 가지는 생활습관을 바꾸기만 해도 조절할 수 있다"고 말했다.

3. 신경망 분석을 위한 순서

💧 통계처리 순서

《순서 1》 데이터의 입력

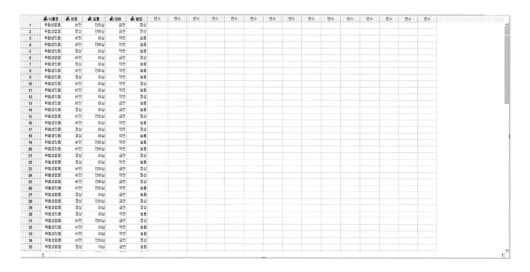

《순서 2》 메뉴에서 [분석] - [신경망] - [다층 퍼셉트론]을 선택한다.

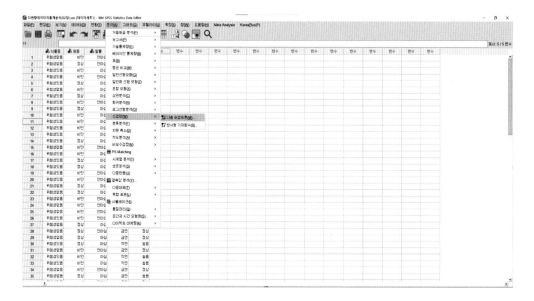

《순서 3》변수의 선택

다음의 대화상자가 나타나면, 뇌졸중을 [종속변수]로, 체중, 알콜, 담배, 혈압을 [공변량]으로 이동한다.

▶ 공변량을 독립변수라고도 한다.

《순서 4》분할표의 작성

위의 화면에서 [분할] 탭을 클릭하면, 다음의 화면이 된다. 여기는 그대로 유지한다.

분할의 표는 다음과 같이 되어 있다.

학습 … 신경망을 학습하기 위해서 사용하는 데이터

검정 … 지나친 학습을 막기 위해서 학습 중의 예측오차의 추적에 사용하는 데이터

검증 … 최종의 신경망을 평가하기 위해서 사용하는 데이터

《순서 5》 신경망 설계

[설계] 탭을 클릭하면 다음 화면이 된다. [사용자 정의 신경망 설계]를 택하고, 다음과 같이 선택한다.

▶ [노드 수]의 [사용자 정의]를 택하고, 다음과 같이 설정한다.

은닉층 수 … 1

노드 수 … 3

▶ [출력층]의 [쌍곡 탄젠트]란 Hyperbolic Tangent를 가리킨다.
▶ 수학에서 쌍곡선 함수(双曲線函數, hyperbolic function)는 일반적인 삼각함수와 유사한 성질을 갖는 함수로 삼각함수가 단위원 그래프를 매개변수로 표시할 때 나오는 것처럼, 표준쌍곡선을 매개변수로 표시할 때 나온다.

▶ 쌍곡탄젠트(hyperbolic tangent)

$$\tanh x = \frac{\sinh x}{\cosh x}$$

$$= \frac{\frac{e^x - e^{-x}}{2}}{\frac{e^x + e^{-x}}{2}} = \frac{e^x - e^{-x}}{e^x + e^{-x}} = \frac{e^{2x} - 1}{e^{2x} + 1} = -i \tan ix$$

《순서 6》출력 설계

[출력결과] 탭을 클릭하면, 다음의 화면이 된다. [망 구조]의 [시냅스 가중값]을 체크한다.

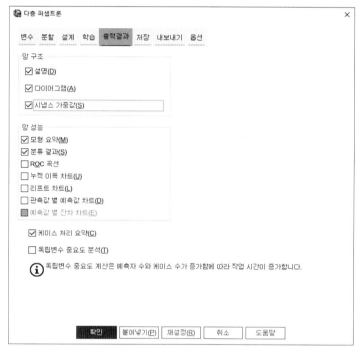

▶ 시냅스의 가중값이란 경로계수를 가리킨다.

《순서 7》저장

[저장] 탭을 클릭하면, 다음의 화면이 된다. [각 케이스별 종속변수에 대한 예측값이나 예측범주 저장]과 [각 케이스별 종속변수에 대한 예측 유사 확률 저장]을 체크하고 [확인]을 클릭한다.

SPSS에 의한 출력 결과와 해석방법

망 정보

입력층	공변량	1	체중	
		2	알콜	
		3	담배	
		4	혈압	
	노드 수[a]			4
	공변량 조정 방법		표준화	
은닉층	은닉층 수			1
	은닉층 1에서 노드의 수[a]			3
	활성화 함수		시그모이드	
출력층	종속변수	1	뇌졸중	
	노드 수			2
	활성화 함수		시그모이드	
	오차 함수		제곱합	

a. 편향 단위 제외

모수 추정값

예측자		예측				
		은닉층 1			출력층	
		H(1:1)	H(1:2)	H(1:3)	[뇌졸중=0]	[뇌졸중=1]
입력층	(편향)	-.562	-.406	-.460		
	체중	-.886	1.760	-.030		
	알콜	-1.199	2.662	-.040		
	담배	-1.850	2.471	.294		
	혈압	-1.831	1.980	-.096		
은닉층 1	(편향)				.243	-.537
	H(1:1)				2.636	-2.291
	H(1:2)				-3.601	3.417
	H(1:3)				-.187	-.015

위의 [망 정보]와 [모수 추정값]의 결과 모수 추정값을 각 경로에 입력하면 아래의 경로도형과 같다.

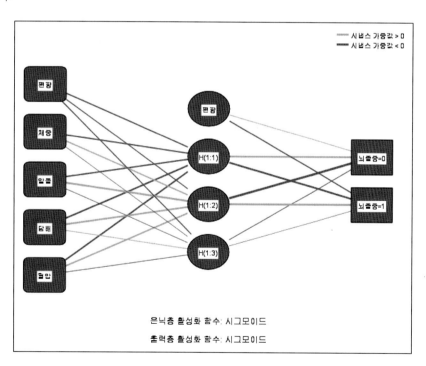

모수 추정값

		예측				
		은닉층 1			출력층	
예측자		H(1:1)	H(1:2)	H(1:3)	[뇌졸중=0]	[뇌졸중=1]
입력층	(편향)	-2.102	.328	-.415		
	체중	-1.731	.229	-.499		
	알콜	.286	2.050	-7.524		
	담배	1.236	1.241	-7.910		
	혈압	1.823	1.562	-5.589		
은닉층 1	(편향)				-4.408	4.364
	H(1:1)				5.950	-5.969
	H(1:2)				-4.665	3.682
	H(1:3)				8.513	-8.074

실행할 때에 출력되는
모수의 값이 조금씩 달라진다.

	뇌졸중	체중	알콜	담배	혈압	MLP_Predicted Value	MLP_Pseudo Probability_1	MLP_Pseudo Probability_2	변수	변수	변수	변수	변수	변수	변수	변수	변수	변수	변수
34	0	1	0	0	0	0	942	057											
35	0	0	1	0	0	0	621	326											
36	0	3	0	0	0	0	877	113											
37	0	0	0	0	0	0	930	068											
38	1	0	1	1	1	1	035	940											
39	0	0	1	0	0	0	938	060											
40	0	0	0	1	0	0	927	068											
41	1	1	1	1	1	0	032	946											
42	1	0	0	1	1	0	493	420											
43	1	0	1	1	1	1	035	940											
44	0	1	1	0	1	0	900	094											
45	1	1	1	1	1	1	032	946											
46	1	1	0	1	1	0	070	889											
47	1	0	1	1	1	0	035	940											
48	1	1	1	1	0	0	060	905											
49	1	0	1	1	1	0	035	940											
50	1	1	1	1	0	0	060	905											
51	0	1	0	1	1	0	942	057											
52	0	0	0	0	0	0	943	056											
53	1	0	1	1	1	1	032	946											
54	0	0	0	1	1	1	493	420											
55	1	0	1	1	1	1	035	940											
56	1	1	0	1	1	1	070	889											
57	1	0	0	0	1	0	930	068											
58	0	0	0	0	0	0	943	056											
59	0	0	0	1	1	0	493	420											
60	0	0	0	0	0	0	943	056											
61		1	1	1	1	1	032	946											
62																			
63																			
64																			
65																			
66																			
67																			

예측하고 싶은 것은 피험자 No.61의 사람에 대한 것이다.
피험자 No.61의 예측값은 1(뇌졸중 위험성 있음)이 되어 있다.

위험성 없음의 예측의사확률(豫測疑似確率) = 0.032
위험성 있음의 예측의사확률(豫測疑似確率) = 0.946

따라서 피험자 No.61의 사람은 뇌졸중의 가능성이 높다는 것을 알 수 있다.
이러한 결과도 출력되고 있다.

모형 요약

학습	오차제곱합	5.220
	부정확 예측 퍼센트	14.3%
	사용된 정지규칙	오차의 감소가 없어지는 1번째 단계[a]
	학습 시간	0:00:00.00
검정	오차제곱합	.013
	부정확 예측 퍼센트	0.0%

종속변수: 뇌졸중

a. 오차 계산은 검정 표본을 기준으로 합니다.

분류

보기	관측빈도	예측		정확도 퍼센트
		위험성없음	위험성있음	
학습	위험성없음	16	5	76.2%
	위험성있음	1	20	95.2%
	전체 퍼센트	40.5%	59.5%	85.7%
검정	위험성없음	5	0	100.0%
	위험성있음	0	13	100.0%
	전체 퍼센트	27.8%	72.2%	100.0%

종속변수: 뇌졸중

TIPS!

SPSS에서 등장하는 시그모이드 함수는 S자형 곡선 또는 시그모이드 곡선을 갖는 수학 함수이다. 시그모이드 함수의 예시로는 첫 번째 그림에 표시된 로지스틱 함수가 있으며 다음 수식으로 정의된다.

$$S(x) = \frac{1}{1+e^{-x}} = \frac{e^x}{e^x+1}$$

다른 시그모이드 함수들은 예시 하위 문단에 제시되어 있다.

시그모이드 함수는 실수 전체를 정의역으로 가지며, 반환값은 단조증가하는 것이 일반적이지만 단조감소할 수도 있다. 시그모이드 함수의 반환값(y축)은 흔히 0에서 1까지의 범위를 가진다. 또는 -1부터 1까지의 범위를 가지기도 한다.

여러 종류의 시그모이드 함수는 인공 뉴런의 활성화 함수로 사용되었다. 통계학에서도 로지스틱 분포, 정규분포, 스튜던트 t분포 등의 누적분포함수로 시그모이드 곡선이 자주 등장한다. 시그모이드 함수는 가역 함수로 그 역은 로짓 함수다.

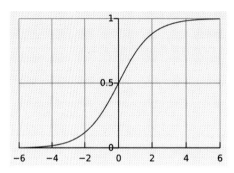

| 로지스틱 곡선 |

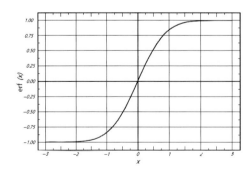

|오류 함수 곡선|

시그모이드 함수 예시

- 로지스틱 함수

$$f(x) = \frac{1}{1 + e^{-x}}$$

- 쌍곡탄젠트 (위의 로지스틱 함수를 평행이동하고 상수를 곱한 것과 같음)

$$f(x) = \tanh x = \frac{e^x - e^{-x}}{e^x + e^{-x}}$$

- 아크탄젠트 함수

$$f(x) = \arctan x$$

- 오차 함수

$$f(x) = \operatorname{erf}(x) = \frac{2}{\sqrt{\pi}} \int_0^x e^{-t^2}\, dt$$

- 일부 대수함수, 예를 들어:

$$f(x) = \frac{x}{\sqrt{1 + x^2}}$$

연속적이고 음이 아닌 '범프 모양' 함수의 적분은 S자형이므로, 많은 일반적인 확률분포에 대한 누적분포함수 역시 S자형이다. 한 가지 예가 정규분포의 누적분포함수와 관련된 오류 함수이다.

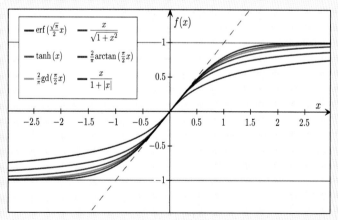

일부 시그모이드 함수에 대한 비교. 그림에서 모든 함수는 원점에서의 기울기가 1이 되도록 정규화됨.

로지스틱 회귀분석 입문

Chapter 03
로지스틱 회귀분석 입문

1. 개요

1. 로지스틱 회귀분석

로지스틱 회귀(logistic regression)는 영국의 통계학자인 D. R. Cox가 1958년에 제안한 확률 모델로서 독립변수의 선형 결합을 이용하여 사건의 발생 가능성을 예측하는 데 사용되는 통계 기법이다.

로지스틱 회귀의 목적은 일반적인 회귀분석의 목표와 동일하게 종속변수와 독립변수 간의 관계를 구체적인 함수로 나타내어 향후 예측 모델에 사용하는 것이다. 이는 독립변수의 선형 결합으로 종속변수를 설명한다는 관점에서는 선형 회귀분석과 유사하다. 하지만 로지스틱 회귀는 선형 회귀분석과는 다르게 종속변수가 범주형 데이터를 대상으로 하며 입력 데이터가 주어졌을 때 해당 데이터의 결과가 특정 분류로 나뉘기 때문에 일종의 분류(classification) 기법으로도 볼 수 있다.

흔히 로지스틱 회귀는 종속변수가 이항형 문제(즉, 유효한 범주의 개수가 두 개인 경우)를 지칭할 때 사용된다. 이외에 두 개 이상의 범주를 가지는 문제가 대상인 경우엔 다항 로지스틱 회귀(multinomial logistic regression) 또는 분화 로지스틱 회귀(polytomous logistic regression)라고 하고 복수의 범주이면서 순서가 존재하면 서수 로지스틱 회귀(ordinal logistic regression)라고 한다. 로지스틱 회귀분석은 의료, 통신, 데이터마이닝과 같은 다양한 분야에서 분류 및 예측을 위한 모델로서 폭넓게 사용되고 있다.

2. 로지스틱 함수

로지스틱 함수는 음의 무한대부터 양의 무한대까지의 실수값을 0부터 1사이의 실수값으로 1 대 1 대응시키는 시그모이드 함수다. 보통 시그모이드 함수라고 하면 로지스틱 함수를 가리킨다. 로지스틱 함수는 다음 과정을 통해 정의되었다.

베르누이 시도에서 1이 나올 확률 μ와 0이 나올 확률 $1-\mu$의 비율(ratio)을 승산비(odds ratio)라고 한다.

$$\textbf{odds ratio} = \frac{\mu}{1-\mu}$$

0부터 1 사이의 값만 가지는 μ를 승산비로 변환하면 0부터 양의 무한대까지의 값을 가질 수 있다. 승산비를 로그 변환한 것이 로지트 함수(logit function)다.

$$z = \textbf{logit(odds ratio)} = \log\left(\frac{\mu}{1-\mu}\right)$$

로지트 함수의 값은 로그 변환에 의해 음의 무한대($-\infty$)부터 양의 무한대(∞)까지의 값을 가질 수 있다.

로지스틱 함수는 로지트 함수의 역함수이다. 즉 음의 무한대($-\infty$)부터 양의 무한대(∞)까지의 값을 가지는 입력 변수를 0부터 1 사이의 값을 가지는 출력변수로 변환한 것이다.

$$\textbf{logitstic}(z) = \mu(z) = \frac{1}{1+\exp(-z)}$$

TIPS!

로지스틱 회귀는 이벤트가 발생할 확률을 결정하는 데 사용되는 통계 모델이다. 특성 간의 관계를 보여주고 특정 결과의 확률을 계산한다. 로지스틱 회귀는 머신 러닝(ML)에서 정확한 예측을 생성하는 데 사용된다. 그래픽 결과가 아니라는 점을 제외하고 선형 회귀와 유사하며 대상 변수가 이진이다. 값은 1 또는 0이다.
측정 가능한 항목에는 설명변수/특성(측정 대상 항목)과 결과인 응답 변수/목표 이진 변수의 두 가지 유형이 있다. 예를 들어, 학생이 시험에 합격될지 불합격될지 예측하려고 할 때 공부한 시간이 특징이고 응답 변수에는 합격 또는 불합격의 두 가지 값이 있다.

　다음이 데이터는 53인의 전립선 질환 환자에 대해서 임파선에 암이 전이하고 있는지 어떤지를 조사한 결과이다.

|표 3.1| **암이 임파선에 전이하고 있는가?**

No.	X선 사진	단계	악성종양	연령	혈청산성	임파선
1	소견없음	안정	비공격성	58	50	전이없음
2	소견없음	안정	비공격성	60	49	전이없음
3	소견있음	안정	비공격성	65	46	전이없음
4	소견있음	안정	비공격성	60	62	전이없음
5	소견없음	안정	공격성	50	56	전이있음
6	소견있음	안정	비공격성	49	55	전이없음
⋮	⋮	⋮	⋮	⋮	⋮	⋮
52	소견없음	안정	비공격성	66	50	전이없음
53	소견없음	안정	비공격성	56	52	전이없음

| 54 | 소견없음 | 진행 | 비공격성 | 70 | 100 | ? |

?의 예측값은?

분석하고 싶은 것은?
- X선 사진에 의한 소견, 단계의 상태, 악성종양의 종류, 연령, 혈청산성 포스파타제의 값으로부터 암이 임파선에 전이하고 있을 확률을 예측하고 싶다.
- 전이하고 있는지 어떤지의 판별이 가능할까?

이와 같은 때에는 로지스틱 회귀분석을 실시한다.

로지스틱 회귀분석의 용도

로지스틱 회귀분석은 분류 모델링에 사용되는 기법으로 새로운 데이터에 대해 '분류를 예측'하거나 '예측변수 프로파일링'을 할 수 있다. 즉, 다음과 같은 응용 분야에서 사용할 수 있다.

- 고객을 재구매 고객과 처음 구매한 고객으로 분류(분류)
- 남자 최고 경영진과 여자 최고 경영진을 구별하는 요인 찾기(프로파일링)

3. 로지스틱 회귀분석을 위한 순서

통계처리 순서

《순서 1》 데이터의 입력

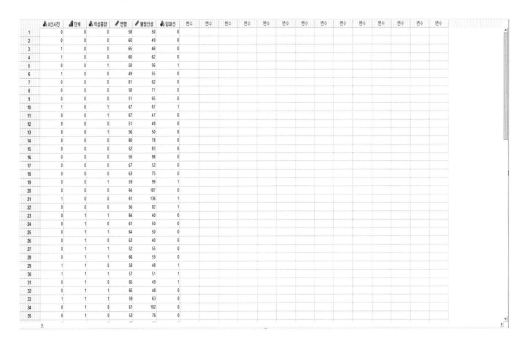

《순서 2》 메뉴에서 [분석] – [회귀분석] – [이분형 로지스틱]을 선택한다.

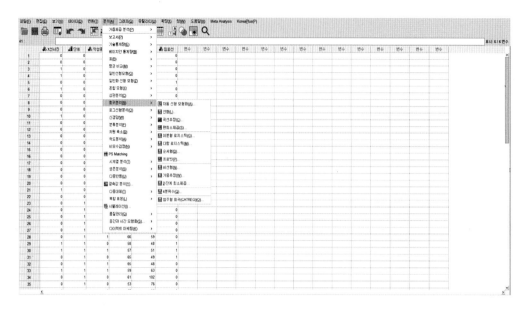

《순서 3》 변수의 선택

다음의 대화상자가 나타나면, 임파선을 [종속변수]로, X선사진, 단계, 악성종양, 연령, 혈청산성을 [공변량]으로 이동한다.

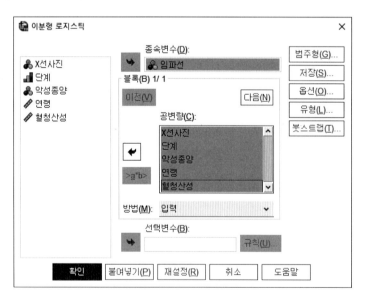

▶ 임파선에의 전이를 예측하고 싶다!
▶ 교호작용을 정의하고 싶을 때에는 a*b를 이용한다.

《순서 4》 범주형 선택

초기 화면에서 [범주형]을 클릭하면 다음과 같이 된다.

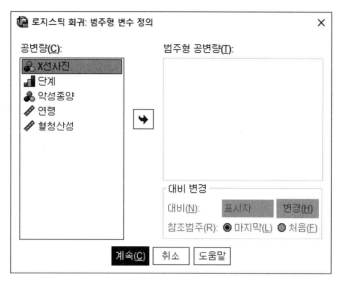

▶ <표 3.1>에는 범주형 데이터가 들어 있으므로 [범주형]을 택한다.
▶ 순서 데이터, 명의 데이터는 범주형이다!

《순서 5》 범주형 공변량 선택

이 화면에서 X선사진, 단계, 악성종양을 [범주형 공변량]으로 이동한다. [참조범주]는 [처음]
을 클릭하고, [변경]을 클릭한다. [계속]을 클릭한다.

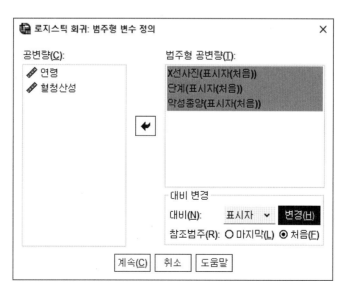

《순서 6》 저장 선택

다음 화면이 되면 [저장]을 클릭한다.

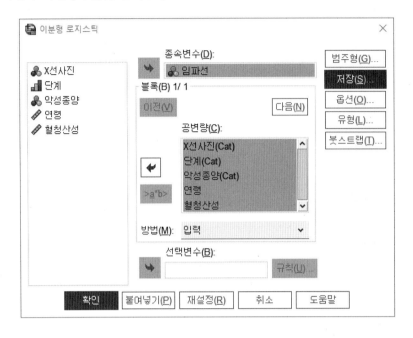

《순서 7》 저장 요인 선택

[저장]의 화면이 열리면 [확률], [소속집단], [Cook의 거리], [레버리지 값]을 선택 체크한다.
그리고 [계속]을 클릭! 앞의 화면으로 되돌아간다.

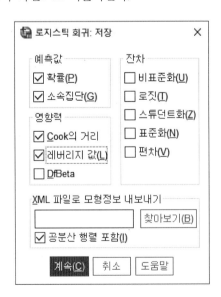

《순서 8》 저장 요인 선택

[옵션]을 클릭하면 다음의 화면이 된다. [분류도표], [Hosmer-Lemeshow 적합도]를 선택 체크한다. [계속]을 클릭!

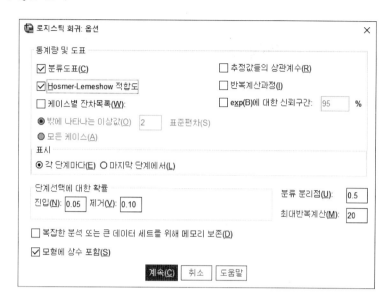

《순서 9》 분석의 실행

다음 화면으로 되돌아오면 [확인]을 클릭한다.

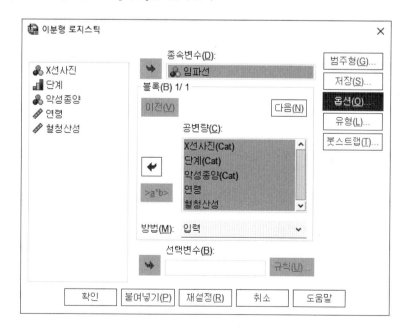

모형 계수의 총괄 검정

		카이제곱	자유도	유의확률
1 단계	단계	22.126	5	.000
	블록	22.126	5	.000
	모형	22.126	5	.000

모형 요약

단계	-2 로그 우도	Cox와 Snell의 R-제곱	Nagelkerke R-제곱
1	48.126ª	.341	.465

a. 모수 추정값이 .001보다 작게 변경되어 계산반복
수 5에서 추정을 종료하였습니다.

모형에 공변량 {X선사진에서 연령까지}를 포함했을 때의 –2로그우도가 48.126이다.
–2로그우도가 작은 모형 쪽이 적합도가 좋다고 생각할 수 있다.

[모형 요약]은 적합도의 좋고 나쁨을 나타내는 값으로, Negelkerke는 Cox-Snell의 개량판
이다.

[모형 계수의 총괄 검정]은 다음의 가설을 검정하고 있다.

가설 H_0 : 구한 로지스틱 회귀식은 예측에 도움이 되지 않는다.

유의확률 = 0.000은 유의수준 $\alpha = 0.05$보다 작으므로, 이 가설 H_0는 기각된다. 다시 말하
면, 구한 식은 예측에 도움이 된다.

= Hosmer와 Lemeshow 검정 =

단계	카이제곱	자유도	유의확률
1	5.954	8	.652

Hosmer와 Lemeshow의 적합도검정이다.

가설 H_0 : 로지스틱 회귀 모형은 적합하다

검정통계량은 카이제곱 = 5.954, 그 유의확률 = 0.652가 유의수준 $\alpha = 0.05$보다 크므로, 가
설은 기각되지 않는다.

다시 말하면, 모형은 데이터에 적합하다고 할 수 있다.

Hosmer-Lemeshow 테스트는 적합도에 대한 통계 테스트이다. 로지스틱 회귀 모형의 적합도, 위험 예측 모형에서 자주 사용된다. 이 검정은 관측된 사건 비율이 모형 모집단의 부분 군에서 예상 사건 비율과 일치하는지 여부를 평가한다.

Hosmer-Lemeshow 검정은 특히 하위 그룹을 적합 위험 값의 십 분위수로 식별한다. 부분 군의 예상 이벤트 비율과 관측 이벤트 비율이 유사한 모형을 잘 보정되었다고 한다.

Hosmer와 Lemeshow 검정에 대한 분할표

| | | 임파선 = 전이없음 | | 임파선 = 전이있음 | | |
		관측됨	예측됨	관측됨	예측됨	전체
1 단계	1	5	4.807	0	.193	5
	2	5	4.659	0	.341	5
	3	5	4.441	0	.559	5
	4	3	4.185	2	.815	5
	5	3	3.907	2	1.093	5
	6	3	3.473	2	1.527	5
	7	4	2.913	1	2.087	5
	8	3	2.357	2	2.643	5
	9	1	1.429	4	3.571	5
	10	1	.830	7	7.170	8

53개의 데이터를 거의 같은 수(5개~8개)의 10그룹으로 나누어서 각 그룹에 대하여

'전이없음'의 관측도수와 기대도수, '전이있음'의 관측도수와 기대도수

를 구하고 있다. 예를 들면, 5번째 그룹에서는 5개의 데이터 중 관측도수가 전이없음에 3개, 전이있음에 2개로 나누어지고 있고, 그 기대도수가 3.907개와 1.093개로 되어 있다.

분류표[a]

| | | | 예측 | | |
| | | | 임파선 | | |
	관측됨		전이없음	전이있음	분류정확 %
1 단계	임파선	전이없음	28	5	84.8
		전이있음	7	13	65.0
	전체 퍼센트				77.4

a. 절단값은 .500입니다.

전이없음의 그룹과 전이있음의 그룹의 예측에 의한 정답률이다.

방정식의 변수

		B	S.E.	Wald	자유도	유의확률	Exp(B)
1 단계ª	X선사진(1)	2.045	.807	6.421	1	.011	7.732
	단계(1)	1.564	.774	4.084	1	.043	4.778
	악성종양(1)	.761	.771	.976	1	.323	2.141
	연령	-.069	.058	1.432	1	.231	.933
	혈청산성	.024	.013	3.423	1	.064	1.025
	상수항	.062	3.460	.000	1	.986	1.064

a. 변수가 1 : X선사진, 단계, 악성종양, 연령, 혈청산성 단계에 입력되었습니다.

로지스틱 회귀식은 다음과 같이 된다.

$$\log \frac{\mu}{1-\mu} = 2.045 \times X선사진(1) + 1.564 \times 단계(1) + 0.761 \times 악성종양(1)$$
$$- 0.069 \times 연령 + 0.024 \times 혈청산성 + 0.062$$

Wald 통계량은 다음의 가설을 검정하고 있다.

가설 H_0 : 그 공변량은 예측에 도움이 되지 않는다

예를 들면, X선사진(1)과 단계(1)의 유의확률 0.011과 0.043은 모두 유의수준 0.05보다 작으므로, 각각 가설 H_0는 기각된다.

다시 말하면, X선사진과 단계는 임파선에의 전이의 예측에 도움이 된다고 생각할 수 있다.

Exp(B)는 오즈비(odds ratio)다. 예를 들면,

Exp(B) = 7.732는 X선사진의 오즈비로, 임파선과 X선사진의 관련을 조사하고 있다. 다시 말하면,

X선사진에서 '소견있음' 쪽이 '소견없음'보다, '임파선' 전이가 약 7.7배라고 하는 것이다.

오즈비가 1에 가까우면, 임파선과의 관련은 별로 없다.

혈청산성의 Exp(B)는 1.025이므로, 임파선과 혈청산성 사이의 관련은 낮다는 것을 알 수 있다.

로지스틱 회귀분석(logistic regression)은 종속변수가 명목변수일 때 사용하는 회귀분석 방법이다. 회귀분석과 모든 형태가 같고 단지 종속변수만 이항형 또는 순서적인 다항형인 경우에 사용한다.

```
Step number: 1

Observed Groups and Predicted Probabilities

      4 +   0                                                                +
        |   0                                                                |
        |   0                                                                |
F       |   0                                                                |
R     3 +   0  0      1                                                      +
E       |   0  0      1                                                      |
Q       |   0  0      1                                                      |
U       |   0  0      1                                                      |
E     2 +   0  00 0   0      11        1           1 1            1     1     +
N       |   0  00 0   0      11        1           1 1            1     1     |
C       |   0  00 0   0      11        1           1 1            1     1     |
Y       |   0  00 0   0      11        1           1 1            1     1     |
      1 +   0 000 00  001 0 000   0 0 10 00  0     010   0 00  0   1  1  1  1   1 01 1  11  +
        |   0 000 00  001 0 000   0 0 10 00  0     010   0 00  0   1  1  1  1   1 01 1  11  |
        |   0 000 00  001 0 000   0 0 10 00  0     010   0 00  0   1  1  1  1   1 01 1  11  |
        |   0 000 00  001 0 000   0 0 10 00  0     010   0 00  0   1  1  1  1   1 01 1  11  |
Predicted ---------+---------+---------+---------+---------+---------+---------+---------+---------+----------
  Prob:  0        .1        .2        .3        .4        .5        .6        .7        .8        .9         1
  Group: 00000000000000000000000000000000000000000000000001111111111111111111111111111111111111111111111111111

          Predicted Probability is of Membership for 전이있음
          The Cut Value is .50
          Symbols: 0 - 전이없음
                   1 - 전이있음
          Each Symbol Represents .25 Cases.
```

0이나 1이 나란히 세로 방향으로 늘어선 것이 1개의 데이터를 나타내고 있다.
전이없음의 데이터가 확률 0.88 가까이에 1개 섞여들어 있는 것을 알 수 있다.
가로축이 임파선에의 전이 확률을 표현하고 있다.

- 0~0.5 … 전이없음 = 0
- 0.5~1 … 전이있음 = 1

▶ 이와 같이 로지스틱 회귀분석은 그룹의 판별에 이용할 수 있다.

	X선사진	단체	악성종양	연령	활청산성	임파선	PRE_1	PGR_1	COO_1	LEV_1	변수	변수	변수	변수	변수	변수	변수	변수	변수
46	0	1	1	57	67	1	.51764	1	.10429	.10065									
47	1	1	0	51	72	1	.86896	1	.01957	.11488									
48	1	1	0	64	89	1	.80302	1	.03785	.13369									
49	1	1	0	68	126	1	.94216	1	.00588	.08742									
50	0	0	0	66	48	0	.03420	0	.00110	.03016									
51	0	0	0	68	56	0	.03610	0	.00127	.03274									
52	0	0	0	66	50	0	.03584	0	.00117	.03061									
53	0	0	0	56	52	0	.07237	0	.00333	.04090									
54	0	1	0	70	100	.	.31264	0		.18170									
55																			
56																			

공변량에 수치를 입력해 놓으면 54번째 피험자의 예측확률을 계산한다.
예측확률 = 0.31264

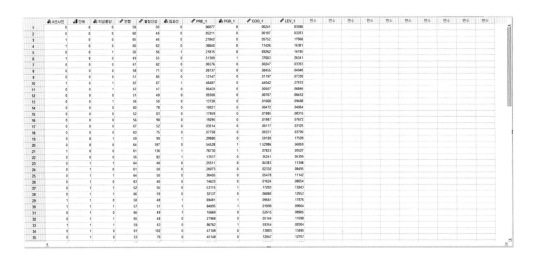

PRE_1 = 임파선에의 전이의 예측확률

PGR_1 = 예측되는 소속 그룹

COO_1 = Cook의 거리

어떤 데이터가 그 분석 결과에 어느 정도 영향을 미치고 있는지를 나타내는 양.

이 값이 클 때는 이상치(outlier)의 가능성이 있다.

LEV_1 = 레버리지

레버리지는 어떤 데이터가 예측에 미치는 영향의 크기를 보여주고 있다.

레버리지가 0.5보다 클 경우, 그 데이터는 분석에서 제외하는 편이 좋다고 말할 수 있다.

🌙 효자손

그런데 《순서 5》에서 [범주형]을 클릭하지 않으면 어떻게 될까?

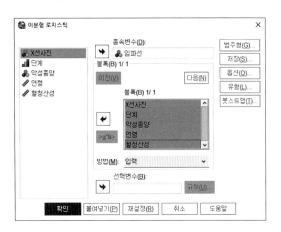

위의 화면의 상태에서 [확인]을 클릭하면, 출력 결과는 다음과 같이 된다.

방정식의 변수

		B	S.E.	Wald	자유도	유의확률	Exp(B)
1 단계[a]	X선사진	2.045	.807	6.421	1	.011	7.732
	단계	1.564	.774	4.084	1	.043	4.778
	악성종양	.761	.771	.976	1	.323	2.141
	연령	-.069	.058	1.432	1	.231	.933
	혈청산성	.024	.013	3.423	1	.064	1.025
	상수항	.062	3.460	.000	1	.986	1.064

a. 변수가 1 : X선사진, 단계, 악성종양, 연령, 혈청산성 단계에 입력되었습니다.

앞에서의 출력 결과와 비교해 보기로 한다. 범주가 두 개로 나누어져 있는 경우에는, [범주형]을 클릭하지 않더라도 출력 결과는 같게 된다.

방정식의 변수

		B	S.E.	Wald	자유도	유의확률	Exp(B)
1 단계[a]	X선사진(1)	2.045	.807	6.421	1	.011	7.732
	단계(1)	1.564	.774	4.084	1	.043	4.778
	악성종양(1)	.761	.771	.976	1	.323	2.141
	연령	-.069	.058	1.432	1	.231	.933
	혈청산성	.024	.013	3.423	1	.064	1.025
	상수항	.062	3.460	.000	1	.986	1.064

a. 변수가 1 : X선사진, 단계, 악성종양, 연령, 혈청산성 단계에 입력되었습니다.

로지스틱 회귀분석 설명변수의 선택

Chapter 04
로지스틱 회귀분석
설명변수의 선택

1. 모든 가능한 회귀

예제 4-1

다음의 <표 4.1>은 어떤 제품의 내부에 이물질 혼입의 유무에 관해서 조사한 결과이다.

| 표 4.1 | 데이터표

번호	x_1	x_2	x_3	x_4	y	번호	x_1	x_2	x_3	x_4	y
1	34	114	40	61	0	21	31	108	41	66	1
2	30	110	41	60	0	22	25	111	45	61	1
3	26	114	43	62	0	23	32	110	41	59	1
4	33	111	42	58	0	24	33	110	47	61	1
5	32	113	40	59	0	25	31	114	43	61	1
6	33	116	42	56	0	26	34	108	40	64	1
7	36	116	41	54	0	27	24	109	40	64	1
8	33	119	39	60	0	28	31	109	38	61	1
9	39	107	39	55	0	29	29	114	46	56	1
10	32	112	44	62	0	30	28	106	43	60	1
11	32	110	39	59	0	31	29	111	46	58	1

12	31	119	38	56	0	32	30	111	41	58	1
13	34	110	40	59	0	33	31	114	45	60	1
14	34	118	43	61	0	34	31	112	47	53	1
15	26	112	43	62	0	35	34	106	41	61	1
16	30	116	39	58	0	36	31	115	48	60	1
17	33	113	39	56	0	37	34	108	48	60	1
18	31	116	37	57	0	38	24	110	46	58	1
19	31	113	44	63	0	39	29	113	43	63	1
20	32	115	36	66	0	40	31	107	44	65	1

이물질 혼입에 관련된 제조공정에 있어서의 제조건을 설명변수, 이물질 혼입의 유무를 목적변수로 하는 로지스틱 회귀분석을 실시한다.

구체적인 설명변수, 목적변수는 다음과 같다.

x_1 : 건조시간(초)

x_2 : 세정제 투입량(g)

x_3 : 세정시간(초)

x_4 : 세정압력(mmHg)

y : 이물질 혼입의 유무

데이터표에는 목적변수 y에 대해서,

이물질 혼입 있음 = 1

이물질 혼입 없음 = 0

으로 표시하고 있다.

이물질 혼입 있음의 확률을 $\Pr(y)$로 할 때, 다음과 같은 회귀식을 상정해서 회귀계수를 구하는 것이 목적이다.

$$\ln\left(\frac{\Pr(y)}{1-\Pr(y)}\right) = b_0 + b_1 x_1 + b_2 x_2 + b_3 x_3 + b_4 x_4$$

혹은

$$\text{logit}(\Pr(y)) = b_0 + b_1 x_1 + b_2 x_2 + b_3 x_3 + b_4 x_4$$

이 예는 개개의 데이터 대한, 즉 목적변수가 범주형 데이터일 때의 로지스틱 회귀분석을 적용하는 것이 된다. 또한 설명변수가 두 개 이상 있는 경우가 된다.

먼저 이 데이터를 설명변수 '입력' 방법, 즉, 모든 설명변수 'x_1, x_2, x_3, x_4'를 공변량으로 입력하고 로지스틱 회귀분석을 실시한다.

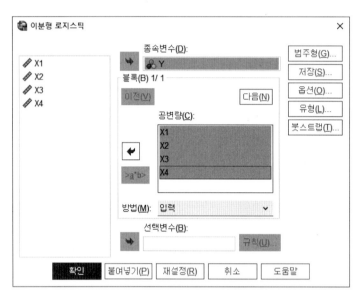

분석결과 각 설명변수의 유의성은 다음과 같다.

방정식의 변수

		B	S.E.	Wald	자유도	유의확률	Exp(B)
1 단계[a]	X1	-.201	.199	1.026	1	.311	.818
	X2	-.691	.304	5.156	1	.023	.501
	X3	.646	.274	5.577	1	.018	1.908
	X4	.045	.196	.052	1	.820	1.046
	상수항	53.463	35.706	2.242	1	.134	1.654E+23

a. 변수가 1 : X1, X2, X3, X4 단계에 입력되었습니다.

설명변수마다 p값은 다음과 같이 되어 있다.

$$x_1 의 \ p값 = 0.311 > 0.05$$

$$x_2 의 \ p값 = 0.023 < 0.05$$

$$x_3 의 \ p값 = 0.018 < 0.05$$

$$x_4 의 \ p값 = 0.820 > 0.05$$

유의수준을 0.05로 하면 x_2와 x_3가 유의하고, x_1과 x_4는 유의하지 않다고 하는 결론이 얻어진다. 유의하지 않은 설명변수를 제거하고 다시 로지스틱 회귀분석을 실행해 볼 수 있다. 단, 유의하지 않은 설명변수를 동시에 두 개 이상 제거하는 것이 아니라 하나씩 제거하지 않으면 안 된다.

필요한 설명변수는 식에 포함하고, 불필요한 설명변수는 식에 포함하지 않는다고 하는 상태가 바람직하다. 이 상태를 충족하는 회귀식을 시행착오로 하나씩 설명변수를 삭제한다거나 추가한다거나 하는 것은 번거로운 작업이다. 특히 설명변수의 수가 늘어나면 실무상 불가능하게 된다. 그래서 변수선택법이라고 하는 방법이 제안되고 있다.

변수선택법은 크게 나누어 다음의 세 가지 방법이 제안되고 있다.

(1) 모든 가능한 회귀

(2) 축차변수선택법

(3) 대화형변수선택법

SPSS에는 축차변수선택법(단계법, step-wise regression)이 갖추어져 있다. 단, 번거롭지만 수동으로 모든 가능한 회귀를 실시하는 것도 가능하다. 그리고 변수선택은 결과적으로 어떠한 변수가 선택되는지를 살펴보는 것이므로, 탐색적 방법이라고 할 수 있다.

이 축차변수선택법에는 변수증가법, 변수감소법, 변수증감법, 변수감증법이라고 불리는 네 가지의 방법이 있다. 변수증가법과 변수감소법은 각각 결점을 갖고 있어 그 결점을 수정한 것이 변수증감법과 변수감증법이다.

변수증감법은 먼저 목적변수와 가장 관계가 강한 설명변수를 하나 선택한다. 다음에 그 변수와 짝을 지었을 때에 가장 기여율이 높아지는 변수를 선택한다. 이것을 순차 반복한다. 이 과정에서 일단 선택한 변수 중에 불필요한 변수가 나왔을 때에는 그 변수를 제거한다고 하는 방법이다.

변수감증법은 먼저 모든 설명변수를 이용한 회귀식을 작성한다. 다음에 목적변수와 가장 관계가 약한 설명변수를 하나 제거한다. 이것을 순차 반복한다. 이 과정에서 일단 제거한 변수 중에 유효한 변수가 나왔을 때에는 그 변수를 다시 선택한다고 하는 방법이다.

모든 가능한 회귀(all possible regression)란 설명변수의 모든 조합에 대해서 로지스틱 회귀분석을 실행하여 각 회귀식의 로그 우도, 기여율, 적중률, 각 설명변수의 유의성 등을 음미해서 어느 회귀식이 가장 바람직한지를 결정하는 방법이다.

대화형변수선택법은 컴퓨터와 대화하면서 변수증감법(변수감증법)을 실시하는 방법이다.

이상의 어느 방법도 각각 장점과 단점이 있어 현재로서는, 분석자가 통계적인 변수선택의 기준에 기술적·이론적 지식을 더해서 컴퓨터와 대화하면서 변수선택을 실시하는 대화형변수선택법이 가장 좋은 방법이라고 할 수 있을 것이다.

우선 모든 가능한 회귀 방법으로 다음과 같은 일람표를 작성한다고 생각하면 된다. 모형의 적합도에 관한 지표를 일람표로 한 것이 다음의 표다.

모형 번호	설명변수	모형의 적합도		
		-2 로그 우도	기여율	적중률
1	x_1	50.875	.144	70.0
2	x_2	44.056	.331	72.5
3	x_3	42.916	.359	65.0
4	x_4	53.738	.056	62.5
5	x_1 x_2	38.436	.462	80.0
6	x_1 x_3	41.278	.398	75.0
7	x_1 x_4	50.106	.167	67.5
8	x_2 x_3	29.617	.634	75.0
9	x_2 x_4	43.768	.338	67.5
10	x_3 x_4	40.444	.417	72.5
11	x_1 x_2 x_3	27.749	.666	82.5
12	x_1 x_2 x_4	38.413	.462	80.0
13	x_1 x_3 x_4	39.732	.433	75.0
14	x_2 x_3 x_4	28.849	.648	82.5
15	x_1 x_2 x_3 x_4	27.697	.667	82.5

로그 우도, 기여율, 적중률에서 모형 8, 11, 14, 15가 좋은 결과가 되어 있다는 것을 알 수 있다. 설명변수의 수가 많아지면 적합도를 나타내는 수치가 좋아지는 것은 당연하므로, 이들 수치가 같은 정도라면 일반적으로 변수가 적은 쪽을 선택하는 편이 좋을 것이다.

회귀계수의 일람표는 다음과 같다.

모형 번호	설명변수	회귀계수			
		x_1	x_2	x_3	x_4
1	x_1	-.247			
2	x_2		-.382		
3	x_3			.451	
4	x_4				.140
5	x_1 x_2	-.333	-.449		
6	x_1 x_3	-.170		.401	
7	x_1 x_4	-.231			.100
8	x_2 x_3		-.622	.689	
9	x_2 x_4		-.369		.068
10	x_3 x_4			.468	.202
11	x_1 x_2 x_3	-.222	-.702	.645	
12	x_1 x_2 x_4	-.341	-.455		-.021
13	x_1 x_3 x_4	-.122		.424	.169
14	x_2 x_3 x_4		-.622	.694	.147
15	x_1 x_2 x_3 x_4	-.201	-.691	.646	.045

회귀계수의 부호가 조합에 따라서 변하는 것은 불안정한 변수이며 설명변수 사이의 관계가 강한 다중공선성이 있으면, 불안정한 변수가 나타난다. x_4가 모형 12에서 부호가 변화하고 있는데, 그 밖에는 항상 같은 부호로 되어 있다.

부호는 분석결과에 따른 대책을 생각할 때에 문제가 된다. 이 예제의 목적변수 y는 이물질 혼입의 유무로 이물질 혼입을 1로 하고 있다. 이 때문에 이물질 혼입의 발생확률을 작게 하는 것을 생각한 경우, 회귀계수의 부호가 마이너스인 변수는 수치를 크게 하는 방향의 대책을 취하고, 부호가 플러스인 변수라면 수치를 작게 하는 방향의 대책을 취하게 된다. 따라서 부호가 일정하지 않은 것은 대책을 생각할 때에 주의해서 문제 삼을 필요가 있다.

모형 번호	설명변수	p값			
		x_1	x_2	x_3	x_4
1	x_1	.055			
2	x_2		.005		
3	x_3			.003	
4	x_4				.204
5	x_1 x_2	.039	.005		
6	x_1 x_3	.221		.009	
7	x_1 x_4	.082			.0388
8	x_2 x_3		.013	.008	
9	x_2 x_4		.007		.593
10	x_3 x_4			.002	.127
11	x_1 x_2 x_3	.212	.020	.019	
12	x_1 x_2 x_4	.045	.634		.979
13	x_1 x_3 x_4	.411		.007	.220
14	x_2 x_3 x_4		.018	.007	.386
15	x_1 x_2 x_3 x_4	.311	.023	.018	.820

유의한 변수는 사용하고, 유의하지 않은 변수는 사용하지 않는다고 하는 회귀식을 좋은 회귀식이라고 생각한다면, 모형 1, 2, 3, 5, 8이 좋은 회귀식이라고 하는 셈이 된다. 단, 유의한지 유의하지 않은지의 판정기준(유의수준)으로서 0.05를 이용했을 때의 결론이다. 0.05라고 하는 수치는 통계적 검정에서는 자주 등장하는 수치인데, 0.05를 변수선택의 기준으로 이용하면 너무 엄격하다, 즉 중요한 변수를 놓칠 가능성이 높아진다고도 할 수 있다. 그래서 일반적으로는 변수선택으로서의 기준으로서 유의수준에는 0.1~0.3을 사용하면 좋다고 되어 있다. 단, 이 기준은 절대적인 것은 아니고, 분석의 목적에 따라서 달라진다고 생각하는 편이 좋다.

TIPS!

유의수준(significance level)은 통계적인 가설검정에서 사용되는 기준값이다. 일반적으로 유의수준은 α로 표시하고 95%의 신뢰도를 기준으로 한다면 (1−0.95)인 0.05 값이 유의수준 값이 된다. 가설검정(hypothesis test)의 절차에서 유의수준 값과 유의확률 값을 비교하여 통계적 유의성을 검정하게 된다.

2. 축차변수선택법

축차변수선택법의 종류

변수선택의 방법은 몇 가지 제안되고 잇는데, SPSS에는 다음의 여섯 가지 방법이 갖추어져 있다.

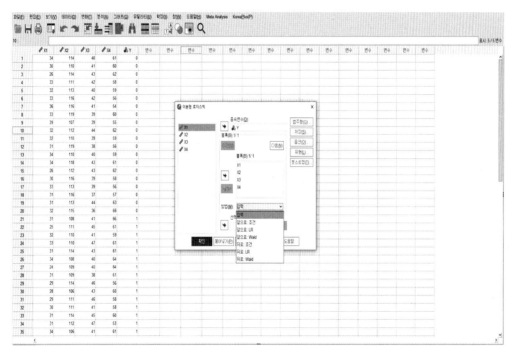

① [앞으로 : 조건]
② [앞으로 : LR]
③ [앞으로 : Wald]
④ [뒤로 : 조건]
⑤ [뒤로 : LR]
⑥ [뒤로 : Wald]

여섯 가지의 어느 방법을 이용하느냐에 따라서 선택되는 변수가 다를 수가 있어서, 항상 선택 결과가 일치하는 것은 아니다. 단, 대부분의 경우는 같은 결과가 된다. 경험상으로 다중공선성 이 있을 때에는 일치하지 않는 경우가 많다고 생각한다.

여섯 가지 방법은 변수증가법과 변수감소법으로 대별된다. 증가법은 처음에 목적변수에 '단독으로' 가장 많이 기여하고 있는 설명변수를 찾아내서 선택하고, 다음은 축차적(逐次的)으로 변수의 추가와 제거를 반복하는 방법이다. 대화상자에서는 '앞으로'라고 부르고 있기는 하지만, 실제로는 증감법(增減法)이 실시된다. 감소법은 처음에 모든 설명변수를 이용한 로지스틱 회귀분석을 실시하고, 다음에 그 중에서 목적변수에 가장 기여하고 있지 못한 변수를 하나 제거하고, 다음은 축차적으로 제거와 추가를 반복하는 방법이다. 대화상자에서는 '뒤로'라고 부르고 있지만, 실제로는 감증법(減增法)이 실시된다. 일반론으로서 변수의 수가 적을 때는 감소법(뒤로), 많을 때는 증가법(앞으로)을 이용하면 좋을 것이다.

추가와 제거의 기준이 되는 통계량을 구하는 방법으로서 조건부, 우도비(尤度比), Wald의 세 가지 방법을 생각할 수 있는데, 이용빈도가 높은 것은 Wald의 통계량이고, 통계학적으로 바람직한 성질을 가지고 있는 것은 우도비이다.

우도비에 의한 변수증가법(앞으로 : LR)

<표 4.1>의 데이터에 대해서 변수증가법을 적용해 본다.

설명변수를 추가 또는 제거하는 기준을 p값 = 0.2로 한다. 즉,

p값이 0.2보다 작을 때는 추가

p값이 0.2보다 클 때에는 제거

로 해서 변수선택을 실시한다.

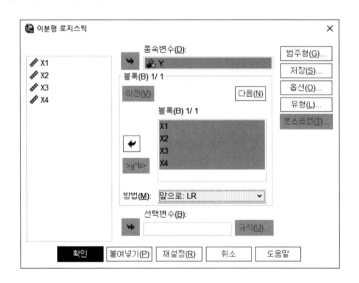

위의 대화상자에서 [옵션]을 클릭한다. [단계선택에 대한 확률]에서 진입과 제거 기준을 p값 = 0.2로 설정한다.

분석결과는 다음과 같다. 최종 단계(단계 번호 수치가 가장 큰 곳)가 결론이다.

모형 계수의 총괄 검정

		카이제곱	자유도	유의확률
1 단계	단계	12.536	1	.000
	블록	12.536	1	.000
	모형	12.536	1	.000
2 단계	단계	13.299	1	.000
	블록	25.835	2	.000
	모형	25.835	2	.000
3 단계	단계	1.868	1	.172
	블록	27.703	3	.000
	모형	27.703	3	.000

모형 요약

단계	-2 로그 우도	Cox와 Snell의 R-제곱	Nagelkerke R-제곱
1	42.916[a]	.269	.359
2	29.617[b]	.476	.634
3	27.749[b]	.500	.666

a. 모수 추정값이 .001보다 작게 변경되어 계산반복 수 5에서 추정을 종료하였습니다.

b. 모수 추정값이 .001보다 작게 변경되어 계산반복 수 7에서 추정을 종료하였습니다.

분류표[a]

			예측		
			Y		
관측됨			0	1	분류정확 %
1 단계	Y	0	13	7	65.0
		1	7	13	65.0
	전체 퍼센트				65.0
2 단계	Y	0	14	6	70.0
		1	4	16	80.0
	전체 퍼센트				75.0
3 단계	Y	0	16	4	80.0
		1	3	17	85.0
	전체 퍼센트				82.5

a. 절단값은 .500입니다.

방정식의 변수

		B	S.E.	Wald	자유도	유의확률	Exp(B)
1 단계[a]	X3	.451	.154	8.540	1	.003	1.570
	상수항	-18.922	6.467	8.562	1	.003	.000
2 단계[b]	X2	-.622	.250	6.203	1	.013	.537
	X3	.689	.258	7.136	1	.008	1.992
	상수항	40.418	22.322	3.279	1	.070	3.577E+17
3 단계[c]	X1	-.222	.177	1.558	1	.212	.801
	X2	-.702	.301	5.418	1	.020	.496
	X3	.645	.276	5.465	1	.019	1.906
	상수항	57.990	29.914	3.758	1	.053	1.531E+25

a. 변수가 1: X3 단계에 입력되었습니다.

b. 변수가 2: X2 단계에 입력되었습니다.

c. 변수가 3: X1 단계에 입력되었습니다.

최종 단계(3단계)의 결과를 보면, x_1, x_2, x_3가 선택되고 있는 것을 알 수 있다. 선택된 순서는 1단계에서 x_3가 선택되고, 2단계에서 x_2가 추가되고, 3단계에서 x_1이 추가되고 있다. 최종적으로 선택되고 있는 설명변수 중에서 x_1의 p값이 0.212로 되어 있다. 이것은 p값이 0.2보다도 클 때는 제거한다고 하는 기준과 모순되고 있어 이상하게 느낄 것이다. 이것은 추가를 생각할 때의 통계량과 제거를 생각할 때의 통계량이 다르다는 데에 기인하고 있다. SPSS에서는 어느 변수선택방법에서나 추가를 생각할 때의 통계량은 점수 통계량의 p값을 이용하고 있어, 최종 단계에 기술된 p값은 Wald의 통계량을 이용하고 있기 때문이다. 최종적인 식 안에 Wald의 p값이라고는 하더라도 0.2 이상이 있는 것을 피하고 싶다면, 그 전의 2단계 결과를 결론으로 한다.

그런데 여기에서 변수선택의 과정을 상세히 살펴보기로 한다.

최초로 아무것도 변수가 추가되어 있지 않은 상태가 다음과 같다.

방정식에 없는 변수

			점수	자유도	유의확률
0 단계	변수	X1	4.260	1	.039
		X2	10.140	1	.001
		X3	11.073	1	.001
		X4	1.681	1	.195
	전체 통계량		19.910	4	.001

단계적으로 항이 제거된 경우의 모형은 다음과 같다.

항이 제거된 경우의 모형

변수		로그-우도 모형	-2 로그 우도에서 변경	자유도	변화량의 유의확률
1 단계	X3	-27.726	12.536	1	.000
2 단계	X2	-21.458	13.299	1	.000
	X3	-22.028	14.439	1	.000
3 단계	X1	-14.809	1.868	1	.172
	X2	-20.639	13.530	1	.000
	X3	-19.218	10.687	1	.001

마지막으로 남아 있는 변수는 x_4뿐이고 x_4의 p값은 0.820으로 선택기준인 0.2보다 큰 값으로 되어 있다. 그래서 x_4가 추가되지 않고 여기에서 종료가 된다.

방정식에 없는 변수

			점수	자유도	유의확률
1 단계	변수	X1	1.584	1	.208
		X2	10.282	1	.001
		X4	2.480	1	.115
	전체 통계량		11.415	3	.010
2 단계	변수	X1	1.754	1	.185
		X4	.773	1	.379
	전체 통계량		1.820	2	.402
3 단계	변수	X4	.052	1	.820
	전체 통계량		.052	1	.820

이상이 변수증가법의 과정이다.

우도비에 의한 변수감소법(뒤로 : LR)

<표 4.1>의 데이터에 대해서 변수감소법을 적용해 본다.

설명변수를 추가 또는 제거하는 기준을 p값 = 0.2로 한다.

설명변수 입력 방법으로 [뒤로 : LR]을 선택한다.

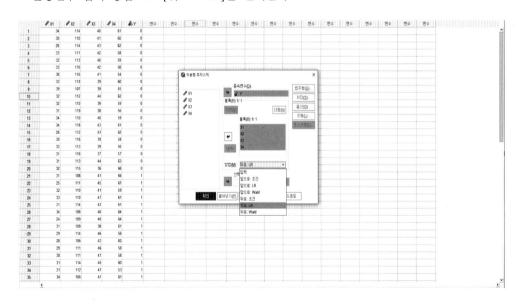

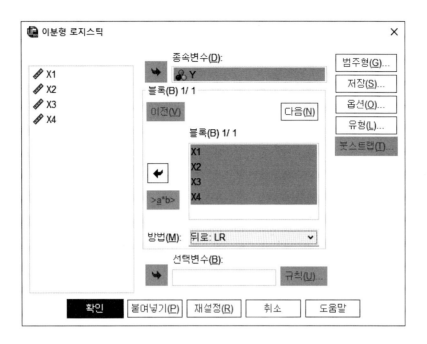

위의 대화상자에서 [옵션]을 클릭한다. [단계선택에 대한 확률]에서 진입과 제거 기준을 p값 = 0.2로 설정한다.

분석결과는 다음과 같다.

모형 계수의 총괄 검정

		카이제곱	자유도	유의확률
1 단계	단계	27.755	4	.000
	블록	27.755	4	.000
	모형	27.755	4	.000
2 단계[a]	단계	-.051	1	.821
	블록	27.703	3	.000
	모형	27.703	3	.000

a. 음의 카이제곱 값은 이전 단계에서 카이제곱 값이 감소한 것을 나타냅니다.

모형 요약

단계	-2 로그 우도	Cox와 Snell의 R-제곱	Nagelkerke R-제곱
1	27.697[a]	.500	.667
2	27.749[a]	.500	.666

a. 모수 추정값이 .001보다 작게 변경되어 계산반복수 7에서 추정을 종료하였습니다.

분류표[a]

			예측		
			Y		
	관측됨		0	1	분류정확 %
1 단계	Y	0	16	4	80.0
		1	3	17	85.0
	전체 퍼센트				82.5
2 단계	Y	0	16	4	80.0
		1	3	17	85.0
	전체 퍼센트				82.5

a. 절단값은 .500입니다.

방정식의 변수

		B	S.E.	Wald	자유도	유의확률	Exp(B)
1 단계[a]	X1	-.201	.199	1.026	1	.311	.818
	X2	-.691	.304	5.156	1	.023	.501
	X3	.646	.274	5.577	1	.018	1.908
	X4	.045	.196	.052	1	.820	1.046
	상수항	53.463	35.706	2.242	1	.134	1.654E+23
2 단계[a]	X1	-.222	.177	1.558	1	.212	.801
	X2	-.702	.301	5.418	1	.020	.496
	X3	.645	.276	5.465	1	.019	1.906
	상수항	57.990	29.914	3.758	1	.053	1.531E+25

a. 변수가 1: X1, X2, X3, X4 단계에 입력되었습니다.

결과적으로는 증가법과 감소법의 결과는 일치하고 있다.

증가법일 때와 마찬가지로 변수선택의 과정을 살펴보도록 한다.

처음에 아무것도 변수가 제거되지 않고, 모든 변수를 문제 삼은 상태에서 변수를 하나 제거하는 경우, 어느 변수를 제거했을 때가 -2 로그 우도의 변화량이 가장 작은가를 보면, x_4이다. 그 p값(변화량의 유의확률)은 0.821로 기준인 0.20보다 크다. 그래서 x_4를 제거한다.

남아 있는 변수의 상태를 보면 다음과 같다.

항이 제거된 경우의 모형

변수		로그-우도 모형	-2 로그 우도에서 변경	자유도	변화량의 유의확률
1 단계	X1	-14.424	1.151	1	.283
	X2	-19.866	12.035	1	.001
	X3	-19.206	10.716	1	.001
	X4	-13.874	.051	1	.821
2 단계	X1	-14.809	1.868	1	.172
	X2	-20.639	13.530	1	.000
	X3	-19.218	10.687	1	.001

어느 변수의 p값도 0.2보다 작으므로, 제거할 변수는 없다. 따라서 이 단계에서 종료가 되는 것이다.

방정식에 없는 변수

			점수	자유도	유의확률
2 단계[a]	변수	X4	.052	1	.820
	전체 통계량		.052	1	.820

a. 변수가 2:X4 단계에서 제거되었습니다.

2단계에서 변수 x_4가 제거되고 있음을 보여주고 있다.

유의확률은 확률분포와 확률분포의 표본값 1개가 주어졌을 때 그 확률분포에서 해당 표본값 혹은 더 희귀한(rare) 값이 나올 수 있는 확률로 정의한다. 유의확률의 값은 확률밀도함수에서 표본값을 기준으로 만들어진 양측 꼬리(tail) 부분에 해당하는 영역의 면적이다.

예제 4-2

다음의 데이터에 대해서 우도비에 의한 변수증가법과 변수감소법을 적용해 보자.

| 표 4.2 | 데이터표

번호	x_1	x_2	x_3	x_4	x_5	y
1	32	42	30	71	86	1
2	37	46	31	76	86	1
3	29	39	31	76	83	1
4	36	45	38	96	97	1
5	32	42	35	88	81	1
6	34	44	35	84	87	1
7	32	42	33	82	82	1
8	43	51	39	92	100	1
9	37	47	36	90	86	1
10	41	49	40	94	99	1
11	34	44	31	74	102	0
12	36	44	41	98	98	0
13	40	48	37	85	90	0
14	40	48	37	85	90	0
15	41	50	39	90	86	0
16	36	46	36	89	93	0
17	38	46	35	81	91	0
18	38	46	36	85	98	0
19	41	49	37	84	95	0
20	41	49	37	82	97	0

설명변수는 x_1, x_2, x_3, x_4, x_5의 다섯 개다. y를 목적변수로 한다.

변수선택의 기준은 p값 = 0.2로 한다.

🌙 우도비에 의한 변수증가법(앞으로 : LR)의 결과

<표 4.2>의 데이터를 입력하고 다음과 같이 변수를 지정한다.

설명변수 입력 방법으로 [앞으로 : LR]을 선택한다.

[옵션]을 클릭한다.

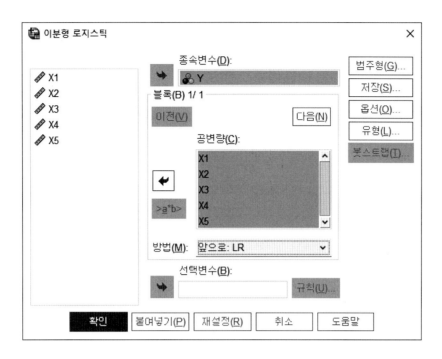

[단계선택에 대한 확률]에서 진입과 제거 기준을 p값 = 0.2로 설정한다.

분석결과는 다음과 같다.

모형 계수의 총괄 검정

		카이제곱	자유도	유의확률
1 단계	단계	3.936	1	.047
	블록	3.936	1	.047
	모형	3.936	1	.047

모형 요약

단계	-2 로그 우도	Cox와 Snell의 R-제곱	Nagelkerke R-제곱
1	23.790[a]	.179	.238

a. 모수 추정값이 .001보다 작게 변경되어 계산반복 수 4에서 추정을 종료하였습니다.

분류표[a]

			예측		
			Y		분류정확 %
관측됨		0		1	
1 단계	Y 0	7		3	70.0
	1	4		6	60.0
	전체 퍼센트				65.0

a. 절단값은 .500입니다.

방정식의 변수

		B	S.E.	Wald	자유도	유의확률	Exp(B)
1 단계[a]	X1	-.266	.150	3.159	1	.076	.766
	상수항	9.833	5.572	3.115	1	.078	18635.975

a. 변수가 1: X1 단계에 입력되었습니다.

방정식에 없는 변수

			점수	자유도	유의확률
1 단계	변수	X2	1.185	1	.276
		X3	.000	1	.993
		X4	.615	1	.433
		X5	1.244	1	.265
	전체 통계량		6.044	4	.196

변수 x_1이 선택되었다.

우도비에 의한 변수감소법(뒤로 : LR)

<표 4.2>의 데이터를 입력하고 다음과 같이 변수를 지정한다.

설명변수 입력 방법으로 [뒤로 : LR]을 선택한다.

[옵션] 창에서 [단계선택에 대한 확률]에서 진입과 제거 기준을 p값 = 0.2로 설정한다.

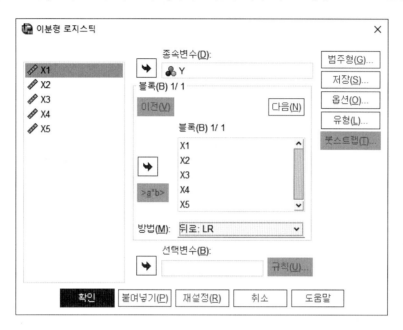

변수감소법의 결과는 다음과 같다.

모형 계수의 총괄 검정

		카이제곱	자유도	유의확률
1 단계	단계	11.320	5	.045
	블록	11.320	5	.045
	모형	11.320	5	.045
2 단계[a]	단계	-.119	1	.730
	블록	11.201	4	.024
	모형	11.201	4	.024
3 단계[a]	단계	-.693	1	.405
	블록	10.508	3	.015
	모형	10.508	3	.015
4 단계[a]	단계	-.947	1	.331
	블록	9.561	2	.008
	모형	9.561	2	.008

a. 음의 카이제곱 값은 이전 단계에서 카이제곱 값
이 감소한 것을 나타냅니다.

모형 요약

단계	-2 로그 우도	Cox와 Snell의 R-제곱	Nagelkerke R-제곱
1	16.406[a]	.432	.576
2	16.525[a]	.429	.572
3	17.218[b]	.409	.545
4	18.165[b]	.380	.507

a. 모수 추정값이 .001보다 작게 변경되어 계산반복 수 6에서 추정을 종료하였습니다.

b. 모수 추정값이 .001보다 작게 변경되어 계산반복 수 5에서 추정을 종료하였습니다.

분류표[a]

			예측		
			Y		
관측됨			0	1	분류정확 %
1 단계	Y	0	9	1	90.0
		1	2	8	80.0
	전체 퍼센트				85.0
2 단계	Y	0	9	1	90.0
		1	2	8	80.0
	전체 퍼센트				85.0
3 단계	Y	0	9	1	90.0
		1	2	8	80.0
	전체 퍼센트				85.0
4 단계	Y	0	8	2	80.0
		1	2	8	80.0
	전체 퍼센트				80.0

a. 절단값은 .500입니다.

방정식에 없는 변수

			점수	자유도	유의확률
2 단계[a]	변수	X2	.118	1	.732
	전체 통계량		.118	1	.732
3 단계[b]	변수	X1	.629	1	.428
		X2	.484	1	.487
	전체 통계량		.705	2	.703
4 단계[c]	변수	X1	.279	1	.597
		X2	.262	1	.609
		X5	.955	1	.329
	전체 통계량		1.584	3	.663

a. 변수가 2:X2 단계에서 제거되었습니다.

b. 변수가 3:X1 단계에서 제거되었습니다.

c. 변수가 4:X5 단계에서 제거되었습니다.

방정식의 변수

		B	S.E.	Wald	자유도	유의확률	Exp(B)
1 단계[a]	X1	.709	1.320	.288	1	.591	2.031
	X2	-.445	1.301	.117	1	.733	.641
	X3	-2.173	1.378	2.487	1	.115	.114
	X4	.817	.485	2.840	1	.092	2.263
	X5	-.143	.131	1.184	1	.276	.867
	상수항	15.622	24.918	.393	1	.531	6087597.162
2 단계[a]	X1	.279	.369	.572	1	.449	1.322
	X3	-1.947	1.149	2.875	1	.090	.143
	X4	.743	.411	3.259	1	.071	2.101
	X5	-.127	.116	1.206	1	.272	.880
	상수항	7.870	9.897	.632	1	.426	2618.677
3 단계[a]	X3	-1.292	.627	4.245	1	.039	.275
	X4	.541	.271	3.988	1	.046	1.717
	X5	-.101	.107	.883	1	.347	.904
	상수항	9.422	9.741	.936	1	.333	12356.269
4 단계[a]	X3	-1.423	.613	5.395	1	.020	.241
	X4	.567	.268	4.474	1	.034	1.762
	상수항	2.591	6.228	.173	1	.677	13.338

a. 변수가 1: X1, X2, X3, X4, X5 단계에 입력되었습니다.

변수 x_3와 x_4가 선택되고 있다.

이상과 같이 변수선택의 방법이 바뀌면 결과가 달라지는 경우가 있다는 사실에 주의해야
한다.

로지스틱 회귀분석의 유의점

Chapter 05
로지스틱 회귀분석의 유의점

1. 다중공선성

예제 5-1

다음 <표 5.1>의 데이터에 대해서 x_1과 x_2를 설명변수, y를 목적변수로 하는 로지스틱 회귀분석을 실시해 보자.

| 표 5.1 | 데이터표

번호	x_1	x_2	y	번호	x_1	x_2	y
1	30	40	1	11	29	39	0
2	38	48	1	12	27	38	0
3	37	46	1	13	25	36	0
4	32	42	1	14	22	33	0
5	35	44	1	15	26	37	0
6	34	44	1	16	27	36	0
7	38	48	1	17	31	42	0
8	35	45	1	18	25	35	0
9	35	45	1	19	27	37	0
10	37	47	1	20	34	44	0

설명변수끼리의 상관

설명변수 x_1과 x_2의 상관계수는 다음과 같이 구하는데, 상관계수는 0.993으로 대단히 강한 상관관계가 있다.

이 상황은 다시 말해서 다중공선성이 있는 상태이다. 이와 같은 데이터에 로지스틱 회귀분석을 적용하면, 어떠한 현상이 발생할지를 살펴보도록 하자.

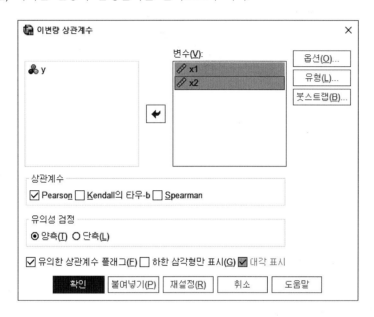

상관관계

		x1	x2
x1	Pearson 상관	1	.993**
	유의확률 (양측)		.000
	N	20	20
x2	Pearson 상관	.993**	1
	유의확률 (양측)	.000	
	N	20	20

**. 상관관계가 0.01 수준에서 유의합니다(양측).

평균치의 비교

로지스틱 회귀분석에 앞서 목적변수 $y = 0$ 군과 $y = 1$ 군으로 나누어 설명변수마다 평균치를 비교하면 다음과 같다.

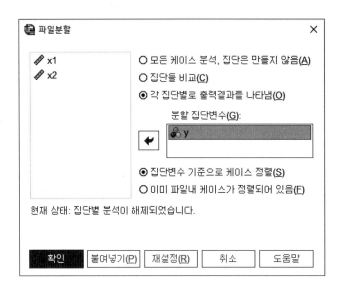

y = 0

기술통계량^a

	N	최소값	최대값	평균	표준편차
x1	10	22	34	27.30	3.368
x2	10	33	44	37.70	3.268
유효 N(목록별)	10				

a. y = 0

y = 1

기술통계량^a

	N	최소값	최대값	평균	표준편차
x1	10	30	38	35.10	2.601
x2	10	40	48	44.90	2.558
유효 N(목록별)	10				

a. y = 1

x_1과 x_2의 어느 쪽도 $y = 1$ 군 쪽이 $y = 0$ 군 쪽보다 평균치는 큰 값으로 되어 있다.

🔵 로지스틱 회귀분석의 적용

위의 파일분할을 원래 상태로 복고하고 로지스틱 회귀분석을 적용하면 다음과 같은 결과를 얻는다.

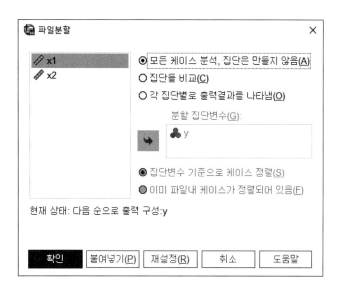

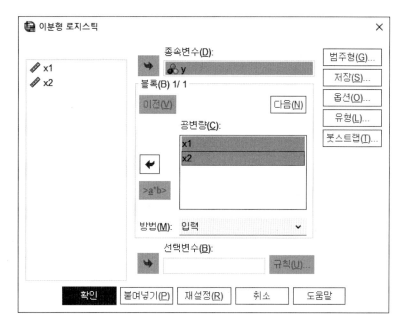

모형 계수의 총괄 검정

		카이제곱	자유도	유의확률
1 단계	단계	18.277	2	.000
	블록	18.277	2	.000
	모형	18.277	2	.000

모형 요약

단계	-2 로그 우도	Cox와 Snell의 R-제곱	Nagelkerke R-제곱
1	9.448[a]	.599	.799

a. 모수 추정값이 .001보다 작게 변경되어 계산반복 수 7에서 추정을 종료하였습니다.

분류표[a]

			예측		
			y		
관측됨			0	1	분류정확 %
1 단계	y	0	9	1	90.0
		1	1	9	90.0
전체 퍼센트					90.0

a. 절단값은 .500입니다.

방정식의 변수

		B	S.E.	Wald	자유도	유의확률	Exp(B)
1 단계[a]	x1	2.190	1.887	1.346	1	.246	8.931
	x2	-1.511	1.798	.706	1	.401	.221
	상수항	-6.154	18.303	.113	1	.737	.002

a. 변수가 1: x1, x2 단계에 입력되었습니다.

모형의 기여율(Nagelkerke R 제곱 = 0.799)이나 적중률(분류정확 % = 90)은 양호한 결과가 얻어지고 있다. 그러나 개개의 설명변수는 모두 유의하지 않아 도움이 되지 않는다고 하는 이해하기 어려운 현상이 일어나고 있다.

또한 x_2의 부호가 마이너스로 되어 있다. 이 사실은 x_2의 수치가 커지면 $y = 1$이 될 확률이 낮아진다는 것을 의미하고 있다. 그러나 앞에서 본 평균치의 비교에서는 x_1과 x_2의 어느 쪽도 $y = 1$ 군 쪽이 $y = 0$ 군 쪽보다 평균치는 큰 값으로 되어 있었다. 이와 같은 현상을 부호역전(符號逆轉)이라고 한다.

 5-2

다음 <표 5.2>의 데이터에 대해서 x_1과 x_2를 설명변수, y를 목적변수로 하는 로지스틱 회귀분석을 실시해 보자.

| 표 5.2 | 데이터표

번호	x_1	x_2	y
1	25	37	1
2	27	39	1
3	27	43	1
4	25	38	1
5	26	37	1
6	28	43	1
7	28	41	1
8	30	44	1
9	29	43	1
10	29	44	1
11	27	41	0
12	28	44	0
13	27	41	0
14	25	38	0
15	25	41	0
16	25	39	0
17	30	44	0
18	26	42	0
19	26	41	0
20	27	44	0

설명변수끼리의 상관

설명변수끼리의 상관계수는 0.775로 되어 있다.

상관관계

		x1	x2
x1	Pearson 상관	1	.775**
	유의확률 (양측)		.000
	N	20	20
x2	Pearson 상관	.775**	1
	유의확률 (양측)	.000	
	N	20	20

**. 상관관계가 0.01 수준에서 유의합니다(양측).

평균치의 비교

목적변수 $y = 0$ 군과 $y = 1$ 군으로 나누어 설명변수마다 평균치를 비교하면 다음과 같다.

y = 0

기술통계량[a]

	N	최소값	최대값	평균	표준편차
x1	10	25	30	26.60	1.578
x2	10	38	44	41.50	2.068
유효 N(목록별)	10				

a. y = 0

y = 1

기술통계량[a]

	N	최소값	최대값	평균	표준편차
x1	10	25	30	27.40	1.713
x2	10	37	44	40.90	2.885
유효 N(목록별)	10				

a. y = 1

x_1에 대해서는 $y = 1$ 군 쪽이 $y = 0$ 군 쪽보다 평균치는 큰 값으로 되어 있다.

x_2에 대해서는 $y = 0$ 군 쪽이 $y = 1$ 군 쪽보다 평균치는 큰 값으로 되어 있다.

로지스틱 회귀분석의 적용

위의 파일분할을 원래 상태로 복고하고 로지스틱 회귀분석을 적용하면 다음과 같은 결과를 얻는다.

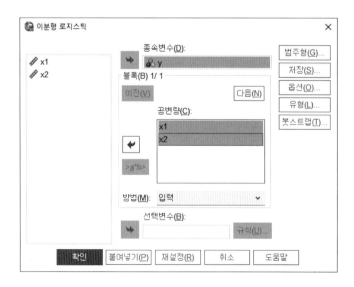

모형 계수의 총괄 검정

		카이제곱	자유도	유의확률
1 단계	단계	7.113	2	.029
	블록	7.113	2	.029
	모형	7.113	2	.029

모형 요약

단계	-2 로그 우도	Cox와 Snell의 R-제곱	Nagelkerke R-제곱
1	20.613[a]	.299	.399

a. 모수 추정값이 .001보다 작게 변경되어 계산반복 수 4에서 추정을 종료하였습니다.

분류표[a]

			예측		
			y		
관측됨			0	1	분류정확 %
1 단계	y	0	7	3	70.0
		1	3	7	70.0
	전체 퍼센트				70.0

a. 절단값은 .500입니다.

방정식의 변수

		B	S.E.	Wald	자유도	유의확률	Exp(B)
1 단계[a]	x1	1.401	.652	4.615	1	.032	4.060
	x2	-.876	.437	4.020	1	.045	.416
	상수항	-1.777	9.519	.035	1	.852	.169

a. 변수가 1: x1, x2 단계에 입력되었습니다.

이번 사례에서는 다중공선성에 의한 이해하기 어려운 현상은 일어나고 있지 않다. 단, 상관계수가 0.775 정도의 관계에서는 다중공선성은 일어나지 않는다고 생각하는 것은 경솔한 생각이다. 일어날 때와 일어나지 않을 때가 있다고 이해할 필요가 있다.

그런데 본 사례에서는 상관에 의한 다중공선성의 예제로서 뿐만 아니라 다른 견해가 가능한 사례이기도 하므로 주의 깊게 살펴보기로 하자.

우선 다음의 세 가지 그래프를 작성해서 관찰해 보자.

- y로 층별한 x_1의 도트 플롯
- y로 층별한 x_2의 도트 플롯
- y로 층별한 x_1과 x_2의 산점도

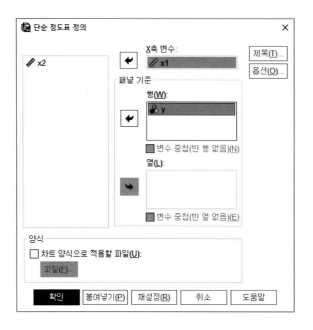

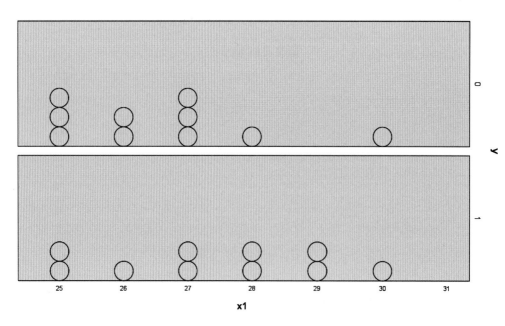

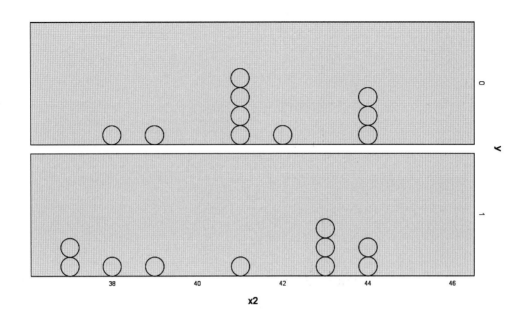

산점도를 작성하기 위해서는 다음과 같이 변수를 입력한다.

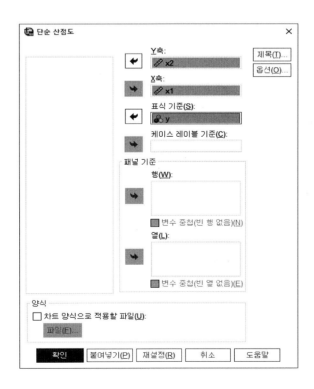

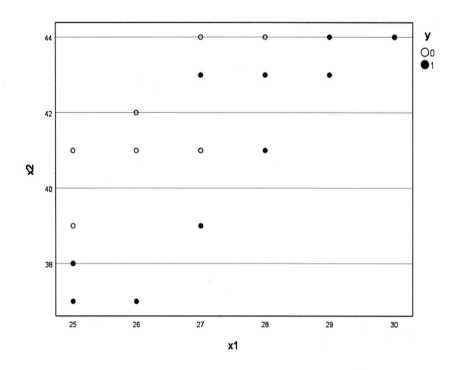

그래프를 보면 x_1은 단독으로는 y의 판별에 도움이 되지 않고, x_2도 단독으로는 y의 판별에 도움이 되지 않는다고 판단할 수 있다. 그러나 두 개의 변수를 사용하면 어느 정도는 y의 판별에 도움이 될 것 같다는 것을 알 수 있다. 도움이 되지 않는 변수들을 동시에 사용하면 판별할 수 있다고 하는 경우가 있을 수 있다고 하는 예다. 로지스틱 회귀분석을 실제로 적용해서 이 사실을 보이기로 한다.

[x_1만에 의한 로지스틱 회귀분석]

분류표[a]

			예측		
			\multicolumn{2}{c}{y}	분류정확 %
관측됨			0	1	분류정확 %
1 단계	y	0	5	5	50.0
		1	3	7	70.0
	전체 퍼센트				60.0

a. 절단값은 .500입니다.

방정식의 변수

		B	S.E.	Wald	자유도	유의확률	Exp(B)
1 단계[a]	x1	.322	.297	1.177	1	.278	1.379
	상수항	-8.682	8.010	1.175	1	.278	.000

a. 변수가 1: x1 단계에 입력되었습니다.

[x_2만에 의한 로지스틱 회귀분석]

분류표[a]

			예측		
			y		
관측됨			0	1	분류정확 %
1 단계	y	0	4	6	40.0
		1	5	5	50.0
	전체 퍼센트				45.0

a. 절단값은 .500입니다.

방정식의 변수

		B	S.E.	Wald	자유도	유의확률	Exp(B)
1 단계[a]	x2	-.105	.189	.309	1	.578	.900
	상수항	4.334	7.805	.308	1	.579	76.239

a. 변수가 1: x2 단계에 입력되었습니다.

[x_1과 x_2에 의한 로지스틱 회귀분석]

분류표[a]

			예측		
			y		
관측됨			0	1	분류정확 %
1 단계	y	0	7	3	70.0
		1	3	7	70.0
	전체 퍼센트				70.0

a. 절단값은 .500입니다.

방정식의 변수

		B	S.E.	Wald	자유도	유의확률	Exp(B)
1 단계ᵃ	x1	1.401	.652	4.615	1	.032	4.060
	x2	-.876	.437	4.020	1	.045	.416
	상수항	-1.777	9.519	.035	1	.852	.169

a. 변수가 1: x1, x2 단계에 입력되었습니다.

단독으로는 유의하지 않은 설명변수이더라도 동시에 사용하면 모두 유의하게 될 수가 있다고 하는 예다.

그런데 이와 같은 예가 있다고 하는 것은 변수선택의 증가법일 때에 주의가 필요하다. 이 데이터를 변수증가법으로 분석하면 다음과 같은 결과를 얻는다.

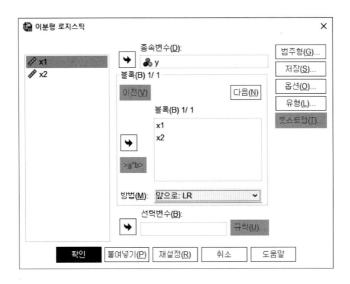

방정식의 변수

		B	S.E.	Wald	자유도	유의확률	Exp(B)
0 단계	상수항	.000	.447	.000	1	1.000	1.000

방정식에 없는 변수

			점수	자유도	유의확률
0 단계	변수	x1	1.231	1	.267
		x2	.313	1	.576
	전체 통계량		6.277	2	.043

2. 완전 분리

로지스틱 회귀분석에서는 목적변수가 될 두 개의 그룹이 설명변수에 의해서 판별할 수 있을 때에는, 최우해(最尤解)가 구해지지 않고 해가 불안정하게 된다, 결과가 이해하기 어렵게 된다고 하는 다중공선성과 같은 현상이 일어난다. 다음의 수치예에서 살펴보도록 하자.

1. 설명변수가 수치변수인 예

완전 분리의 상태에 있는 데이터

 5-3

| 표 5.3 | 데이터표

번호	x	y
1	1.2	0
2	3.8	0
3	3.9	0
4	4.8	0
5	5.8	0
6	6.2	1
7	7.9	1
8	8.1	1
9	9.3	1
10	9.9	1

다음과 같이 데이터를 입력한다.

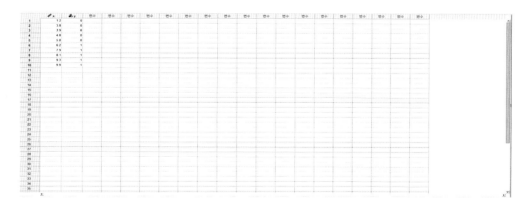

단순 산점도 대화상자에서 다음과 같이 변수를 지정한다.

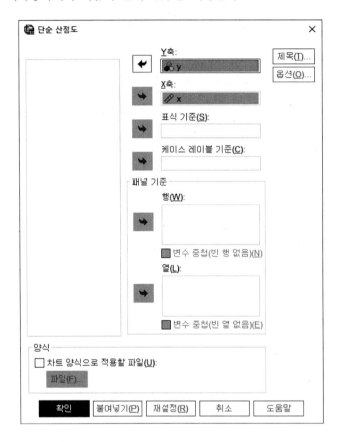

다음과 같은 그래프가 작성되는데, 0군과 1군이 완전히 분리되어 있는 것을 알 수 있다.

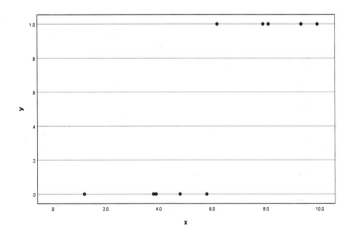

로지스틱 회귀분석을 적용하면, 다음과 같이 된다.

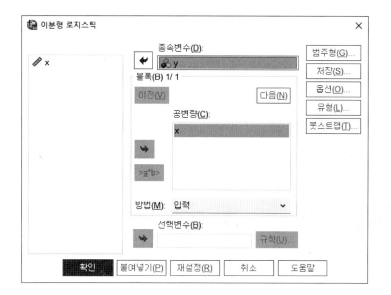

모형 계수의 총괄 검정

		카이제곱	자유도	유의확률
1 단계	단계	13.863	1	.000
	블록	13.863	1	.000
	모형	13.863	1	.000

모형 요약

단계	-2 로그 우도	Cox와 Snell의 R-제곱	Nagelkerke R-제곱
1	.000[a]	.750	1.000

a. 최대반복수에 도달하여 계산반복수 20에서 추정
을 종료하였습니다. 최종 해를 구할 수 없습니다.

분류표[a]

			예측		
			y		
관측됨			0	1	분류정확 %
1 단계	y	0	5	0	100.0
		1	0	5	100.0
	전체 퍼센트				100.0

a. 절단값은 .500입니다.

방정식의 변수

		B	S.E.	Wald	자유도	유의확률	Exp(B)
1 단계[a]	x	79.589	10122.608	.000	1	.994	3.674E+34
	상수항	-477.482	60659.900	.000	1	.994	.000

a. 변수가 1: x 단계에 입력되었습니다.

모형의 적합도를 나타내는 −2 로그 우도, 기여율, 적중률은 완전히 분리(판별)되어 있으므로, 당연히 최량의 수치를 보이고 있다. 그런데 설명변수 x의 p값이 0.994로 되어 있어 목적변수 y를 설명하는 데 도움이 되지 않는다고 하는 이해하기 어려운 결과가 얻어졌다. 다중공선성이 일어나고 있을 때에도 같은 현상이 일어나는데, 이 예에서는 설명변수가 하나밖에 없으므로 다중공선성이 원인이 아니라 완전 분리 상태에 있다는 것이 원인이다.

유사 분리의 상태에 있는 데이터

 5-4

| 표 5.4 | **데이터표**

번호	x	y
1	1.2	0
2	3.8	0
3	3.9	0
4	4.8	0
5	6.0	0
6	6.0	1
7	7.9	1
8	8.1	1
9	9.3	1
10	9.9	1

다음과 같이 데이터를 입력한다.

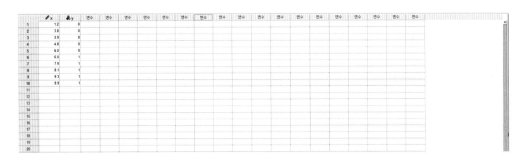

이 데이터에 대해서 산점도를 작성하면 다음과 같이 된다. $x = 6$인 곳이 0군과 1군이 겹쳐 있고, 그 곳을 경계로 완전히 분리되어 있다는 것을 알 수 있다. 이와 같은 상태는 유사 분리 상태라고 부른다.

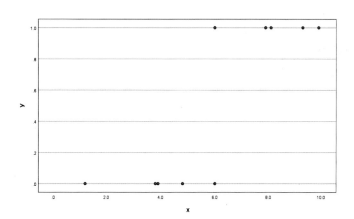

로지스틱 회귀분석을 적용하면 다음과 같이 된다.

모형 계수의 총괄 검정

		카이제곱	자유도	유의확률
1 단계	단계	11.090	1	.001
	블록	11.090	1	.001
	모형	11.090	1	.001

모형 요약

단계	-2 로그 우도	Cox와 Snell의 R-제곱	Nagelkerke R-제곱
1	2.773[a]	.670	.893

a. 최대반복수에 도달하여 계산반복수 20에서 추정 을 종료하였습니다. 최종 해를 구할 수 없습니다.

분류표[a]

			예측		
			y		
관측됨			0	1	분류정확 %
1 단계	y	0	5	0	100.0
		1	1	4	80.0
전체 퍼센트					90.0

a. 절단값은 .500입니다.

방정식의 변수

		B	S.E.	Wald	자유도	유의확률	Exp(B)
1 단계[a]	x	14.812	6031.586	.000	1	.998	2708448.148
	상수항	-88.871	36189.519	.000	1	.998	.000

a. 변수가 1 : x 단계에 입력되었습니다.

이 경우에도 설명변수 x의 p값이 0.998로 되어 있어 목적변수 y를 설명하는 데 도움이 되지 않는다고 하는 이해하기 어려운 결과가 얻어졌다.

완전 분리의 상태에 있는 2변량 데이터

 5-5

이번에는 설명변수가 x_1과 x_2의 두 개인 데이터의 예로 완전 분리 상태를 보이기로 한다.

|표 5.5| 데이터표

번호	x_1	x_2	y
1	33	32	0
2	30	31	0
3	31	32	0
4	28	28	0
5	27	29	0
6	31	31	0
7	25	27	0
8	27	27	0
9	33	35	0
10	26	27	0
11	36	47	1
12	34	43	1
13	31	40	1
14	29	35	1
15	34	46	1
16	33	41	1
17	33	42	1
18	35	44	1
19	34	43	1
20	29	40	1

다음과 같이 데이터를 입력한다.

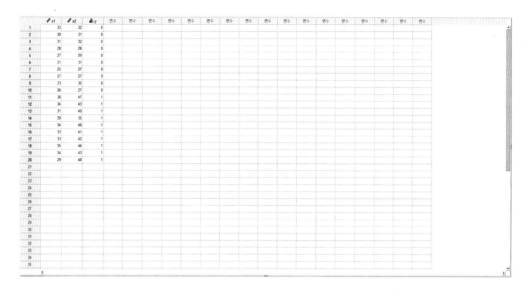

	x1	x2	y
1	33	32	0
2	30	31	0
3	31	32	0
4	28	28	0
5	27	29	0
6	31	31	0
7	25	27	0
8	27	27	0
9	33	35	0
10	26	27	0
11	36	47	1
12	34	43	1
13	31	40	1
14	29	35	1
15	34	46	1
16	33	41	1
17	33	42	1
18	35	44	1
19	34	43	1
20	29	40	1

이 데이터에 대해서 산점도를 작성하면 다음과 같이 된다. $y = 0$와 $y = 1$이 완전히 분리되어 있다는 것을 알 수 있다.

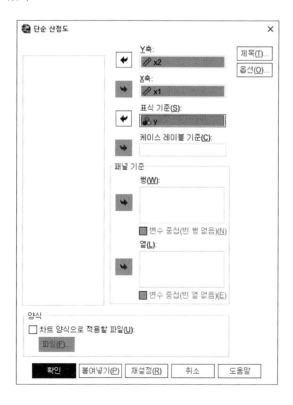

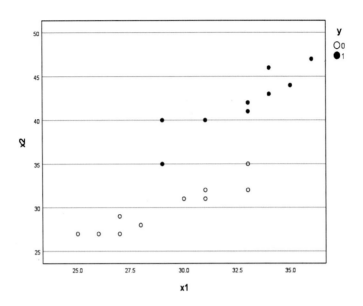

로지스틱 회귀분석을 적용하면 다음과 같이 된다.

모형 계수의 총괄 검정

		카이제곱	자유도	유의확률
1 단계	단계	27.726	2	.000
	블록	27.726	2	.000
	모형	27.726	2	.000

모형 요약

단계	-2 로그 우도	Cox와 Snell의 R-제곱	Nagelkerke R-제곱
1	.000[a]	.750	1.000

a. 최대반복수에 도달하여 계산반복수 20에서 추정
을 종료하였습니다. 최종 해를 구할 수 없습니다.

분류표[a]

			예측		
			y		
	관측됨		0	1	분류정확 %
1 단계	y	0	10	0	100.0
		1	0	10	100.0
	전체 퍼센트				100.0

a. 절단값은 .500입니다.

방정식의 변수

		B	S.E.	Wald	자유도	유의확률	Exp(B)
1 단계[a]	x1	-9.307	4610.679	.000	1	.998	.000
	x2	9.164	2775.047	.000	1	.997	9542.954
	상수항	-33.211	68090.285	.000	1	1.000	.000

a. 변수가 1: x1, x2 단계에 입력되었습니다.

설명변수 x_1의 p값 은 0.998, x_2의 p값은 0.997로 되어 있어 목적변수 y를 설명하는 데 모두 도움이 되지 않는다고 하는 이해하기 어려운 결과가 얻어졌다.

로그 우도 함수를 이용하는 이유
- 우도 함수는 0에서 1 사이에 값을 취함
- 우도 함수 값은 사례 수가 많은 경우에는 대단히 작은 값
- 로그 우도 함수는 계산이 용이

2. 설명변수가 범주변수인 예

완전 분리의 상태에 있는 데이터

 예제 5-6

| 표 5.6 | 데이터표

번호	A	y	번호	A	y
1	A1	0	10	A2	0
2	A1	0	11	A2	0
3	A1	0	12	A2	0
4	A1	0	13	A3	1
5	A1	0	14	A3	1
6	A1	0	15	A3	1
7	A2	0	16	A3	1
8	A2	0	17	A3	1
9	A2	0	18	A3	1

범주변수 A를 설명변수, y가 목적변수이다.

다음과 같이 데이터를 입력한다.

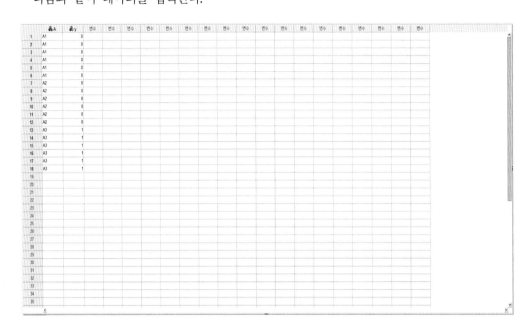

이 데이터를 크로스 집계표로 나타내면, A1과 A2일 때는 $y = 0$, A3일 때는 $y = 1$이 되어, 완전히 분리되어 있는 것을 알 수 있다.

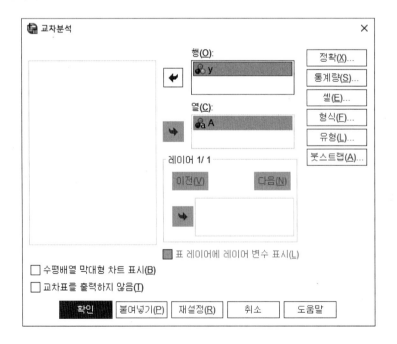

y * A 교차표

빈도

		A			전체
		A1	A2	A3	
y	0	6	6	0	12
	1	0	0	6	6
전체		6	6	6	18

로지스틱 회귀분석을 적용하면 다음과 같이 된다.

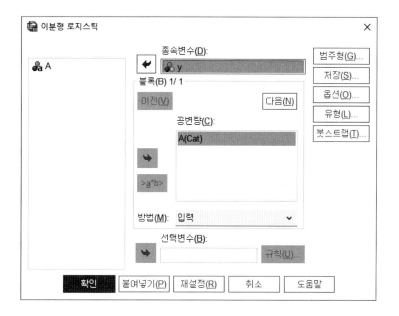

경고

모수 공분산 행렬을 계산할 수 없습니다. 나머지 통계량은 생략합니다.

모형 계수의 총괄 검정

		카이제곱	자유도	유의확률
1 단계	단계	22.915	2	.000
	블록	22.915	2	.000
	모형	22.915	2	.000

모형 요약

단계	-2로그 우도	Cox와 Snell의 R-제곱	Nagelkerke R-제곱
1	.000ª	.720	1.000

a. 완전 적합이 있으므로 계산반복수 18에서 추정을 종료하였습니다. 현재 해는 유일하지 않습니다.

이 예에서는 회귀계수 자체가 구해지지 않는다.

유사 분리의 상태에 있는 데이터

 5-7

| 표 5.7 | 데이터표

번호	A	y	번호	A	y
1	A1	0	10	A2	1
2	A1	0	11	A2	1
3	A1	0	12	A2	1
4	A1	0	13	A3	1
5	A1	0	14	A3	1
6	A1	0	15	A3	1
7	A2	0	16	A3	1
8	A2	0	17	A3	1
9	A2	0	18	A3	1

범주변수 A를 설명변수, y가 목적변수이다. 다음과 같이 데이터를 입력한다.

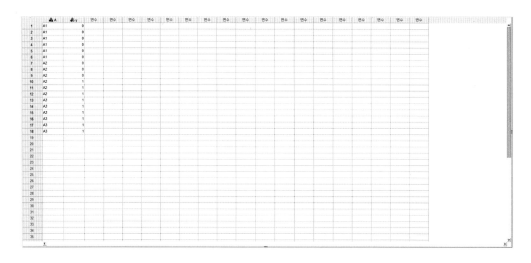

이 데이터를 크로스 집계표로 나타내면, A1일 때는 $y = 0$, A3일 때는 $y = 1$, A2일 때는 $y = 0$와 1이 섞여 있다.

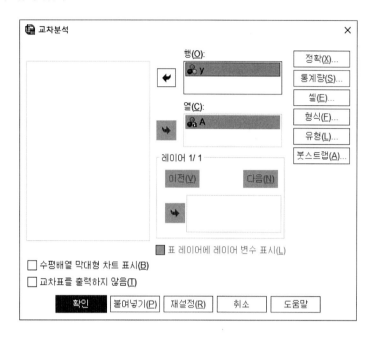

y * A 교차표

빈도

		A1	A2	A3	전체
			A		
y	0	6	3	0	9
	1	0	3	6	9
전체		6	6	6	18

로지스틱 회귀분석을 적용하면 다음과 같이 된다.

모형 계수의 총괄 검정

		카이제곱	자유도	유의확률
1 단계	단계	16.636	2	.000
	블록	16.636	2	.000
	모형	16.636	2	.000

모형 요약

단계	-2 로그 우도	Cox와 Snell의 R-제곱	Nagelkerke R-제곱
1	8.318[a]	.603	.804

a. 최대반복수에 도달하여 계산반복수 20에서 추정을 종료하였습니다. 최종 해를 구할 수 없습니다.

분류표[a]

			예측		
			y		
관측됨			0	1	분류정확 %
1 단계	y	0	6	3	66.7
		1	0	9	100.0
	전체 퍼센트				83.3

a. 절단값은 .500입니다.

방정식의 변수

		B	S.E.	Wald	자유도	유의확률	Exp(B)
1 단계[a]	A			.000	2	1.000	
	A(1)	-42.406	23205.422	.000	1	.999	.000
	A(2)	-21.203	16408.711	.000	1	.999	.000
	상수항	21.203	16408.711	.000	1	.999	1615474823

a. 변수가 1: A 단계에 입력되었습니다.

범주변수 A의 p값은 1.000으로 되어 있어 이해하기 어려운 결과가 얻어졌다. 이상으로 본 현상이 로지스틱 회귀분석에 대한 완전 분리, 유사 분리의 문제이다.

3. 이상치와 영향도

설명변수끼리의 상관

이상치(outlier)는 로지스틱 회귀분석 결과에 큰 영향을 미치는 경우가 있다. 그 데이터를 포함하고 있는지 어떤지로 회귀식이 상당히 다르게 되어 버리는 일조차 있으므로, 이상치의 유무를 검토하는 것은 중요하다. 이상치의 검토는 로지스틱 회귀분석을 적용하기 전에 실시하는 사전 검토와 적용 후에 실시하는 사후 검토로 나누어진다.

사전 검토에서는 데이터를 그래프로 표현해서 시각적으로 이상치의 유무나 분포의 형태를 검토하게 된다. 그래프로서는 도트 플롯, 히스토그램, 상자도표, 산점도 등이 유효하다.

(1) 하나의 설명변수(수치변수)와 목적변수의 관계 파악

    ① 층별 도트 플롯

    ② 층별 상자도표

    ③ 산점도

(2) 하나의 설명변수(범주변수)와 목적변수의 관계 파악

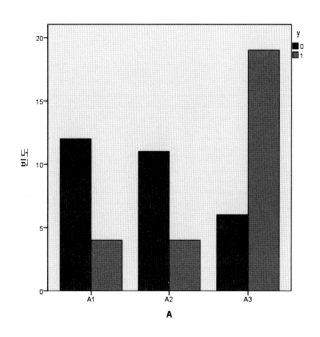

사후 검토

사후 검토에서는 잔차의 분석과 영향력의 분석을 실시한다.

잔차의 분석에는

    ① 비표준화 잔차

    ② 로짓 잔차

    ③ 스튜던트화 잔차

④ 표준화 잔차

⑤ 편차

영향력의 분석에는

⑥ Cook의 거리

⑦ 레버리지 값

⑧ DFBETA

등의 통계량이 제안되고 있다. 이들 통계량이 어떠한 값을 나타내는지를 수치예로 보이기로 한다. 시각적으로 파악할 수 있도록 설명변수는 두 개로 하고 있다. 데이터는 <표 5.8>과 같은데 이 데이터를 그래프로 표현한 것이 다음의 산점도이다. 그래프 상의 숫자는 데이터의 케이스 번호를 의미한다.

| 표 5.8 | 데이터표

No	x1	x2	y
1	31	43	0
2	28	42	0
3	18	33	0
4	32	45	0
5	32	42	0
6	31	43	0
7	32	40	0
8	33	43	0
9	30	46	0
10	36	43	0
11	34	42	0
12	25	60	0
13	26	42	0
14	34	46	0
15	36	41	0
16	31	44	0
17	30	39	0
18	35	12	0
19	39	51	1
20	37	46	1
21	24	62	1
22	41	50	1
23	39	46	1
24	37	44	1
25	32	46	1
26	39	48	1
27	42	47	1
28	35	44	1
29	40	49	1
30	37	49	1
31	55	55	1
32	39	44	1
33	34	44	1
34	41	11	1
35	34	47	1
36	39	46	1

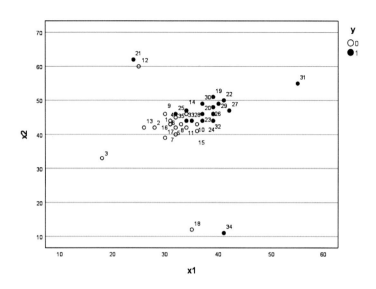

<표 5.8>의 데이터에 로지스틱 회귀분석을 적용하고, 잔차와 영향력의 통계량을 음미해 보자. 잔차는 표준화 잔차를 문제 삼기로 한다.

모형 계수의 총괄 검정

		카이제곱	자유도	유의확률
1 단계	단계	23.219	2	.000
	블록	23.219	2	.000
	모형	23.219	2	.000

모형 요약

단계	-2 로그 우도	Cox와 Snell의 R-제곱	Nagelkerke R-제곱
1	26.687[a]	.475	.634

a. 모수 추정값이 .001보다 작게 변경되어 계산반복 수 7에서 추정을 종료하였습니다.

분류표ª

			예측		
			y		
관측됨			0	1	분류정확 %
1 단계	y	0	15	3	83.3
		1	3	15	83.3
	전체 퍼센트				83.3

a. 절단값은 .500입니다.

방정식의 변수

		B	S.E.	Wald	자유도	유의확률	Exp(B)
1 단계ª	x1	.512	.172	8.862	1	.003	1.668
	x2	.139	.069	4.016	1	.045	1.149
	상수항	-23.498	7.862	8.934	1	.003	.000

a. 변수가 1: x1, x2 단계에 입력되었습니다.

오판별한 여섯 개의 케이스는 아래와 같다.

No	x1	x2	y	PRE_1	PGR_1
10	36	43	0	.71275	1
14	34	46	0	.57516	1
15	36	41	0	.65258	1
21	24	62	1	.06998	0
25	32	46	1	.32729	0
34	41	11	1	.27151	0

이로부터 잔차 및 영향력의 통계량을 산점도로 나타낸다. 먼저 다음과 같은 통계량을 구한다.

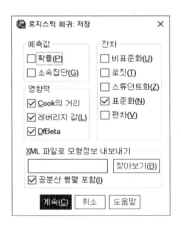

위에서 선택한 네 가지 통계량이 생성된다.

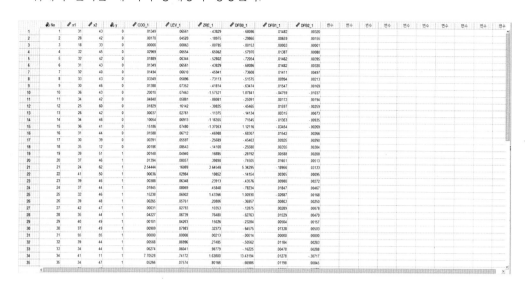

	No	x1	x2	y	COO_1	LEV_1	ZRE_1	DFB0_1	DFB1_1	DFB2_1	변수	변수	변수	변수	변수	변수	변수	변수	변수	변수
1	1	31	43	0	.01349	.06561	-.43829	-.68086	.01482	.00320										
2	2	28	42	0	.00170	.04520	-.18975	-.29665	.00659	.00155										
3	3	18	33	0	.00000	.00063	-.00785	-.00153	.00003	.00001										
4	4	32	45	0	.02969	.06554	-.65062	-.57970	.01387	.00080										
5	5	32	42	0	.01889	.06344	-.52802	-.72054	.01462	.00395										
6	6	31	43	0	.01349	.06561	-.43829	-.68086	.01482	.00320										
7	7	32	40	0	.01494	.06610	-.45941	-.73608	.01411	.00497										
8	8	33	43	0	.03349	.05896	-.73113	-.51575	.00994	.00213										
9	9	30	46	0	.01388	.07352	-.41814	-.63474	.01547	.00169										
10	10	36	43	0	.20010	.07463	-1.57521	1.87841	-.04759	-.01037										
11	11	34	42	0	.04848	.05881	-.88081	-.25091	.00173	.00194										
12	12	25	60	0	.01829	.16142	-.30825	-.45465	.01597	.00259										
13	13	26	42	0	.00037	.02761	-.11375	-.14134	.00315	.00073										
14	14	34	46	0	.10054	.06913	-1.16355	.71545	-.01363	.00935										
15	15	36	41	0	.15186	.07480	-1.37053	1.12116	-.03454	-.00269										
16	16	31	44	0	.01588	.06712	-.46988	-.68307	.01542	.00266										
17	17	30	39	0	.00391	.05597	-.25689	-.45403	.00925	.00290										
18	18	35	12	0	.00196	.08543	-.14100	-.25580	.00355	.00208										
19	19	39	51	1	.00148	.04940	.16885	.28192	.00688	.00208										
20	20	37	46	1	.01394	.08057	.39890	-.74505	.01651	.00513										
21	21	24	62	1	2.54444	.16069	3.64548	5.34295	-.18956	.03133										
22	22	41	50	1	.00036	.02984	.10852	.14154	.00305	.00095										
23	23	39	46	1	.00388	.06348	.23913	.43576	.00980	.00272										
24	24	37	44	1	.01845	.08069	.45848	-.78234	.01847	.00467										
25	25	32	46	1	.15238	.06902	1.43366	1.00930	-.02687	.00168										
26	26	39	48	1	.00265	.05761	.20806	-.36957	.00863	.00250										
27	27	42	47	1	.00031	.02793	.10353	-.12875	.00289	.00078										
28	28	35	44	1	.04227	.06739	.76480	-.62763	.01529	.00470										
29	29	40	49	1	.00101	.04263	.15026	.23284	.00504	.00157										
30	30	37	49	1	.00909	.07983	.32373	-.64575	.01338	.00503										
31	31	55	55	1	.00000	.00008	.00213	-.00014	.00000	.00000										
32	32	39	44	1	.00668	.06996	.27485	-.50562	.01184	.00283										
33	33	34	44	1	.06274	.06041	.98779	-.16225	.00478	.00288										
34	34	41	11	1	7.70528	.74172	1.63800	13.43194	.01278	-.30717										
35	35	34	47	1	.05266	.07574	.80166	-.66986	.01198	.00845										

표준화 잔차

잔차를 표준편차로 나눈 것을 표준화 잔차라고 부르며,

표준화 잔차 = 잔차 / [{예측확률 × (1 − 예측확률)}의 제곱근]

으로 구한다.

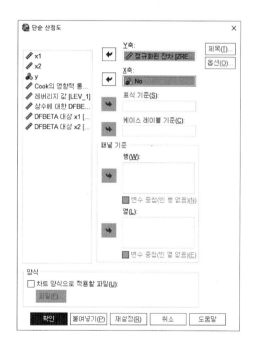

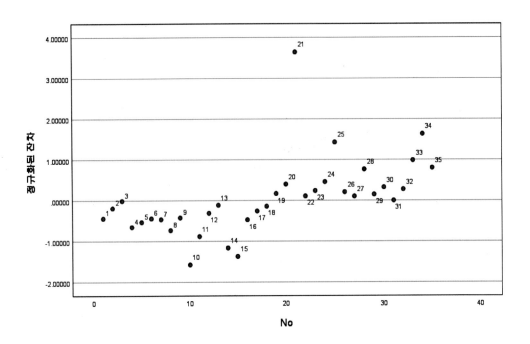

예측확률을 기초로 y가 0군인지 1군인지를 판별하고 있으므로, 잔차가 큰 케이스는 오판별되고 있는 케이스가 된다.

한편, 오판별되지 않은 3, 12, 18, 31번의 잔차는 크지 않다.

◡ Cook의 거리

Cook의 거리는 표준화 잔차와 레버리지 값의 양쪽을 고려한 통계량으로 계산된다.

$$\text{Cook의 거리} = \{(\text{표준화 잔차})^2 \times (\text{레버리지 값})\} \, / \, \{1 - (\text{레버리지 값})\}$$

> **TIPS!**
>
> Cook의 거리는 예측변수 일군 내에서 영향력 있는 이상치를 찾아내기 위해서 회귀분석에서 사용된다. 다른 말로 하면 이는 회귀 모형에 부정적인 영향을 미치는 점을 찾아내기 위한 방법이다. 측정은 각 관찰값의 레버리지와 잔차값의 결합으로 이루어진다. 레버리지와 잔차가 높아진다면 Cook의 거리는 더 높아진다. Cook의 거리로 이상치를 결정하는 데 방법은 여러 가지가 있다. 일반적으로 평균에서 3배 이상의 값을 가진다면 이상치로 본다.

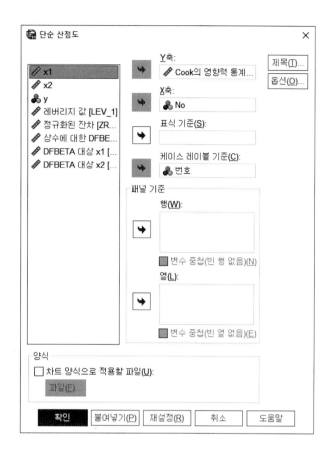

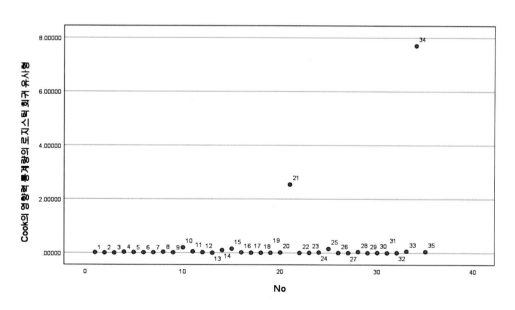

레버리지 값

레버리지 값은 설명변수의 이상치를 보기 위한 것이다. 레버리지 값은 0에서 1 사이의 값을 취하며, 레버리지 값의 평균은 (설명변수의 수 + 1) / (표본의 크기 n)이 된다. 이 예에서는 설명변수의 수는 2, 표본의 크기(= 케이스의 수)는 36이므로, 레버리지의 평균은

$$(2 + 1) \ / \ 36 = 0.08333$$

이 된다.

레버리지 값은 영향력이 강한 케이스이더라도 예측확률이 0.1 이하 혹은 0.9 이상일 때는 작은 값이 되는 경우가 있으므로, 주의가 필요하다.

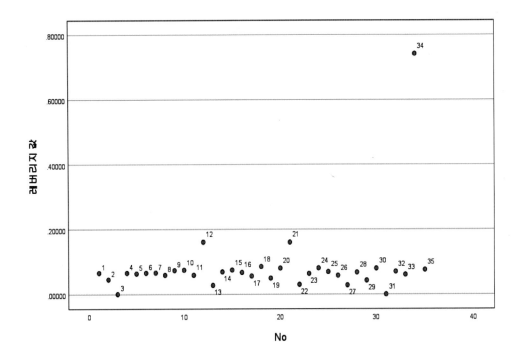

DFBETA

DFBETA란 하나의 케이스를 제거하고 로지스틱 회귀분석을 실시했을 때의 회귀계수와 제거하기 전(즉, 모든 케이스를 사용했을 때)의 회귀계수의 차이다. 이 차가 큰 케이스는 회귀식의 결정에 큰 영향을 미치게 된다. 하나의 데이터를 제거하면 어떻게 될까 하는 검증방법은, 잭나이프법이라고 하는 방법론과 비슷하다.

$$DFBETA = B(모든\ 케이스를\ 사용해서\ 구한\ 회귀계수)$$
$$- B(i번째\ 케이스를\ 제거하고\ 구한\ 회귀계수)$$

DFBETA는 설명변수마다 계산되고, 상수항에 대해서도 계산된다.
그리고 SPSS에서 계산되는 값은 근사값이며, 참값과는 약간의 차가 생긴다.

상수항 b_0의 변화

다음과 같이 변수를 지정하고 산점도를 작성한다.

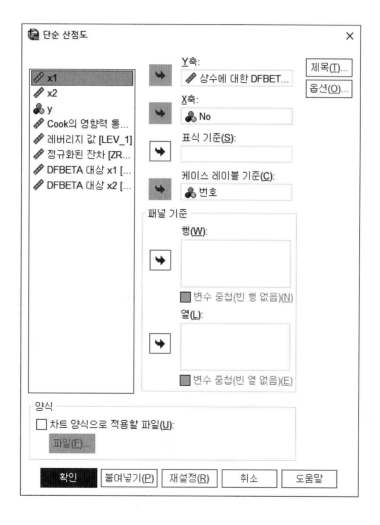

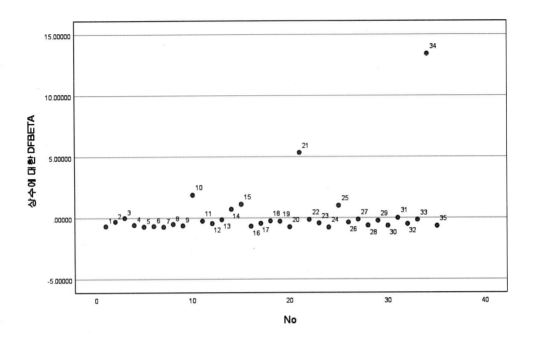

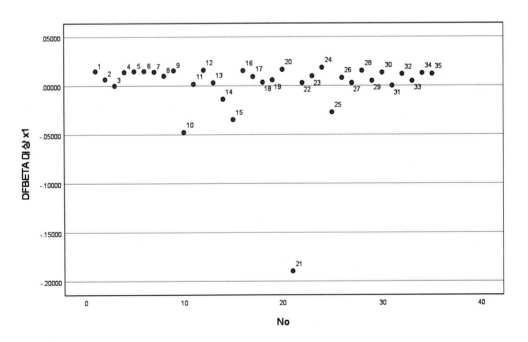

회귀계수 b_1의 변화

회귀계수 b_2의 변화

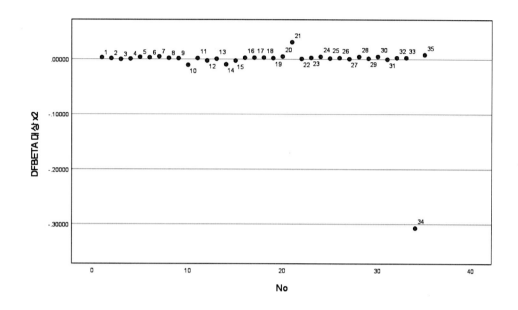

4. ROC 곡선

분류 테이블의 검토

로지스틱 회귀분석의 결과로서 다음과 같은 분류표가 얻어졌다고 하자.

분류표[a]

			예측		
			y		
관측됨			0	1	분류정확 %
1 단계	y	0	15	3	83.3
		1	3	15	83.3
	전체 퍼센트				83.3

a. 절단값은 .500입니다.

어느 정도의 적중률이 있으면 회귀식을 예측(판별)에 사용할 수 있는가 하는 것은 목적에도 따르므로 일률적으로 답할 수는 없지만, 목표로서는 75%는 요구된다.

한편 원래의 0군과 1군의 데이터 수가 크게 다른 경우가 있다. 가령 본래 1군의 데이터 수가 90%를 차지하는 경우 모두를 1로 예측하면 적중률은 90%가 된다. 이러한 경우에는 90%를 초월하는 적중률이 아니면 의미가 없게 된다.

ROC 곡선

어떤 사상의 발생을 $y = 1$, 비발생을 $y = 0$로 할 때, 1을 1이라고 맞추는 적중률을 민감도(敏感度), 0을 0이라고 하는 적중률을 특이도(特異度)라고 한다.

세로축에는 민감도, 가로축에는 (1 − 특이도)를 취해서 점을 플롯하여 곡선을 그린 그래프를 ROC 곡선(Receiver-Operating-Characteristic curve ; 수신동작특성곡선)이라고 한다. 이 곡선의 아래 면적이 넓은 모형일수록 적합도가 높다고 판단한다.

[ROC 곡선 작성방법]

ROC곡선은 다음과 같은 순서로 작성할 수 있다.

《순서 1》 x_1과 x_2를 각각 설명변수, y를 목적변수로 해서 로지스틱 회귀분석을 실시한다.

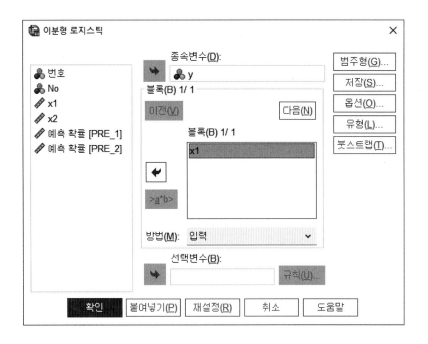

로지스틱 회귀: 저장

예측값
- ☑ 확률(P)
- ☐ 소속집단(G)

영향력
- ☐ Cook의 거리
- ☐ 레버리지 값(L)
- ☐ DfBeta

잔차
- ☐ 비표준화(U)
- ☐ 로짓(T)
- ☐ 스튜던트화(Z)
- ☐ 표준화(N)
- ☐ 편차(V)

XML 파일로 모형정보 내보내기
[   ] 찾아보기(B)
☑ 공분산 행렬 포함(I)

계속(C)　취소　도움말

	번호	No	x1	x2	y	PRE_1	PRE_2	변수	변수	변수	변수	변수	변수	변수	변수	변수	변수	변수	변수	변수
1	1	1	31	43	0	20686	48215													
2	2	2	28	42	0	07430	46625													
3	3	3	18	33	0	00158	32979													
4	4	4	32	45	0	27865	51403													
5	5	5	32	42	0	27865	46625													
6	6	6	31	43	0	20686	48215													
7	7	7	32	40	0	27865	43469													
8	8	8	33	43	0	36394	48215													
9	9	9	30	46	0	14972	52994													
10	10	10	36	43	0	65026	48215													
11	11	11	34	42	0	45872	46625													
12	12	12	25	60	0	02410	73355													
13	13	13	26	42	0	03529	46625													
14	14	14	34	46	0	45872	52994													
15	15	15	36	41	0	65026	45042													
16	16	16	31	44	0	20686	49809													
17	17	17	30	39	0	14972	41909													
18	18	18	35	12	0	55659	11422													
19	19	19	39	51	1	85799	60796													
20	20	20	37	46	1	73361	52994													
21	21	21	24	62	1	01640	75772													
22	22	22	41	50	1	92985	59266													
23	23	23	39	46	1	85799	52994													
24	24	24	37	44	1	73361	49809													
25	25	25	32	46	1	27865	52994													
26	26	26	39	48	1	85799	56154													
27	27	27	42	47	1	95153	54579													
28	28	28	35	44	1	55659	49809													
29	29	29	40	49	1	89948	57718													
30	30	30	37	49	1	73361	57718													
31	31	31	55	55	1	99969	66682													
32	32	32	39	44	1	85799	49809													
33	33	33	34	44	1	45872	49809													
34	34	34	41	11	1	92985	10793													
35	35	35	34	47	1	45872	54579													

《순서 2》 위와 같은 예측확률을 구하고, 메뉴에서 [분석] - [분류분석] - [ROC 곡선]을 선택
한다.

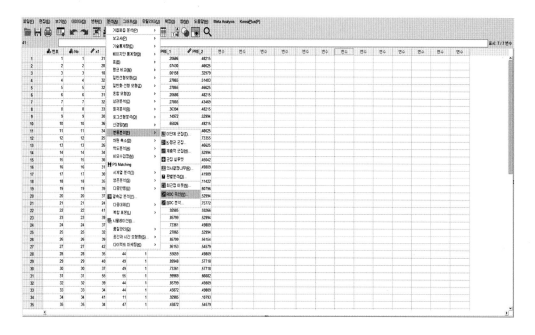

《순서 3》 다음과 같이 지정하고 [확인]을 클릭한다.

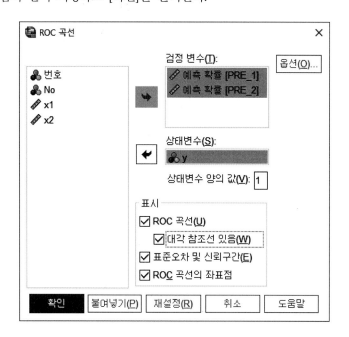

다음과 같은 결과를 얻는다.

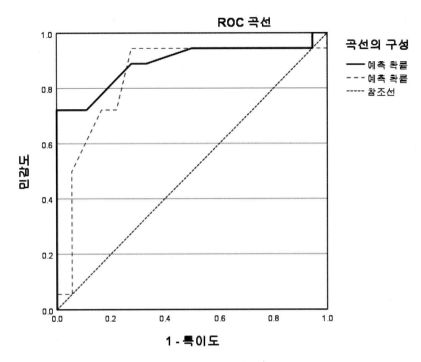

ROC 곡선

대각선은 등순위에 의해 생성됩니다.

곡선 아래 영역

검정 결과 변수	영역	표준화 오류[a]	근사 유의확률[b]	근사 95% 신뢰구간 하한	근사 95% 신뢰구간 상한
예측 확률	.892	.059	.000	.776	1.000
예측 확률	.840	.074	.001	.694	.985

검정 결과 변수: 예측 확률, 예측 확률에는 실제 양의 반응 진단과 실제 음의 반응 진단 사이에 하나 이상의 등순위가 있습니다. 통계량은 편향될 수 있습니다.

a. 비모수 분포 가정
b. 영가설: 실제 영역 = 0.5

일반화 선형모형

Chapter 06
일반화 선형모형

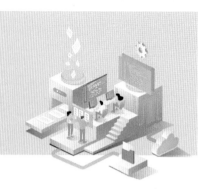

1. 일반화 선형모형에 의한 로지스틱 회귀분석

1. 일반선형모형과 일반화 선형모형

일반선형모형이란 회귀분석과 분산분석을 통일한 수법이라고 생각하면 좋을 것이다. 이때, 종속변수 y는 수치변수가 아니면 안 된다. 독립변수는 수치변수(양적변수)와 범주변수(질적변수) 어느 쪽도 다룰 수 있다. 어느 쪽이라도 다룰 수 있는 점이 회귀분석과 분산분석을 통일했다고 하는 것을 나타낸다.

한편, 일반화 선형모형은 종속변수로서 수치변수 이외의 변수도 다룰 수 있도록 확장한 것이다. 바꾸어 말하면, 정규분포에 따르는 종속변수나 비정규분포의 종속변수나 다룰 수 있도록 되어 있는 것이 일반화 선형모형이다. 따라서 일반화 선형모형에서는 로지스틱 회귀분석을 다룰 수 있다.

일반선형모형과 일반화 선형모형을 이미지로 나타낸 것을 그림으로 표현해 보면 다음 그림과 같다.

120 SPSS를 활용한 다변량 데이터의 통계분석

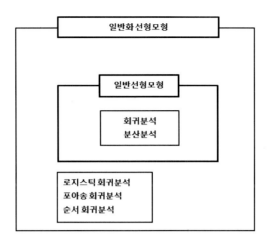

2. 일반화 선형모형의 실제

 6-1

| 표 6.1 | 데이터표

x_1	x_2	x_3	x_4	c_5	x_5	y	x_1	x_2	x_3	x_4	c_5	x_5	y
34	114	40	61	A	1	0	31	108	41	66	B	0	1
30	110	41	60	A	1	0	25	111	45	61	A	1	1
26	114	43	62	A	1	0	32	110	41	59	A	1	1
33	111	42	58	A	1	0	33	110	47	61	B	0	1
32	113	40	59	B	0	0	31	114	43	61	A	1	1
33	116	42	56	A	1	0	34	108	40	64	A	1	1
36	116	41	54	B	0	0	24	109	40	64	B	0	1
33	119	39	60	A	1	0	31	109	38	61	B	0	1
39	107	39	55	A	1	0	29	114	46	56	B	0	1
32	112	44	62	A	1	0	28	106	43	60	B	0	1
32	110	39	59	A	1	0	29	111	46	58	B	0	1
31	119	38	56	A	1	0	30	111	41	58	B	0	1
34	110	40	59	A	1	0	31	114	45	60	B	0	1
34	118	43	61	B	0	0	31	112	47	53	B	0	1
26	112	43	62	A	1	0	34	106	41	61	B	0	1
30	116	39	58	A	1	0	31	115	48	60	A	1	1
33	113	39	56	A	1	0	34	108	48	60	B	0	1
31	116	37	57	A	1	0	24	110	46	58	B	0	1
31	113	44	63	B	0	0	29	113	43	63	B	0	1
32	115	36	66	B	0	0	31	107	44	65	B	0	1

SPSS의 처리 절차

《순서 1》 데이터의 입력

다음과 같이 데이터를 입력한다.

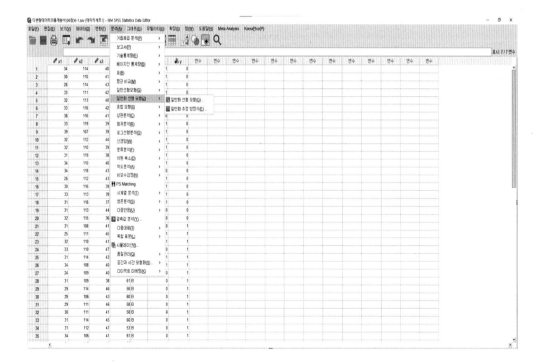

《순서 2》 분석수법의 선택

메뉴에서 [분석] - [일반화 선형모형] - [일반화 선형모형]을 선택한다.

《순서 3》 모형유형의 선택

[이분형 로지스틱]을 선택하여 체크한다. [반응]을 클릭한다.

《순서 4》 반응의 선택

[종속변수]에 'y'를 투입한다. [이분형]의 [참조범주]를 클릭한다. [참조범주]를 [처음(가장 낮은 값)]에 설정하고 [계속]을 클릭한다. [예측자]를 클릭한다.

《순서 5》 예측자의 선택

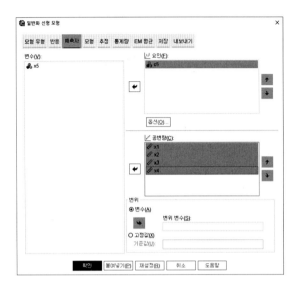

[요인]에 'c_5', [공변량]에 'x_1, x_2, x_3, x_4'를 투입한다. [모형]을 클릭한다.

《순서 6》 모형의 선택

[모형]에 'c_5, x_1, x_2, x_3, x_4'를 투입한다. [확인]을 클릭한다.

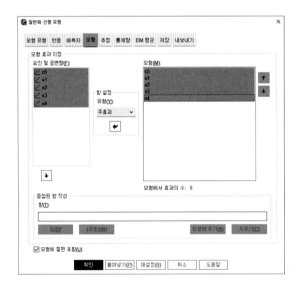

|주| 《순서 4》에서 [참조범주] 변경은 반드시 실시할 필요는 없다. 이 책에서는 로지스틱 회귀분석의
결과와 대비하기 쉽도록 하기 위해서 실시하고 있다.

분석결과

일반화 선형모형으로 로지스틱 회귀분석을 적용하면, 다음과 같은 결과가 얻어진다.

모형정보

종속변수	y[a]
확률 분포	이항
연결함수	로짓

a. 프로시저 모형 1은(는) 반응으로, 0은(는) 참조 범주로 취급됩니다.

적합도[a]

	변수값	자유도	값/자유도
편차	22.596	34	.665
척도 편차	22.596	34	
Pearson 카이제곱	25.097	34	.738
척도 Pearson 카이제곱	25.097	34	
로그 우도[b]	-11.298		
Akaike 정보 기준(AIC)	34.596		
무한 표본 수정된 AIC (AICC)	37.141		
베이지안 정보 기준(BIC)	44.729		
일관된 AIC(CAIC)	50.729		

종속변수: y
모형: (절편), c5, x1, x2, x3, x4

a. 정보 기준은 가능한 작은 형태입니다.

b. 전체 로그 우도 함수가 표시되고 계산 정보 기준에 사용됩니다.

총괄 검정[a]

우도비 카이제곱	자유도	유의확률
32.856	5	.000

종속변수: y
모형: (절편), c5, x1, x2, x3, x4

a. 적합한 모형을 절편 전용 모형과 비교합니다.

모형 효과 검정

제 III 유형

소스	Wald 카이제곱	자유도	유의확률
(절편)	2.063	1	.151
c5	3.983	1	.046
x1	.375	1	.540
x2	4.447	1	.035
x3	4.710	1	.030
x4	.049	1	.826

종속변수: y
모형: (절편), c5, x1, x2, x3, x4

모수 추정값

모수2	B	표준오차	95% Wald 신뢰구간		가설검정		
			하한	상한	Wald 카이제곱	자유도	유의확률
(절편)	60.724	41.5707	-20.753	142.201	2.134	1	.144
[c5=A]	-2.452	1.2286	-4.860	-.044	3.983	1	.046
[c5=B]	0ᵃ	.	.	.	.	.	.
x1	-.131	.2141	-.551	.288	.375	1	.540
x2	-.798	.3782	-1.539	-.056	4.447	1	.035
x3	.725	.3340	.070	1.380	4.710	1	.030
x4	.055	.2489	-.433	.543	.049	1	.826
(척도)	1ᵇ						

종속변수: y
모형: (절편), c5, x1, x2, x3, x4
a. 중복된 모수이므로 0으로 설정됩니다.
b. 표시된 값으로 고정됩니다.

이상의 결과는 로지스틱 회귀분석의 메뉴에서 실시한 아래의 결과와 일치하고 있다는 것을 확인할 수 있다.

> **TIPS!**
>
> 일반화 선형모형은 종속변수가 지정된 연결 함수를 통해 요인 및 공변량과 선형적으로 관련되도록 일반선형모형을 확장한다. 더욱이 모형을 사용하면 종속변수가 비정규분포를 갖는 것을 허용한다. 또한 정상적으로 분포된 반응, 이분형 데이터의 로지스틱 모형, 개수 데이터의 로그 선형모형, 구간 중도절단 생존 데이터에 대한 음의 로그-로그 모형은 물론 매우 일반적인 모형 공식을 통해 다른 많은 통계 모형 같이 널리 사용되는 통계 모형을 포함한다.

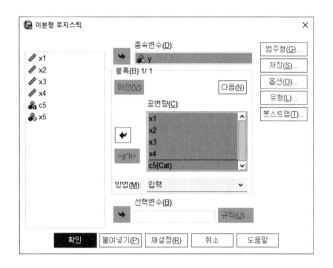

방정식의 변수

		B	S.E.	Wald	자유도	유의확률	Exp(B)
1 단계[a]	x1	-.131	.214	.375	1	.540	.877
	x2	-.798	.378	4.447	1	.035	.450
	x3	.725	.334	4.710	1	.030	2.065
	x4	.055	.249	.049	1	.826	1.056
	c5(1)	-2.452	1.229	3.983	1	.046	.086
	상수항	60.724	41.571	2.134	1	.144	2.355E+26

a. 변수가 1: x1, x2, x3, x4, c5 단계에 입력되었습니다.

2. 일반화 추정방정식에 의한 로지스틱 회귀분석

1. 반복측정과 일반화 추정방정식

　로지스틱 회귀분석에서는 종속변수(반응)는 2가(二價) 데이터가 되는데, 이 결과가 여러 번 측정되고 있는 상황을 상정한다. 지금 두통의 유무를 연구하고 있다고 하자. 어제는 두통이 있었는데 오늘은 두통이 없다고 하는 것은 있을 수 있는 이야기다. 이와 같은 경우, 두통의 유무를 종속변수로 하는 것을 생각하면, 종속변수의 값이 동일한 피험자에 대해서 여러 개 얻어지게 된다. 이러한 데이터를 반복이 있는 데이터 혹은 반복측정된 데이터라고 부른다. 반복이 있는 데이터는 그 시점마다 로지스틱 회귀분석을 적용한다고 하는 방법을 생각할 수 있는데, 시점마다 결론이 바뀔 가능성이 있어 그것들을 한데 모아 결론을 말하는 데 사정이 좋지 않은 경우가 많다. 또한 동일한 인물로부터 얻어진 복수의 종속변수에 대한 데이터는 소위 대응이 있는 데이터가 되어, 독립적으로는 되지 않는 사실로부터 그와 같은 상황도 고려한 분석이 필요하게 된다. 그래서 유효한 수법으로서 일반화 추정방정식이라고 하는 방법이 있다.

일반화 추정방정식은 반복이 있는 데이터에 로지스틱 회귀분석을 적용할 때의 수법이라고 생각하면 된다.

그리고 일반화 추정방정식은 로지스틱 회귀분석뿐만 아니라 순서 회귀분석, 포아송 회귀분석에도 적용된다.

다음에 구체적인 예제로 일반화 추정방정식의 실제를 소개하기로 한다.

 6-2

10명의 피험자에 대해서 어떤 질병이 일어나는 증상의 유무에 대하여 다음과 같은 데이터가 얻어졌다고 하자.

| 표 6.2 | 데이터표

No.	증상의 유무(y)			복용(x_1)			성별 (x_2)
	12세	13세	14세	12세	13세	14세	
1	1	0	1	없음	있음	없음	남
2	0	0	1	있음	있음	없음	남
3	1	1	1	있음	있음	없음	남
4	1	1	1	있음	있음	있음	남
5	0	1	1	없음	있음	있음	남
6	0	1	0	있음	있음	있음	여
7	1	0	0	없음	있음	있음	여
8	1	1	0	없음	없음	없음	여
9	1	1	0	없음	있음	있음	여
10	0	0	0	있음	있음	있음	여

동일한 인물에 대해서 12세, 13세, 14세의 3시점에서 증상의 유무가 기록되어 있다. 증상이 있으면 1, 없으면 0으로 하고 있다. 또한 그 시점에서 약의 복용 유무 및 성별도 기록하고 있다.

여기에서는 종속변수에 대해서 여러 번(이 경우에는 3회) 측정된 데이터로 되어 있으므로, 일반화 추정방정식을 적용한다.

SPSS의 처리 절차

《순서 1》 데이터의 입력

다음과 같이 데이터를 입력한다.

	No	연령	복용	성별	y
1	1	12	2	1	1
2	1	13	1	1	0
3	1	14	2	1	1
4	2	12	1	1	0
5	2	13	1	1	0
6	2	14	2	1	1
7	3	12	1	1	1
8	3	13	1	1	1
9	3	14	2	1	1
10	4	12	1	1	1
11	4	13	1	1	1
12	4	14	1	1	1
13	5	12	2	1	0
14	5	13	1	1	1
15	5	14	1	1	1
16	6	12	1	2	0
17	6	13	1	2	1
18	6	14	1	2	0
19	7	12	1	2	1
20	7	13	1	2	1
21	7	14	1	2	0
22	8	12	2	2	1
23	8	13	2	2	1
24	8	14	2	2	0
25	9	12	1	2	1
26	9	13	1	2	1
27	9	14	1	2	0
28	10	12	1	2	0
29	10	13	1	2	0
30	10	14	1	2	0

변수값 설명

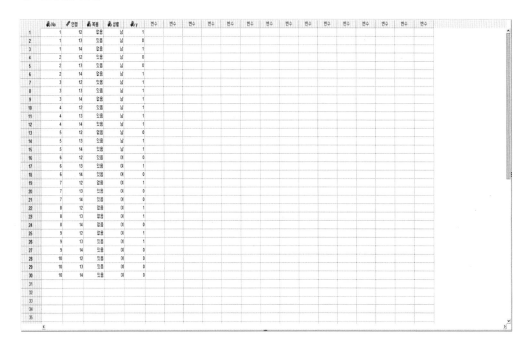

《순서 2》 분석수법의 선택

메뉴에서 [분석] - [일반화 선형모형] - [일반화 추정방정식]을 선택한다.

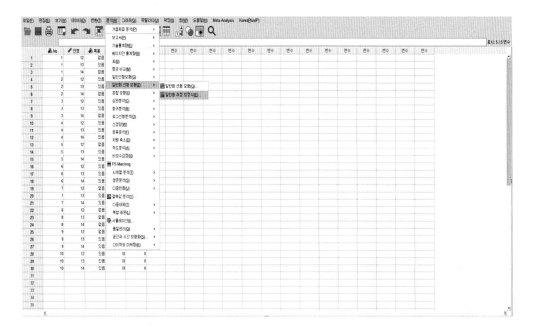

《순서 3》 반복의 선택

[개체 변수]에 'No', [개체 내 변수]에 '연령', '복용'을 투입하고, [모형 유형]을 클릭한다.

《순서 4》 모형 유형의 선택

[이분형 로지스틱]에 체크하고 [반응]을 클릭한다.

《순서 5》반응의 선택

[종속변수]에 'y'를 투입하고 [예측자]를 클릭한다.

《순서 6》예측자의 선택

[요인]에 범주변수 '복용', '성별'을 투입하고, [공변량]에 수치변수인 '연령'을 투입한다.
[모형]을 클릭한다.

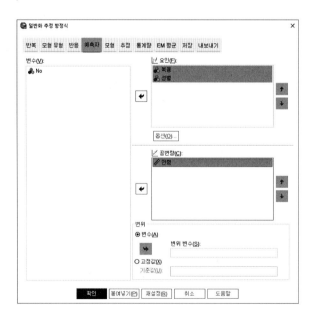

《순서 7》 모형의 선택

[모형]에 '복용', '성별', '연령'을 투입하고 [확인]을 클릭한다.

분석결과

모형 효과 검정

제 III 유형

소스	Wald 카이제곱	자유도	유의확률
(절편)	.104	1	.747
복용	3.108	1	.078
성별	4.129	1	.042
연령	.056	1	.813

종속변수: y
모형: (절편), 복용, 성별, 연령

모수 추정값

모수2	B	표준오차	95% Wald 신뢰구간		가설검정		
			하한	상한	Wald 카이제곱	자유도	유의확률
(절편)	-2.349	7.0928	-16.251	11.552	.110	1	.740
[복용=1]	1.787	1.0138	-.200	3.774	3.108	1	.078
[복용=2]	0ᵃ	.	.	.	.	.	.
[성별=1]	-1.626	.8001	-3.194	-.058	4.129	1	.042
[성별=2]	0ᵃ	.	.	.	.	.	.
연령	.124	.5225	-.900	1.148	.056	1	.813
(척도)	1						

종속변수: y
모형: (절편), 복용, 성별, 연령
 a. 중복된 모수이므로 0으로 설정됩니다.

성별이 유의한 것으로 되어 있어 남녀 사이에 차가 있다는 것을 알 수 있다.

예제 6-3

다음의 <표 6.3>의 데이터는 111명의 대장암 환자에 대한 치료결과이다. 측정변수들은 다음과 같다.

- ID : 환자번호
- 병원 : 1, 2
- 수술방법 : R=로봇, P=사람
- 성별 : F=여성, M=남성
- 연령 : 나이
- 초기상태 : 0=나쁨, 1=좋음
- 치료차수 : 1, 2, 3, 4
- 환자상태 : 0=나쁨, 1=좋음

| 표 6.3 | **대장암 치료 데이터**

ID	병원	수술방법	성별	연령	초기상태	치료차수	환자상태
1	1	사람	남성	50	나쁨	1	좋음
1	1	사람	남성	50	나쁨	2	좋음
1	1	사람	남성	50	나쁨	3	좋음
1	1	사람	남성	50	나쁨	4	좋음
2	1	사람	남성	29	나쁨	1	좋음
2	1	사람	남성	29	나쁨	2	좋음
2	1	사람	남성	29	나쁨	3	좋음
2	1	사람	남성	29	나쁨	4	좋음
⋮	⋮	⋮	⋮	⋮	⋮	⋮	⋮
⋮	⋮	⋮	⋮	⋮	⋮	⋮	⋮
110	2	로봇	여성	63	좋음	4	좋음
111	2	로봇	남성	31	좋음	1	좋음
111	2	로봇	남성	31	좋음	2	좋음
111	2	로봇	남성	31	좋음	3	좋음
111	2	로봇	남성	31	좋음	4	좋음

| 주 | 데이터는 출판사 홈페이지에 입력되어 있음

반응변수인 환자상태가 이항형이므로 이항분포(binomial distribution)와 로짓(logit) 연결함수를 설정하는 것이 좋다. 예측변수로는 병원, 수술방법, 성별, 연령, 초기상태를 고려한다. 환자 1명당 4회 반복측정하였으므로 같은 ID의 네 개 케이스 사이에는 상관성이 존재할 것이다. 즉, 반복측정으로 케이스들의 군집이 형성되는 경우이다.

일반화 추정방정식(GEE, generalized estimating equations)은 상관성이 내재된 일반화 선형모형을 추정하는 방법이다.

TIPS!

GEE(일반화 추정방정식)는 GLM(일반화 선형모형)의 확장 모형이다. GLM의 경우 LM(선형모형)의 한계점을 보완하기 위해 만들어졌다. 여기서 한계점이란, LM에서 가정하는 가령, '종속변수는 정규성을 만족해야 한다' 등과 같은 것들을 충족시키지 못하는 경우가 많기 때문이다. 이분형 변인이나, 카테고리 변인 등의 경우를 말한다.

SPSS의 처리 절차

《순서 1》 데이터의 입력

다음과 같이 데이터를 입력한다.

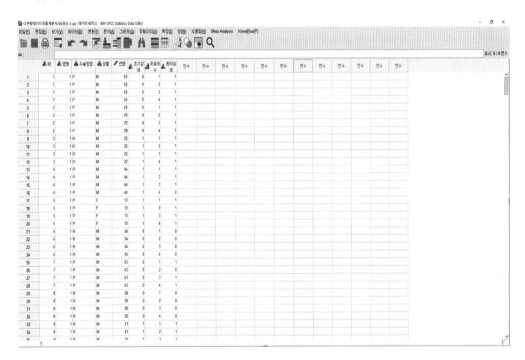

변수값 설명

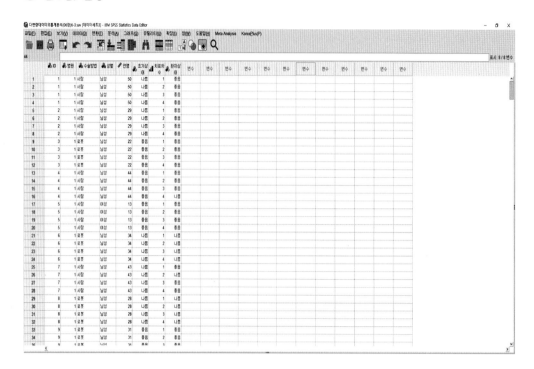

[변수 보기]에서 측도를 다음과 같이 지정해 놓는다.

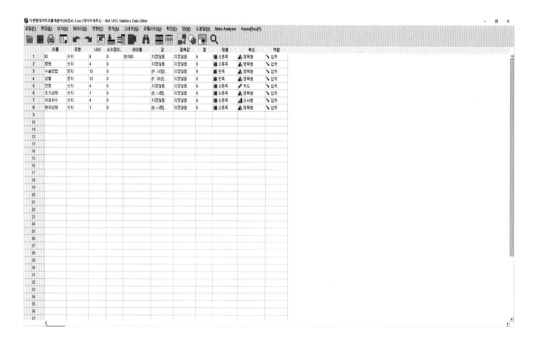

《순서 2》 일반화 추정방정식의 선택

메뉴에서 [분석] - [일반화 선형모형] - [일반화 추정방정식]을 선택한다.

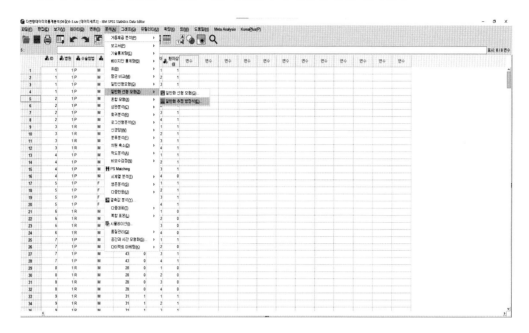

《순서 3》 반복의 선택

[반복] 화면에서 '환자 ID'를 [개체변수]에, '치료차수'를 [개체 내 변수]에 투입한다. [상관행렬 작업]의 [구조] 중 [비구조적]을 선택하고 [모형 유형] 탭을 클릭한다.

《순서 4》 모형 유형 선택

[모형 유형] 화면에서 [사용자 정의]를 체크한다. [분포]의 '이항'을 선택하고, [연결함수]의
'로짓'을 선택한다. [반응] 탭을 클릭한다.

《순서 5》 종속변수의 선택 및 유형 설정

[반응] 화면에서 '환자상태'를 [종속변수] 난으로 이동한다. [이분형]의 [참조범주]를 클릭하
여 [처음]을 선택하고 [계속]을 클릭한다. 그 다음에 [예측자] 탭을 클릭한다.

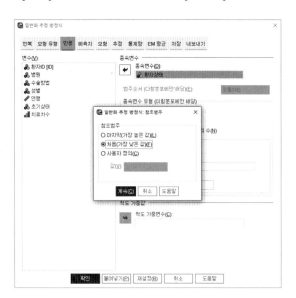

《순서 6》 예측변수의 선택

[예측자] 화면에서 '병원', '수술방법', '성별'을 [요인]으로 이동하고, '초기상태', '연령'을 [공변량]으로 이동한다. [모형] 탭을 클릭한다.

《순서 7》 모형의 설정

[모형] 화면에서 '병원', '수술방법', '성별', '초기상태', '연령'을 [모형]으로 이동한다. 여기에서 [확인]을 클릭하면 분석결과가 출력된다.

모형정보

종속변수		환자상태[a]
확률 분포		이항
연결함수		로짓
개체 효과	1	환자ID
개체-내 효과	1	치료차수
상관행렬 작업 구조		비구조적

a. 프로시저 모형 좋음은(는) 반응으로, 나쁨은
(는) 참조 범주로 취급됩니다.

상관 데이터 요약

수준 수	개체 효과	환자ID	111
	개체-내 효과	치료차수	4
개체의 수			111
개체당 측정 수	최소값		4
	최대값		4
상관행렬 차원			4

[모형정보]는 종속변수, 확률분포, 연결함수, 개체효과, 개체 내 효과, 상관행렬 작업 구조 등을 지정한다.

모형 효과 검정

제 III 유형

소스	Wald 카이제곱	자유도	유의확률
(절편)	.000	1	.988
병원	1.895	1	.169
수술방법	8.113	1	.004
성별	.054	1	.817
초기상태	27.577	1	.000
연령	.758	1	.384

종속변수: 환자상태
모형: (절편), 병원, 수술방법, 성별, 초기상태, 연령

[모형 효과 검정]은 각 예측변수별 모형 효과의 통계적 유의성을 나타낸다. 성별 간 차이는 전혀 유의하지 않다(유의확률=0.817), 수술방법 사이의 차이와 초기상태에 따른 차이는 매우 유의한 것으로 나타났다.

분석결과(2)

모수 추정값

모수2	B	표준오차	95% Wald 신뢰구간		가설검정		
			하한	상한	Wald 카이제곱	자유도	유의확률
(절편)	.769	.5449	-.299	1.837	1.991	1	.158
[병원=1]	-.479	.3483	-1.162	.203	1.895	1	.169
[병원=2]	0ª	.	.	.	.	.	.
[수술방법=P]	-.974	.3419	-1.644	-.304	8.113	1	.004
[수술방법=R]	0ª	.	.	.	.	.	.
[성별=F]	-.100	.4294	-.941	.742	.054	1	.817
[성별=M]	0ª	.	.	.	.	.	.
초기상태	1.731	.3296	1.085	2.377	27.577	1	.000
연령	-.011	.0126	-.036	.014	.758	1	.384
(척도)	1						

종속변수: 환자상태
모형: (절편), 병원, 수술방법, 성별, 초기상태, 연령
a. 중복된 모수이므로 0으로 설정됩니다.

[모수 추정값]은 일반화 선형모형의 모수 추정값을 나타낸다. 수술방법 P(사람)가 수술방법 R(로봇)에 비하여 우수하지 못한 것으로 나타났다(유의확률 = 0.004 ≤ 0.05, 오즈비(odds ratio) = exp(−0.974) = 0.378).

2. 상관행렬 작업

[통계량] 탭에서 [상관행렬 작업]에 체크하고 [확인]을 클릭한다.

다음과 같은 [상관행렬 작업]이 출력된다. 개체 내 변수인 치료차수의 반복측정 사이에 0.242 ~0.491 정도의 상관이 있음을 알 수 있다.

상관행렬 작업

측정	[치료차수 = 1]	[치료차수 = 2]	[치료차수 = 3]	[치료차수 = 4]
[치료차수 = 1]	1.000	.371	.242	.330
[치료차수 = 2]	.371	1.000	.491	.426
[치료차수 = 3]	.242	.491	1.000	.443
[치료차수 = 4]	.330	.426	.443	1.000

종속변수: 환자상태
모형: (절편), 병원, 수술방법, 성별, 초기상태, 연령

한편, 일반화 추정방정식의 방법론을 적용하기 위해서는 상관구조를 지정해야 한다. 상관구조를 어떻게 지정하느냐에 따라서 분석결과가 달라진다.

먼저 [상관행렬 작업]의 [구조] 중에서 '교환가능'을 지정하고 [확인]을 클릭한다.

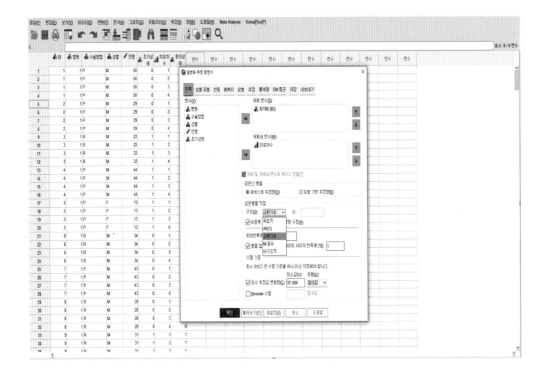

다음과 같은 [모수 추정값]이 출력된다.

모수 추정값

모수2	B	표준오차	95% Wald 신뢰구간		Wald 카이제곱	자유도	유의확률
			하한	상한			
(절편)	.825	.5491	-.251	1.902	2.258	1	.133
[병원=1]	-.476	.3504	-1.163	.211	1.848	1	.174
[병원=2]	0ᵃ	.	.	.	.	.	.
[수술방법=P]	-.999	.3429	-1.671	-.327	8.485	1	.004
[수술방법=R]	0ᵃ	.	.	.	.	.	.
[성별=F]	-.068	.4289	-.908	.773	.025	1	.875
[성별=M]	0ᵃ	.	.	.	.	.	.
초기상태	1.661	.3318	1.011	2.312	25.065	1	.000
연령	-.012	.0127	-.037	.013	.953	1	.329
(척도)	1						

종속변수: 환자상태
모형: (절편), 병원, 수술방법, 성별, 초기상태, 연령

a. 중복된 모수이므로 0으로 설정됩니다.

다음에 [상관행렬 작업]의 [구조] 중에서 'AR(1)'을 지정하고 [확인]을 클릭한다.

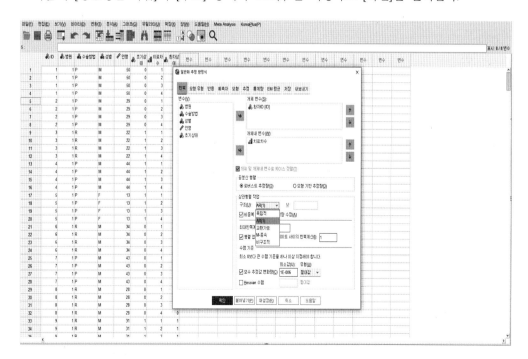

다음과 같은 [모수 추정값]이 출력된다.

모수 추정값

모수2	B	표준오차	95% Wald 신뢰구간 하한	95% Wald 신뢰구간 상한	가설검정 Wald 카이제곱	자유도	유의확률
(절편)	.774	.5467	-.298	1.845	2.004	1	.157
[병원=1]	-.547	.3503	-1.234	.140	2.439	1	.118
[병원=2]	0ᵃ	.	.	.	.		
[수술방법=P]	-.932	.3438	-1.606	-.258	7.349	1	.007
[수술방법=R]	0ᵃ	.	.	.	.		
[성별=F]	-.071	.4351	-.924	.781	.027	1	.869
[성별=M]	0ᵃ	.	.	.	.		
초기상태	1.684	.3323	1.033	2.335	25.684	1	.000
연령	-.011	.0127	-.036	.014	.786	1	.375
(척도)	1						

종속변수: 환자상태
모형: (절편), 병원, 수술방법, 성별, 초기상태, 연령
a. 중복된 모수이므로 0으로 설정됩니다.

전술한 비구조적 방법과 교환가능, AR(1) 등 세 가지 상관구조의 분석결과를 비교해 보면, 큰 차이가 없음을 알 수 있다. 실제로 반복측정 간 상관구조가 옳지 않게 설정된다 하더라도 표본의 크기가 커짐에 따라 일반화 선형모형의 추정값들은 참값에 접근해 간다고 한다. 설정된 상관구조가 옳을수록 효율성이 증대된다.[3]

> **TIPS!**
>
> 일반화 선형모형이란 기존의 선형 회귀모형에서 반응변수의 분포를 정규분포를 포함한 여러 분포로 확장하고 기존 반응변수 평균과 설명변수의 선형 관계를 반응변수 평균의 함수와 설명변수의 선형 관계로 확장한 모형이라고 할 수 있다.
> 일반선형모형은 독립변수와 종속변수 사이의 선형성, 오차항의 정규성, 독립성, 등분산성을 가정한다. 자료가 연속형으로만 구성되어 있지 않고, 범주형을 포함한 경우나 종속변수가 정규분포에 따른다는 가정이 어려운 경우, 종속변수마저 범주형 변수인 경우, 종속변수가 정수형 변수(count)인 경우(예를 들면, 한 주간 교통사고 발생건수 → 이런 경우에는 평균과 분산이 밀접하게 관련되어 있으므로 정규분포에 따르지 않는다.) 등 이와 같이 폭넓게 사용할 수 있는 것이 일반화 선형모형이다.
> 일반선형모형의 종속변수 y를 $f(x)$라는 함수로 치환한 형태가 일반화 선형모형이다.
> 이때, 종속변수에 들어가는 함수를 연결함수(link function)라고 하는데, 오차항의 확률분포가 무엇이냐에 따라 사용이 달라진다.

---

3) Liang, K. Y. and Zeger, S. L., Longitudinal Data Analysis Using Generalized Linear Models. Biometrika, 73, 1986, pp.13~22. Zeger, S. L., Liang, K. Y. and Albert, P., Models For Longitudinal Data: a generalized estimating equation approach. Biometrics, 44, 1988, pp.1049~1060.

SPSS를 활용한
다변량 데이터의
통계분석

로지스틱 회귀분석의 확장

로지스틱 회귀분석의 확장

1. 다항 로지스틱 회귀분석

1. 다군의 판별

위암인가 대장암인가, 찬성인가 반대인가 등과 같이 판별의 대상이 2군일 때는 목적변수 y는 2가(二價) 데이터가 되어, 지금까지 소개해온 통상의 로지스틱 회귀분석을 적용하면 된다. 그런데 위암인가 대장암인가 혹은 폐암인가 등과 같이 판별의 대상이 다군(3군 이상)일 때는 목적변수 y는 다가(多價) 데이터가 되어 통상의 로지스틱 회귀분석을 적용할 수 없다. 이때는 다항 로지스틱 회귀분석 또는 순서 로지스틱 회귀분석을 적용할 필요가 있다. 다항과 순서의 차이는 목적변수 y가 명목척도일 때는 다항 로지스틱 회귀분석을 이용하고, y가 순서척도일 때는 순서 로지스틱 회귀분석을 이용한다.

그리고 종래의 2가 데이터에 대한 로지스틱 회귀분석은 이항 로지스틱 회귀분석이라고 부르고 있다.

TIPS!

영화사에서는 관객이 선호하는 영화의 종류를 예측하려고 한다. 이 경우 다항 로지스틱 회귀분석을 실행하여 개인의 연령, 성별, 데이트 성향이 영화의 선호도에 미치는 영향력 정도를 측정할 수 있다. 이 결과에 따라 영화사에서는 특정 영화에 대해 그 영화를 볼 가능성이 높다고 예상되는 관객층을 겨냥하여 집중적으로 광고할 수 있다.

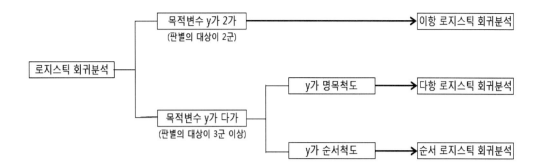

| 주1 | SPSS의 다항 로지스틱 회귀분석은 목적변수 y가 2가 데이터일 때도 적용할 수 있다.
| 주2 | 순서 로지스틱 회귀분석을 누적 로지스틱 회귀분석이라고 부르는 경우도 있다.
| 주3 | 설명변수가 두 개 이상 있는 경우를 다중 로지스틱 회귀분석이라고 부르는 경우가 있다.

 7-1

어떤 공업부품의 품질불량을 조사하기 위해서 다음과 같은 데이터를 수집했다. 품질불량은 제품이 변형해 버린 불량과 금이 간 불량의 두 가지로 분류되어 있고 동시에 일어나는 일은 없다고 한다. 이 부품의 제조조건으로서 x_1(첨가제의 양 : g)과 x_2(재질의 두께 : mm)를 설명변수, 품질을 나타내는 변수 y를 목적변수로 해서 로지스틱 회귀분석을 실시한다. y는 변형, 금, 양품의 세 가지 범주로 나누어진다.

| 표 7.1 | 데이터표

번호	x_1	x_2	y	번호	x_1	x_2	y	번호	x_1	x_2	y
1	25	7	변형	11	9	11	금	21	18	5	양품
2	23	5	변형	12	8	12	금	22	14	5	양품
3	17	10	변형	13	15	10	금	23	11	4	양품
4	15	8	변형	14	14	13	금	24	10	8	양품
5	28	7	변형	15	17	13	금	25	10	7	양품
6	23	7	변형	16	11	6	금	26	14	6	양품
7	29	9	변형	17	15	12	금	27	7	10	양품
8	24	9	변형	18	14	11	금	28	12	4	양품
9	25	9	변형	19	11	11	금	29	16	8	양품
10	22	8	변형	20	17	12	금	30	17	7	양품

2. 다항 로지스틱 회귀분석의 실시

위의 데이터는 목적변수 y의 범주가 세 개 있으므로, 다항 로지스틱 회귀분석을 적용한다.

◑ SPSS의 처리 절차

《순서 1》 데이터의 입력

다음과 같이 데이터를 입력한다.

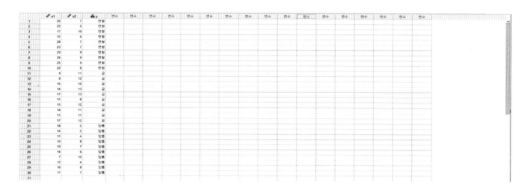

《순서 2》 분석수법의 선택

메뉴에서 [분석] - [회귀분석] - [다항 로지스틱]을 선택한다.

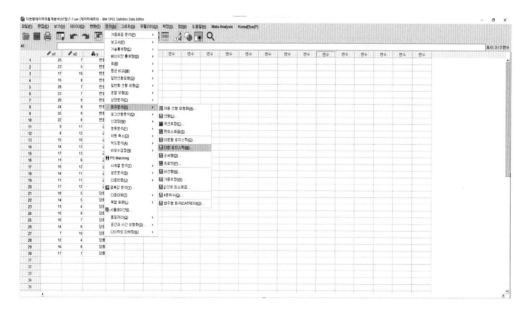

《순서 2》변수의 선택

 [다항 로지스틱 회귀] 대화상자에서 [종속변수]에 'y', [공변량]에 'x_1', 'x_2'를 각각 투입한다. 다항 로지스틱 회귀분석에서는 설명변수가 수치변수일 때는 [공변량]에 투입하고, 범주변수일 때는 [요인]에 투입할 필요가 있다. [통계량]을 클릭한다.

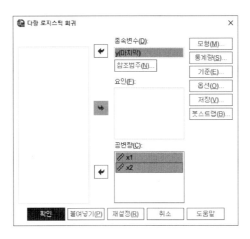

《순서 3》통계량의 선택

다음 대화상자에서 [분류표]에도 체크한다.

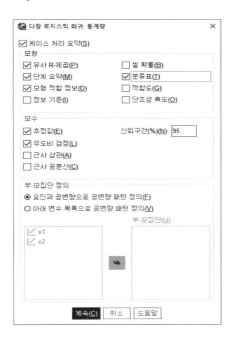

[계속]을 클릭하고, 이어서 [확인]을 클릭한다.

케이스 처리 요약

		N	주변 퍼센트
y	금	10	33.3%
	변형	10	33.3%
	양품	10	33.3%
유효		30	100.0%
결측		0	
전체		30	
부-모집단		30[a]	

a. 종속변수에는 30 (100.0%) 부-모집단에 관측된 값이 하나만 있습니다.

모형 적합 정보

모형	모형 적합 기준 -2 로그 우도	우도비 검정		
		카이제곱	자유도	유의확률
절편 만	65.917			
최종	21.946	43.971	4	.000

회귀식은 유의하다는 것을 알 수 있다.

유사 R-제곱

Cox 및 Snell	.769
Nagelkerke	.865
McFadden	.667

다항 로지스틱 회귀분석에서는 Cox 및 Snell, Nagelkerke, McFadden의 세 종류의 기여율이 구해진다.

우도비 검정

효과	모형 적합 기준 축소모형의 -2 로그 우도	우도비 검정		
		카이제곱	자유도	유의확률
절편	41.671	19.725	2	.000
x1	43.075	21.130	2	.000
x2	39.797	17.852	2	.000

카이제곱 통계량은 최종모형과 축소모형 사이의 -2 로그-우도 차이입니다. 축소모형은 최종모형에서 효과 하나를 생략하여 만든 모형입니다. 영가설은 효과의 모든 모수가 0입니다.

x_1과 x_2 모두 유효하다는 것을 알 수 있다.

모수 추정값

y^a		B	표준화 오류	Wald	자유도	유의확률	Exp(B)	Exp(B)에 대한 95% 신뢰구간 하한	상한
금	절편	-11.690	5.690	4.221	1	.040			
	x1	.111	.224	.246	1	.620	1.117	.720	1.733
	x2	1.152	.450	6.555	1	.010	3.164	1.310	7.643
변형	절편	-17.995	8.380	4.611	1	.032			
	x1	.771	.381	4.093	1	.043	2.163	1.024	4.566
	x2	.632	.456	1.918	1	.166	1.881	.769	4.597

a. 참조 범주는\ 양품입니다.

목적변수의 참조범주가 양품으로 되어 있으므로, 형식상 금과 양품, 변형과 양품이라고 하는 두 가지의 이항 로지스틱 회귀분석을 실시한 형태로 되어 있다.

금에 대해서 살펴보면, x_2의 오즈비가 3.164로 되어 있다. 이것은 x_2가 1단위 커지면, 금이 갈 오즈가 3.164배가 된다는 것을 의미하고 있다. 다시 말하면 금이 가기 쉬워진다고 하는 것을 의미한다.

변형에 대해서 살펴보면, x_1의 오즈비가 2.163으로 되어 있다. 이것은 x_1이 1단위 커지면, 변형이 일어날 오즈가 2.163배가 된다는 것을 의미하고 있다. 다시 말하면 변형이 일어나기 쉬워진다고 하는 것을 의미한다.

분류

관측됨	예측 금	변형	양품	정확도 퍼센트
금	9	0	1	90.0%
변형	1	8	1	80.0%
양품	1	0	9	90.0%
전체 퍼센트	36.7%	26.7%	36.7%	86.7%

전체의 적중률은 86.7%로 판별정도(判別精度)는 양호하다고 할 수 있을 것이다.

3. 다항 로지스틱 회귀분석에 의한 분할표의 분석

 7-2

다음의 데이터는 어떤 대학교에서 실시한 앙케트 조사에서 얻어진 회답결과를 기초로 작성한 분할표이다. 앙케트 조사에서는 소속 학과와 고교시대에 좋아했던 과목을 질문하고 있다. 학과를 목적변수, 과목을 설명변수로 해서 로지스틱 회귀분석을 실시해 보자.

|표 7.2| **분할표**

		좋아하는 과목				
		국어	수학	과학	사회	영어
학과	경영학	20	10	15	133	22
	기계시스템	20	122	20	10	28
	환경공학	10	15	140	10	25
	국문학	135	10	10	18	27

♨ SPSS의 처리 절차

《순서 1》 데이터의 입력

예제 7-2의 데이터를 다음과 같이 입력한다.

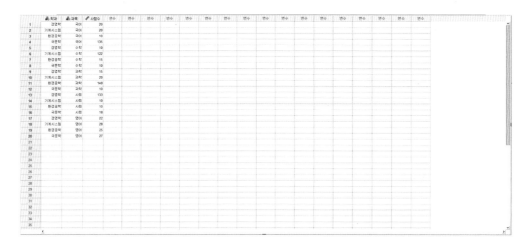

《순서 2》 빈도변수 지정

메뉴에서 [데이터] - [가중 케이스]를 선택한다.

[빈도변수]로서 '사람수'를 투입한다. [확인]을 클릭한다.

《순서 3》분석수법 선택

메뉴에서 [분석] - [회귀분석] - [다항 로지스틱]을 선택한다.

《순서 4》변수 선택

다음 대화상자에서 [종속변수]에 '학과', [요인]에 '과목'을 투입하고 [확인]을 클릭한다.

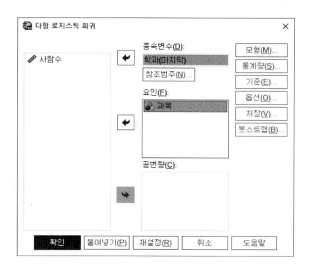

🧵 분석결과

모형 적합 정보

모형	모형 적합 기준 -2 로그 우도	우도비 검정 카이제곱	자유도	유의확률
절편 만	876.439			
최종	66.075	810.364	12	.000

유사 R-제곱

Cox 및 Snell	.637
Nagelkerke	.679
McFadden	.365

우도비 검정

효과	모형 적합 기준 축소모형의 -2 로그 우도	우도비 검정 카이제곱	자유도	유의확률
절편	66.075[a]	.000	0	.
과목	876.439	810.364	12	.000

카이제곱 통계량은 최종모형과 축소모형 사이의 -2 로그-우도 차입니다. 축소모형은 최종모형에서 효과 하나를 생략하여 만든 모형입니다. 영가설은 효과의 모든 모수가 0입니다.

a. 이 축소모형은 효과를 생략해도 자유도가 증가되지 않으므로 최종모형과 등일합니다.

모수 추정값

학과[a]		B	표준화 오류	Wald	자유도	유의확률	Exp(B)	Exp(B)에 대한 95% 신뢰구간 하한	상한
경영학	절편	-.205	.287	.508	1	.476			
	[과목=1]	-1.705	.374	20.773	1	.000	.182	.087	.378
	[과목=2]	.205	.531	.148	1	.700	1.227	.433	3.478
	[과목=3]	.610	.499	1.495	1	.221	1.841	.692	4.897
	[과목=4]	2.205	.382	33.394	1	.000	9.068	4.293	19.155
	[과목=5]	0[b]	.	.	0	.	.	.	.
기계시스템	절편	.036	.270	.018	1	.893			
	[과목=1]	-1.946	.361	29.092	1	.000	.143	.070	.290
	[과목=2]	2.465	.425	33.582	1	.000	11.764	5.111	27.080
	[과목=3]	.657	.472	1.937	1	.164	1.929	.765	4.864
	[과목=4]	-.624	.478	1.706	1	.191	.536	.210	1.367
	[과목=5]	0[b]	.	.	0	.	.	.	.
환경공학	절편	-.077	.278	.077	1	.782			
	[과목=1]	-2.526	.429	34.587	1	.000	.080	.034	.186
	[과목=2]	.482	.494	.955	1	.328	1.620	.616	4.263
	[과목=3]	2.716	.429	40.052	1	.000	15.120	6.520	35.063
	[과목=4]	-.511	.482	1.122	1	.290	.600	.233	1.544
	[과목=5]	0[b]	.	.	0	.	.	.	.

a. 참조 범주는 국문학입니다.

b. 이 모수는 중복되었으므로 0으로 설정됩니다.

목적변수의 참조범주가 국문학으로 되어 있으므로, 형식상은 경영학과 국문학, 기계시스템과 국문학, 환경공학과 국문학이라고 하는 세 가지의 이항 로지스틱 회귀분석을 실시한 형태로 되어 있다.

　기계시스템에 대해서 살펴보자. 수학의 오즈비가 11.764로 되어 있다. 이것은 수학을 선택한 사람의 오즈는 영어(회귀계수가 0으로 되어 있는 범주가 기준이 된다)를 선택한 사람에 비해서 기계시스템에 소속하는 오즈가 11.764배가 되는 것을 의미하고 있다.

분류

관측됨	예측				
	경영학	기계시스템	환경공학	국문학	정확도 퍼센트
경영학	133	32	15	20	66.5%
기계시스템	10	150	20	20	75.0%
환경공학	10	40	140	10	70.0%
국문학	18	37	10	135	67.5%
전체 퍼센트	21.4%	32.4%	23.1%	23.1%	69.8%

　판별정도는 위와 같이 되어 있는데, 전체의 69.8%를 바르게 판별하고 있다는 것을 알 수 있다. 위의 분류표는 [통계량] 탭 대화상자에서 [분류표]를 선택한 결과이다.

- 본 예제의 분할표를 대응분석(correspodence analysis)을 적용하면 다음과 같은 Bi-플롯 산점도를 작성할 수 있다.
- 대응분석은 두 개의 범주변수 사이의 관계를 시각화하는 데에 적합한 수법으로 분할표의 분석에 유효한 수법이다.

《순서 1》 분석도구 선택

메뉴에서 [분석] - [차원 축소] - [대응일치분석]을 선택한다.

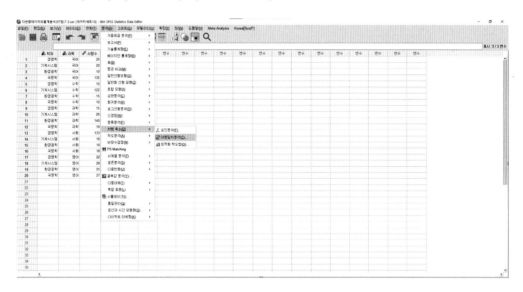

《순서 2》 변수의 선택

학과를 [행]에, 과목을 [열]에 입력한다. [모형]을 클릭한다.

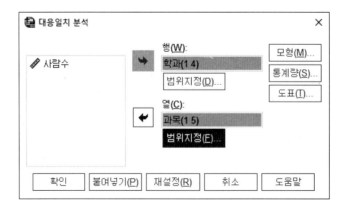

《순서 3》 도표의 선택

다음 화면에서 [Bi-플롯]을 체크하고 [계속], [확인]을 클릭한다.

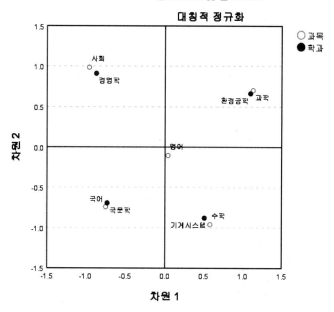

2. 순서 로지스틱 회귀분석

1. 순서척도의 목적변수

목적변수 y가 순서척도일 때는 누적 로지스틱 회귀분석을 이용한다. 누적 로지스틱 회귀분석은, 예를 들면, 목적변수 y가 1에서 5까지의 5단계 평가로 표현될 때,

1	과	2 이상
2 이하	와	3 이상
3 이하	와	4 이상
4 이하	와	5

라고 하는 식으로 5단계를 2분할해서 형식상 네 가지의 이항 로지스틱스 회귀분석을 실시한다고 하는 사고방식이다. 이때, 설명변수의 오즈비는 어느 단계에서도 같다고 가정한다.

이 책에서는 문제 삼지 않지만, 목적변수 y가 순서척도일 때의 수법으로서 인접 로지스틱스 회귀분석이라고 부르는 수법도 있다. 이것은 순서가 서로 이웃이 되는 두 개의 범주에 대해서 이항 로지스틱스 회귀분석을 실시한다고 하는 발상이다.

예제 7-3

프린터의 글자 품질을 평가하기 위해서 인쇄자의 품질을 3단계로 평가했다. 3단계의 내용은

3. 우수   2. 양호   1. 불가

로 하고 있다. 이 글자 품질과 인쇄속도, 잉크 농도의 관계를 조사한 것이 다음의 <표 7.3>이다.

| 표 7.3 | 데이터표

번호	x_1	x_2	y	번호	x_1	x_2	y	번호	x_1	x_2	y
1	48	46	1	11	53	53	2	21	81	83	3
2	39	43	1	12	63	61	2	22	67	72	3
3	36	43	1	13	56	58	2	23	70	68	3
4	47	43	1	14	57	68	2	24	69	75	3
5	44	54	1	15	63	67	2	25	65	68	3
6	50	55	1	16	59	56	2	26	59	65	3
7	60	59	1	17	53	62	2	27	69	76	3
8	53	47	1	18	50	66	2	28	66	63	3
9	51	48	1	19	57	64	2	29	67	74	3
10	47	52	1	20	57	54	2	30	59	71	3

x_1은 인쇄속도, x_2는 잉크 농도, y는 글자품질을 나타내고 있다. x_1과 x_2를 설명변수, y를 목적변수로 해서 로지스틱 회귀분석을 실시한다.

2. 데이터의 그래프 표현

로지스틱 회귀분석을 적용하기 전에 데이터를 그래프로 표현해 보자.

① 산점도

(x_1과 y의 관계)

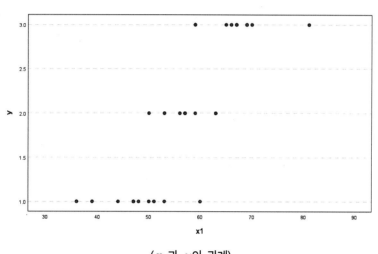

(x_2과 y의 관계)

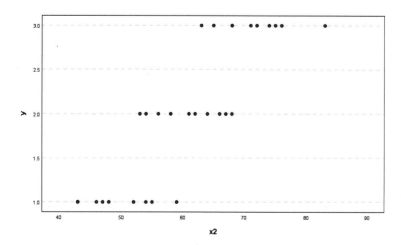

② 층별 산점도

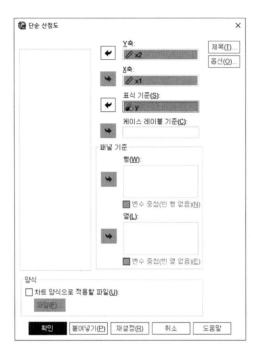

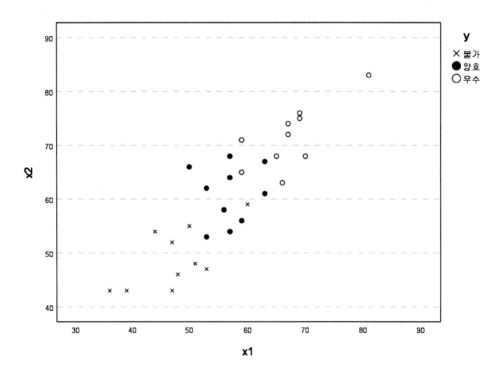

3. 순서 로지스틱 회귀분석의 실시

목적변수 y가 순서척도이므로 누적 로지스틱 회귀분석을 적용한다. SPSS에서 누적 로지스틱 회귀분석을 실시하려면 순서형 회귀분석의 기능을 사용한다.

SPSS의 처리 절차

《순서 1》데이터의 입력

다음과 같이 데이터를 입력한다.

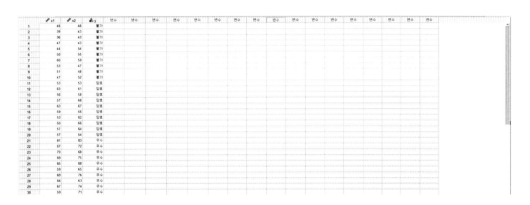

《순서 2》분석수법의 선택

메뉴에서 [분석] - [회귀분석] - [순서형]을 선택한다.

《순서 3》변수의 선택

[종속변수]에 'y', [공변량]에 'x_1'과 'x_2'를 투입한다. [출력결과]를 클릭한다.

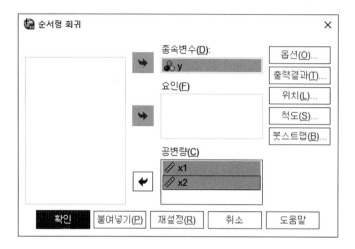

|주| 순서형 회귀분석에서는 설명변수가 수치변수일 때는 [공변량]에 투입하고, 범주변수일 때는 [요인]에
    투입할 필요가 있다.

《순서 4》출력설계

다음의 대화상자에서 [평행성 검정]과 [예측 범주]에 추가로 체크한다.

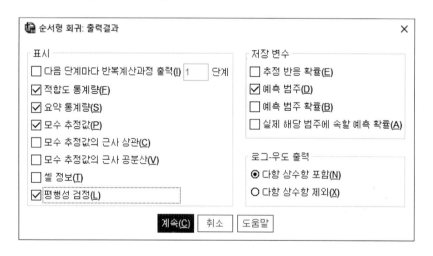

[계속]을 클릭하고 이어서 [확인]을 클릭하면 분석결과를 얻는다.

모형 적합 정보

모형	-2 로그 우도	카이제곱	자유도	유의확률
절편 만	65.917			
최종	20.854	45.062	2	.000

연결함수: 로짓.

회귀식은 유의하다는 것을 알 수 있다.

유사 R-제곱

Cox 및 Snell	.777
Nagelkerke	.875
McFadden	.684

연결함수: 로짓.

누적 로지스틱 회귀분석에서는 Cox 및 Snell, Nagelkerke, McFadden의 3종류의 기여율이 구해진다.

모수 추정값

		B 추정값	표준화 오류	Wald	자유도	유의확률	95% 신뢰구간 하한	95% 신뢰구간 상한
임계값	[y = 1]	32.267	9.964	10.487	1	.001	12.738	51.796
	[y = 2]	37.937	11.519	10.847	1	.001	15.361	60.514
위치	x1	.288	.141	4.160	1	.041	.011	.564
	x2	.308	.134	5.316	1	.021	.046	.570

연결함수: 로짓.

x_1과 x_2 모두 유의하다.

$y = m\,(m = 1, 2, 3)$이 될 확률을 $\Pr(m)$으로 표현하면, 다음과 같은 회귀식이 얻어졌다고 이해할 수 있다.

| 주 | 상수와 계수의 부호에 주의를 요한다.

$$\text{logit } \{\Pr(1)\} = 32.267 - 0.288x_1 - 0.308x_2$$

$$\Pr(1) = 1 \,/\, \{1 + \text{Exp}(-32.267 + 0.288x_1 + 0.308x_2)\}$$

$$\text{logit } \{\Pr(1 \text{ or } 2)\} = 37.937 - 0.288x_1 - 0.308x_2$$

$$\Pr(1 \text{ or } 2) = 1 \,/\, \{1 + \text{Exp}(-37.937 + 0.288x_1 + 0.308x_2)\}$$

이로부터,

$$\Pr(2) = \Pr(1 \text{ or } 2) - \Pr(1)$$
$$\Pr(3) = 1 - \Pr(1 \text{ or } 2)$$

이와 같이 계산된 확률로부터 가장 확률이 높은 범주를 y의 예측치로 한다. 그리고 실제로 이와 같은 계산을 스스로 필산할 필요는 없고, 순서형 회귀분석의 대화상자에서, [출력결과] - [추정 반응 확률]에 체크하면 [데이터 보기]에 확률의 값이 출력된다.

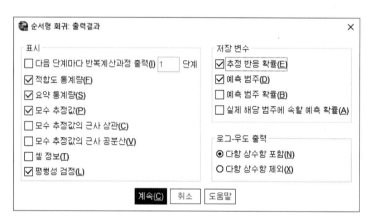

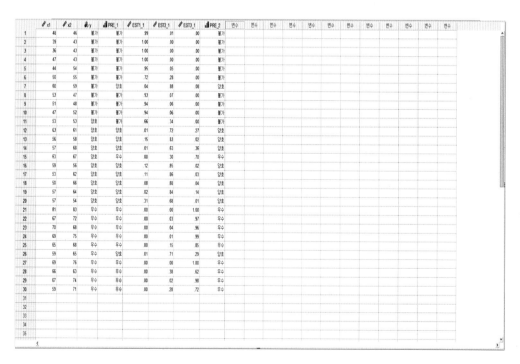

	x1	x2	y	PRE_1	EST1_1	EST2_1	EST3_1	PRE_2
1	48	46	불가	불가	.99	.01	.00	불가
2	39	43	불가	불가	1.00	.00	.00	불가
3	36	43	불가	불가	1.00	.00	.00	불가
4	47	43	불가	불가	1.00	.00	.00	불가
5	44	54	불가	불가	.95	.05	.00	불가
6	50	55	불가	불가	.72	.28	.00	불가
7	60	59	불가	양호	.04	.88	.08	양호
8	53	47	불가	불가	.93	.07	.00	불가
9	51	48	불가	불가	.94	.06	.00	불가
10	47	52	불가	불가	.94	.06	.00	불가
11	53	53	양호	불가	.66	.34	.00	불가
12	63	61	양호	양호	.01	.72	.27	양호
13	56	58	양호	양호	.15	.83	.02	양호
14	57	68	양호	양호	.01	.63	.36	양호
15	63	67	양호	우수	.00	.30	.70	우수
16	59	56	양호	양호	.12	.86	.02	양호
17	53	62	양호	양호	.11	.86	.03	양호
18	50	66	양호	양호	.08	.88	.04	양호
19	57	64	양호	양호	.02	.84	.14	양호
20	57	54	양호	양호	.31	.68	.01	양호
21	81	83	우수	우수	.00	.00	1.00	우수
22	67	72	우수	우수	.00	.03	.97	우수
23	70	68	우수	우수	.00	.04	.96	우수
24	69	75	우수	우수	.00	.01	.99	우수
25	65	68	우수	우수	.00	.15	.85	우수
26	59	65	우수	양호	.01	.71	.29	양호
27	69	76	우수	우수	.00	.00	1.00	우수
28	66	63	우수	우수	.00	.38	.62	우수
29	67	74	우수	우수	.00	.02	.98	우수
30	59	71	우수	우수	.00	.28	.72	우수
31								
32								
33								
34								
35								

평행성 검정^a

평행성 검정^a

모형	-2 로그 우도	카이제곱	자유도	TPL 유의확률
영가설	20.854			
일반	20.318	.536	2	.765

영가설 상태는 위치 모수가(기울기 계수) 대응 범주에 있어 등일함
을 나타냅니다.

a. 언결함수: 로짓.

평행성 검정이 유의하지 않으므로(p값 = 0.765), 설명변수마다 오즈비는 같다고 가정하는 것에 불합리한 점은 없다고 생각한다.

예측정도(豫測精度)를 확인하기 위해서, 실제의 y값과 예측된 y값(데이터 보기에서는 PRE_1)의 분할표를 작성하면 다음과 같다.

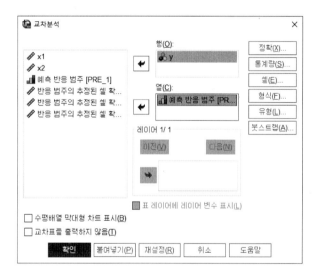

y * 예측 반응 범주 교차표

빈도

		예측 반응 범주			
		불가	양호	우수	전체
y	불가	9	1	0	10
	양호	1	8	1	10
	우수	0	1	9	10
전체		10	10	10	30

예측정도는 양호하다고 할 수 있다.

4. 순서범주를 포함한 분할표의 분석

다음의 데이터는 어떤 호텔에서 실시한 앙케트 조사로 얻어진 회답결과를 기초로 작성한 분할표와 기본적인 그래프이다. 앙케트 조사에서는 성별과 만족도(4단계 평가 ; 1=대단히 불만, 2=불만, 3=만족, 4=대단히 만족)를 질문했다. 만족도를 목적변수, 성별을 설명변수로 해서 로지스틱 회귀분석을 적용해 보자.

| 표 7.4 | 분할표

	1	2	3	4
남	3	12	16	19
여	13	27	39	11

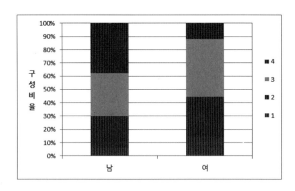

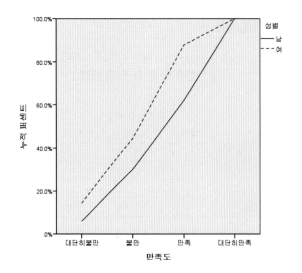

SPSS의 처리 절차

《순서 1》 데이터의 입력

다음과 같이 데이터를 입력한다.

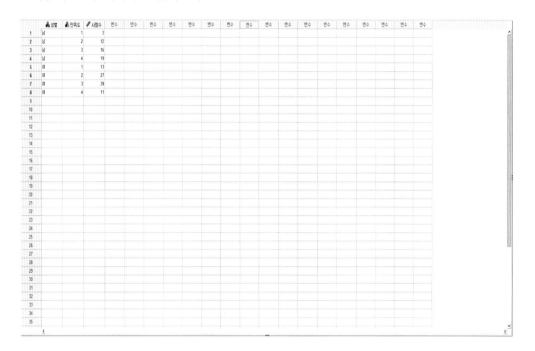

《순서 2》 빈도변수 지정

메뉴에서 [데이터] - [가중 케이스]를 선택한다.

다음과 같이 '사람수'를 빈도변수로 지정한다. [확인]을 클릭한다.

《순서 3》 분석수법의 선택

메뉴에서 [분석] - [회귀분석] - [순서형]을 선택한다.

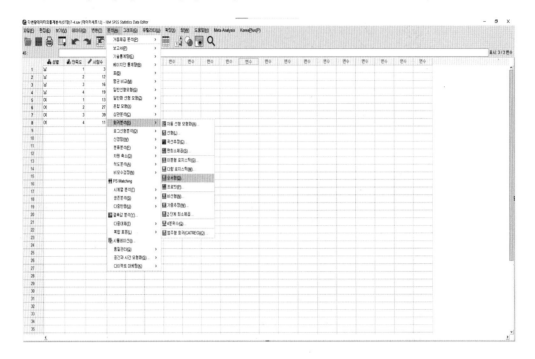

《순서 4》 변수의 선택

[순서형 회귀] 대화상자에서 다음과 같이 변수를 지정하고, [출력결과]를 클릭한다.

《순서 5》 출력설계

[출력결과] 대화상자에서 다음과 같이 선택하고 [계속]을 클릭한다. 이어서 [확인]을 클릭 하면 분석결과를 얻는다.

분석결과

모형 적합 정보

모형	-2 로그 우도	카이제곱	자유도	유의확률
절편만	37.109			
최종	27.918	9.191	1	.002

연결함수: 로짓.

유사 R-제곱

Cox 및 Snell	.064
Nagelkerke	.069
McFadden	.025

연결함수: 로짓.

모수 추정값

		B 추정값	표준화 오류	Wald	자유도	유의확률	95% 신뢰구간 하한	95% 신뢰구간 상한
임계값	[만족도 = 1]	-1.772	.279	40.217	1	.000	-2.320	-1.225
	[만족도 = 2]	-.126	.205	.378	1	.539	-.528	.276
	[만족도 = 3]	1.698	.257	43.639	1	.000	1.195	2.202
위치	[성별=남]	1.008	.334	9.123	1	.003	.354	1.663
	[성별=여]	0[a]	.	.	0	.	.	.

연결함수: 로짓.

a. 현재 모수는 중복되므로 0으로 설정됩니다.

성별은 유의하다는 것을 알 수 있다.

남성의 회귀계수의 부호가 플러스인 사실로부터 남성 쪽이 여성에 비해서 만족도가 높게 나오기 쉽다고 하는 결과가 얻어지고 있다.

셀 정보

빈도

성별		대단히불만	불만	만족	대단히만족
남	관측	3	12	16	19
	기대	2.919	9.249	21.132	16.700
	Pearson 잔차	.049	1.002	-1.469	.690
여	관측	13	27	39	11
	기대	13.073	29.094	33.913	13.920
	Pearson 잔차	-.022	-.472	1.107	-.851

(만족도 열 헤더: 대단히불만 / 불만 / 만족 / 대단히만족)

연결함수: 로짓.

이 표는 순서형 회귀분석의 설명변수가 범주변수일 때에 예측정도(豫測精度)를 검토하는 데 유익하다.

평행성 검정의 결과를 살펴보자.

평행성 검정[a]

모형	-2 로그 우도	카이제곱	자유도	TPL 유의확률
영가설	27.918			
일반	23.960	3.958	2	.138

영가설 상태는 위치 모수가(기울기 계수) 대응 범주에 있어 등일함을 나타냅니다.

a. 연결함수: 로짓.

평행성 검정이 유의하지 않으므로(p값 = 0.138), 설명변수의 오즈비는 같다고 가정하는 것에 불합리한 점은 없다고 생각한다.

SPSS를 활용한
다변량 데이터의
통계분석

의사결정나무

Chapter 08
의사결정나무

1. 개요

1. 의사결정나무

의사결정나무(decision tree)는 데이터를 분석하여 이들 사이에 존재하는 패턴을 예측 가능한 규칙들의 조합으로 나타내며, 그 모양이 '나무'와 같다고 해서 의사결정나무라 불린다. 질문을 던져서 대상을 좁혀나가는 '스무고개' 놀이와 비슷한 개념이다.

의사결정나무는 분류(classification)와 회귀(regression) 모두 가능하다. 범주나 연속형 수치 모두 예측할 수 있다는 말이다. 의사결정나무의 범주 예측, 즉 분류 과정은 이렇다. 새로운 데이터가 특정 단말 노드(terminal node)에 속한다는 정보를 확인한 뒤 해당 단말 노드에서 가장 빈도가 높은 범주에 새로운 데이터를 분류하게 된다. 운동경기 예시를 기준으로 말하자면 날씨는 맑은데 습도가 70을 넘는 날은 경기가 열리지 않을 것이라고 예측한다.

> TIPS!
>
> 의사결정 규칙을 나무 구조(tree)로 도표화하여 분류와 예측을 수행하는 분석 방법
> - 데이터들의 속성을 기반으로 분할 기준을 판결하고, 분할 기준에 따라 트리 형태로 분기하여 모델링
> - 데이터 분석 결과가 의사결정나무의 분기점을 통해 시각적으로 확인할 수 있어 해석이 용이

2. SPSS 의사결정나무

의사결정나무 프로시저[4]는 나무 기반의 분류 모형을 작성한다. 독립(예측자) 변수값을 기반으로 종속(대상) 변수값을 예측하거나 케이스를 집단으로 분류한다. 이 프로시저에서는 탐색 및 확인 분류 분석을 위한 검증 도구를 제공한다.

다음에 대해 프로시저를 사용할 수 있다.

- **분석 방식** : 특정 그룹의 구성원일 가능성이 큰 사람을 식별한다.
- **층화** : 케이스를 높은 위험 그룹, 중간 위험 그룹, 낮은 위험 그룹과 같은 여러 범주 중하나에 할당한다.
- **예측** : 규칙을 생성하고 이러한 규칙을 사용하여 향후 이벤트(예: 누군가 대출금에 대한채무를 이행하지 않을 가능도 또는 차량이나 주택의 잠재적 재판매 가치)를 예측한다.
- **데이터 축소 및 변수 선별** : 큰 변수 집합에서 공식 모수 모델를 작성하는 데 사용할 유용한 예측자 부분변수를 선택한다.
- **상호작용 식별** : 특정 부집단에만 관련되어 있는 관계를 식별하여 공식 모수 모형에 지정한다.
- **범주 합치기 및 연속형 변수 이산화** : 정보 손실을 최소화하면서 집단 예측자 범주 및연속형 변수를 코딩변경한다.
- **예제** : 은행에서는 신용 대출자가 적정 신용 위험도를 나타내는지의 여부에 따라 범주화하려고 한다. 과거 고객의 알려진 신용등급을 포함하여 다양한 요인을 기준으로 모형을작성하여 미래 고객의 채무 이행 가능성을 예측할 수 있다.

의사결정나무는 다음과 같은 몇 가지 훌륭한 기능을 제공한다.

- 위험도가 높거나 낮은 동질적 집단을 식별할 수 있다.
- 개별 케이스에 대한 예측을 작성하기 위한 규칙을 쉽게 구성할 수 있다.

의사결정나무 분석은 시장조사, 광고조사, 의학연구, 품질관리 등의 다양한 분야에서 활용되고 있으며, 구체적인 활용 예는 고객 타겟팅, 고객들의 신용점수화, 캠페인 반응분석, 고객행동 예측, 고객 세분화 등을 들 수 있다.

---

4) 프로그래밍에서, 프로시저는 루틴이나, 서브루틴 및 함수와 같은 뜻이다. 하나의 프로시저는 특정 작업을 수행하기 위한 프로그램의 일부이다.

2. 데이터와 분석의 목표

다음의 데이터는 60명의 피험자에 대해서 뇌졸중과 그 몇 가지의 요인에 대하여 조사한 결과이다.

|표 8.1| 뇌졸중과 그 몇 가지의 요인

피험자 번호	뇌졸중	체중	알콜	담배	혈압
1	위험성없음	비만	안마심	금연	정상
2	위험성없음	정상	안마심	금연	정상
3	위험성있음	비만	마심	끽연	높음
4	위험성있음	비만	안마심	끽연	높음
5	위험성있음	정상	마심	끽연	높음
6	위험성없음	비만	마심	금연	정상
:	:	:	:	:	:
59	위험성없음	정상	안마심	끽연	높음
60	위험성없음	정상	안마심	금연	정상
61	?	비만	마심	끽연	높음

?의 예측값은?

분석하고 싶은 것은?
- 뇌졸중과 관련이 있는 요인은 체중, 알콜, 담배, 혈압 중 어떤 변수일까?
- 체중, 알콜, 담배, 혈압의 조건으로부터 뇌졸중의 가능성을 예측하고 싶다.

뇌졸중은 뇌혈관질환 또는 중풍으로 표현하기도 한다. 뇌졸중이란 뇌에 혈액을 공급하는 혈관이 막히거나 터짐으로써 그 혈관을 통해 혈류를 공급받던 뇌세포가 손상을 받아서 뇌에 국소적인 기능 부전으로 의식장애, 편측마비, 언어장애 등 다양한 신경학적 결손이 수반되는 질환이다.

3. 의사결정나무를 위한 순서

통계처리 순서

《순서 1》데이터의 입력

《순서 2》분석도구의 선택

메뉴에서 [분석] - [분류분석] - [의사결정나무]를 선택한다.

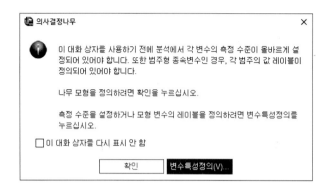

▶ 이 화면이 나타나면 [확인]을 클릭!

《순서 3》 변수의 선택

뇌졸중을 [종속변수] 난으로, 체중·알콜·담배·혈압을 [독립변수] 난으로 이동한다. [기준]을 클릭한다.

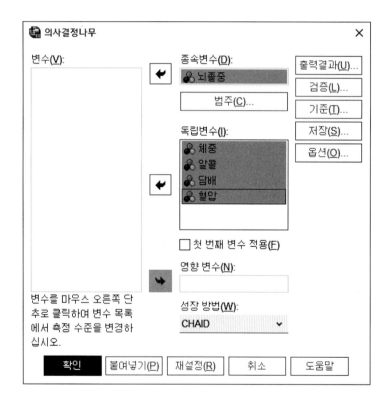

《순서 4》 최소 케이스 수 설정

다음의 [기준] 화면이 나타나면 [부모 노드]에 10, [자식 노드]에 2를 입력한다.

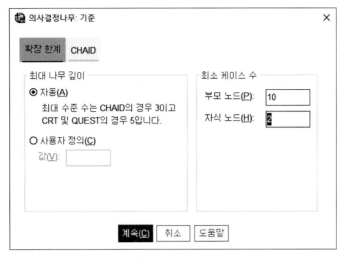

▶ 데이터 수가 적을 때는 [부모 노드]에 10, [자식 노드]에 2를 설정한다.

《순서 5》 기준 설정

이어서 [CHAID]를 클릭하면 다음의 화면이 나타난다. [Pearson]에 체크되어 있는 것을 확인하면 그대로 [계속]을 클릭한다.

▶ Pearson의 카이제곱 통계량은 독립성검정을 가리킨다.
▶ 유의성 값(유의확률) 조정이란 다중비교를 가리킨다.

《순서 6》 검증의 선택

다음의 화면에서 [검증]을 클릭한다.

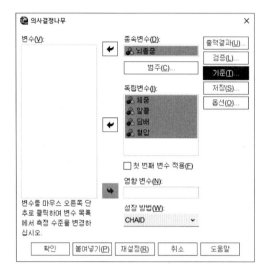

《순서 7》 검증의 선택

다음의 화면이 나타나면, 그대로 [계속]을 클릭한다.

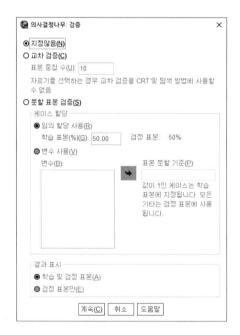

▶ 교차검증은 구축한 모형을 검증할 때에 사용하는 우수한 기법이다.
▶ 여기에서는 나무 구조가 어느 정도 일치성을 갖고 있는가를 평가한다.

《순서 8》 저장의 선택

앞의 화면에서 [저장]을 클릭하면 다음의 화면이 된다. [예측값], [예측 확률]에 체크하고 [계속]을 클릭한다.

《순서 9》 저장의 선택

앞의 《순서 6》 의 [출력결과]를 클릭하면 다음의 화면이 된다. 다음과 같이 되어 있는 것을 확인하고 [통계량] 탭을 클릭한다.

▶ 여기에서 나무의 성장방법에 따라 나무의 형태가 달라진다.

《순서 10》 통계량의 선택

다음 화면에서 특히 [분류표]에 체크되어 있는지를 확인하고 [규칙] 탭을 클릭한다.

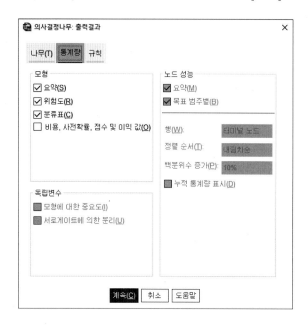

《순서 11》 규칙의 선택

다음의 화면이 되면 [분류 규칙 생성]을 체크하고 [계속]을 클릭한다.

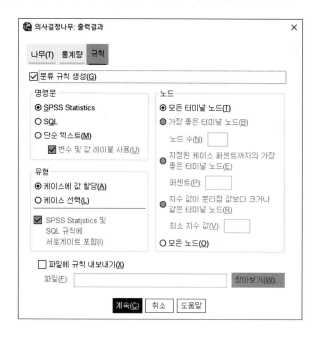

《순서 12》 분석의 실행

다음의 화면으로 되돌아오면 [확인]을 클릭한다.

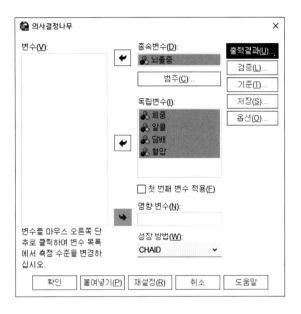

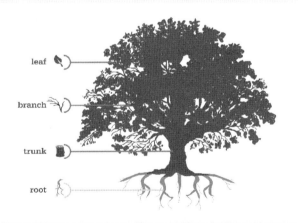

의사결정나무 기반 모형의 기초는 출력변수의 값에 따라 입력변수의 공간을 다수의 계층/부분으로 나누고, 각 공간에 대한 출력변수의 최빈값이나 평균 등을 취함으로써 예측을 수행한다. 즉, 의사결정나무는 범주형(분류)과 수치형(예측) 출력변수에 모두 사용 가능하다.

(뒤에서 살펴보겠지만, 결과의 형태가 '나무'와 같아서 '의사결정나무'라고 부른다. / 그림 출처 : 2020mag.com)

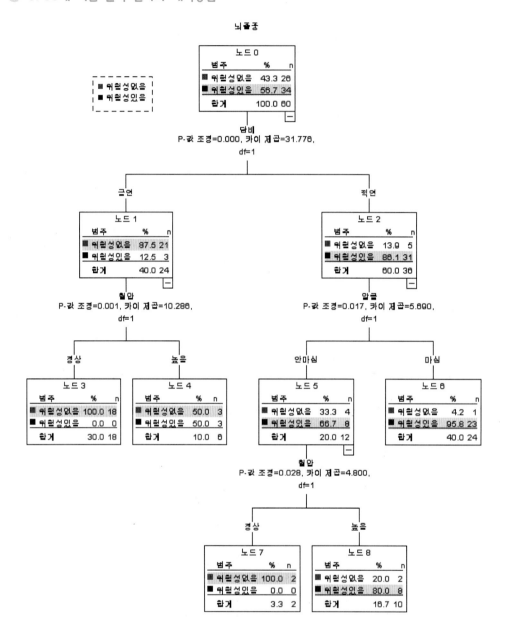

의사결정나무를 보면 뇌졸중 아래에 담배가 있다. 따라서

"뇌졸중과 가장 관련이 있는 요인은 담배다"

라고 하는 것을 알 수 있다.

그 아래에서 의사결정나무에서는 금연의 그룹과 끽연의 그룹으로 나누어진다. 금연의 그룹 아래가 혈압으로 되어 있다. 이것은 다음의 사실을 조사하고 있다.

> 금연의 그룹에 대해서 뇌졸중과 관련이 있는 변수는 체중, 알콜, 혈압 중 어느 것일까?

따라서 금연의 그룹에서는

"뇌졸중과 가장 관련이 있는 요인은 혈압이다"

라고 하는 것을 알 수 있다.

그 오른쪽 끽연의 그룹 아래가 알콜로 되어 있다. 이것은 다음과 같은 사실을 조사하고 있다.

> 끽연의 그룹에 대해서 뇌졸중과 관련이 있는 변수는 체중, 알콜, 혈압 중 어느 것일까?

따라서 끽연의 그룹에서는

"뇌졸중과 가장 관련이 있는 요인은 알콜이다"

라고 하는 것을 알 수 있다.

다음에 노드 5의 안마심 그룹을 보면 혈압으로 되어 있다. 이것은 다음과 같은 사실을 조사하고 있다.

> '끽연 + 안마심' 그룹에 대해서 뇌졸중과 관련이 있는 변수는 체중, 혈압 중 어느 것일까?

따라서 '끽연 + 안마심' 그룹에서는

"뇌졸중과 가장 관련이 있는 요인은 혈압이다"

라고 하는 것을 알 수 있다.

TIPS!

뇌졸중에는 허혈성 뇌졸중, 출혈성 뇌졸중 등 여러 가지 종류가 있다. 고혈압이나 당뇨, 심장질환, 동맥경화증 등이 있거나 뇌졸중 병력, 가족 중 뇌졸중 환자가 있을 경우 발병 확률이 커진다. 뇌졸중 예방을 위해서는 소금 섭취량을 줄이고 음주, 흡연을 피하는 것이 좋다. 특히 소금을 과다 섭취하면 고혈압을 일으킬 수 있는데, 이는 뇌졸중과 함께 심장병의 원인으로 작용한다.

모형 요약

지정 사항	성장방법	CHAID	
	종속변수	뇌졸중	
	독립변수	체중, 알콜, 담배, 혈압	
	검증	지정않음	
	최대 나무 깊이		3
	부모 노드의 최소 케이스		10
	자식 노드의 최소 케이스		2
결과	독립변수 포함	담배, 혈압, 알콜	
	노드 수		9
	터미널 노드 수		5
	깊이		3

모형요약을 보면 나무의 성장방법, 종속변수, 독립변수 등의 지정사항과 독립변수를 포함하여 노도 수, 터미널 노도 수, 깊이 등의 결과를 나타내고 있다.

분류

관측	예측		
	위험성없음	위험성있음	정확도 퍼센트
위험성없음	23	3	88.5%
위험성있음	3	31	91.2%
전체 퍼센트	43.3%	56.7%	90.0%

성장방법: CHAID
종속변수: 뇌졸중

이 분류는 관측에 의한 뇌졸중과 예측에 의한 뇌졸중의 크로스 집계표이다.

- $88.5\% = \dfrac{\text{예측에 의한 뇌졸중의 위험성없음}}{\text{관측에 의한 뇌졸중의 위험성없음}}$

  $= \dfrac{23}{23+3} \times 100\%$

- $91.2\% = \dfrac{\text{예측에 의한 뇌졸중의 위험성있음}}{\text{관측에 의한 뇌졸중의 위험성있음}}$

  $= \dfrac{31}{3+31} \times 100\%$

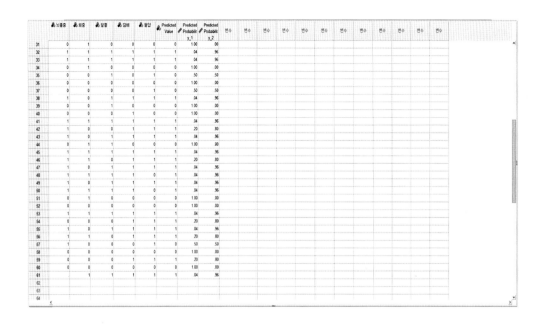

피험자 No.61의 예측값이 맨 끝에 출력되어 있다. 예측값은 1이므로

　　　　"뇌졸중의 위험성있음"

이 된다.

그 오른쪽은 예측 확률이다.

- 뇌졸중의 위험성없음의 예측 확률 = 0.04
- 뇌졸중의 위험성있음의 예측 확률 = 0.96

주성분분석

Chapter 09
주성분분석

1. 개요

1. 주성분분석

주성분분석(主成分分析, principal component analysis; PCA)은 고차원의 데이터를 저차원의 데이터로 환원시키는 기법을 말한다. 이때 서로 연관 가능성이 있는 고차원 공간의 표본들을 선형 연관성이 없는 저차원 공간(주성분)의 표본으로 변환하기 위해 직교 변환을 사용한다. 데이터를 한 개의 축으로 사상시켰을 때 그 분산이 가장 커지는 축을 첫 번째 주성분, 두 번째로 커지는 축을 두 번째 주성분이 놓이도록 새로운 좌표계로 데이터를 선형 변환한다. 이와 같이 표본의 차이를 가장 잘 나타내는 성분들로 분해함으로써 데이터 분석에 여러 가지 이점을 제공한다. 이 변환은 첫째 주성분이 가장 큰 분산을 가지고, 이후의 주성분들은 이전의 주성분들과 직교한다는 제약 아래에 가장 큰 분산을 갖고 있다는 식으로 정의되어 있다. 중요한 성분들은 공분산행렬의 고유 벡터이기 때문에 직교하게 된다.

주성분분석은 실제 고유 벡터 기반의 다변량분석들 중 가장 간단한 방식이다. 만약 다변량 데이터 집합이 변수당 1개의 축이 있는 높은 차원에서 보았을 때 단순히 좌표의 집합으로 보인다면, 주성분분석은 이를 낮은 차원으로 끌어내려 일종의 그림자를 보고 분석할 수 있게 도와

준다. 이는 가장 주요한 일부 요소들을 보여줌으로써 변환된 데이터의 차원 수를 줄임으로써 끝난다.

주성분분석은 요인분석과 밀접한 관계를 갖고 있다. 요인분석은 일반적으로 기저 구조에 대한 영역 한정적인 가정을 포함하고, 약간의 차이가 있는 행렬의 고유 벡터를 풀어낸다.

또한 주성분분석은 정준상관분석(CCA)과도 관계가 있다. 주성분분석이 하나의 데이터 집합의 변화를 제일 잘 설명하는 새로운 직교 좌표 시스템을 정의하는 반면 정준상관분석은 두 개의 데이터 집합 간의 교차 공분산을 가장 잘 설명하는 좌표 시스템을 정의한다.

주성분분석은 가장 큰 분산을 갖는 부분공간을 보존하는 최적의 선형 변환이라는 특징을 갖는다. 그러나 이산 코사인 변환과 같은 다른 방법에 비해 더 많은 계산시간을 요구하는 단점이 있다. 다른 선형 변환과 달리 주성분분석은 정해진 기저 벡터를 갖지 않으며, 기저 벡터는 데이터의 특성에 따라 달라진다.

2. 주성분분석의 역사

주성분분석은 역학의 주축정리에서 착안하여 1901년에 칼 피어슨이 처음 개발했으며, 1930년대에는 이 사실을 모르던 해롤드 호텔링에 의해 별도로 개발 및 명명되었다. 주성분분석은 대부분 탐구 데이터 분석의 도구나 예측 모델을 만드는 데 사용되었다. 공분산(또는 연관성) 데이터 행렬을 각각의 속성에 대해 평균중심화(그리고 정규화 또는 Z-점수로 표준화)를 한 후에 행렬에 대해 고유값 분해나 특이값 분해를 하여 주성분분석이 가능하다. 주성분분석의 결과는 보통 요인 점수라고도 불리는 요소 점수(특정 데이터 지점에 따른 변환된 변수값)와 하중(요소 점수를 구하기 위해 각각의 표준화된 원래 변수가 곱해져야 한다는 것을 이용한 하중)을 가지고 논의된다.

TIPS!

한 은행에서는 대출 신청자로부터 수입, 교육 수준, 나이, 현 거주지에서 거주한 기간, 현 직장에서 일한 기간, 저축, 부채 및 신용카드 수 등 8가지 정보를 필요로 한다. 한 은행 관리자가 이 데이터를 분석하여 데이터를 분류하고 보고하기 위한 최상의 방법을 결정하려고 한다. 이 관리자는 대출 신청자 30명으로부터 이 데이터를 수집한다. 관리자가 변수의 수를 줄여 데이터를 더 쉽게 분석하기 위해 주성분분석을 수행한다. 관리자는 데이터 변동의 90%를 설명하는 데 충분한 성분 수를 확인하려고 한다.

2. 데이터와 분석의 목표

 9-1

서울 시내의 호텔을 20개 골라 6개 항목(객실, 시설, 식사, 프런트, 서비스, 예약대응)에 대해서, 평가한 결과가 다음 <표 9.1>의 데이터표이다. 각 항목 80점 만점으로 숙박객의 앙케트 결과를 기초로 점수를 매기고 있다.

| 표 9.1 | 데이터표

호텔번호	객실	시설	식사	프런트	서비스	예약대응
1	36	55	41	44	31	53
2	41	65	53	51	44	72
3	20	46	47	56	32	48
4	32	56	50	64	41	54
5	34	54	58	53	29	41
6	34	62	50	50	38	56
⋮	⋮	⋮	⋮	⋮	⋮	⋮
19	54	73	67	57	44	67
20	40	61	60	71	58	66

분석하고 싶은 것은?
서울 시내 호텔 20개의 종합적 서비스 순위를 구하고 싶다.

주성분분석은 시각화를 편하게 할 때 사용한다. 데이터가 여러 변수로 구성되어 있지만 몇 개의 그룹으로 이루어진 경우 이 그룹별 데이터가 어떤 분포를 이루고 있는지 한 눈에 보기 위해서는 주성분분석이 가장 편하다. 제1주성분과 제2주성분의 두 축으로 산점도를 그리고 그룹별로 색을 표시하면 이를 쉽게 파악할 수 있다.

3. 주성분분석을 위한 순서

1. 기초적인 통계분석

《순서 1》데이터의 입력

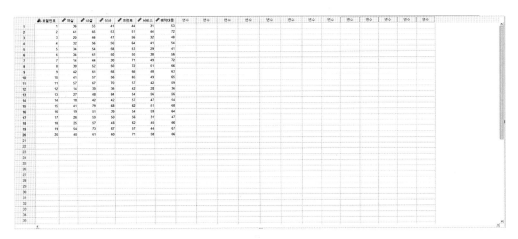

《순서 2》분석도구의 선택

메뉴에서 [분석] - [기술통계량] - [기술통계]를 선택한다.

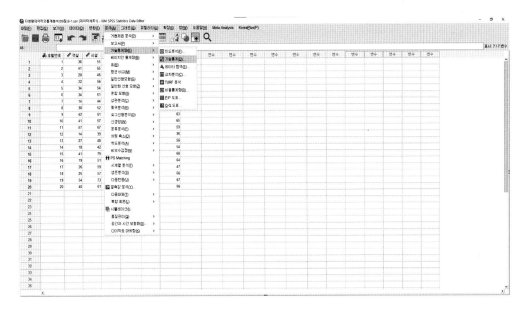

《순서 3》 변수의 설정

다음 화면에서 호텔번호를 제외한 모든 변수를 [변수]로 이동한다.

[확인]을 클릭하면 기술통계량의 분석결과가 출력된다.

기술통계량

	N	최소값	최대값	평균	표준편차
객실	20	14	57	32.25	12.161
시설	20	39	79	56.35	10.111
식사	20	30	84	53.35	13.283
프런트	20	42	72	58.20	8.421
서비스	20	28	59	43.65	9.593
예약대응	20	36	72	58.65	10.070
유효 N(목록별)	20				

예약대응의 평균이 58.65로 가장 높고 객실의 평균이 32.25로 가장 낮다. 프런트의 표준편차가 8.421로 가장 낮은 것을 알 수 있다.

상관행렬

위의 기본 통계량을 구하는 과정 《순서 2》부터 진행한다.

《순서 2》 분석도구의 선택

메뉴에서 [분석] - [상관분석] - [이변량 상관]을 선택한다.

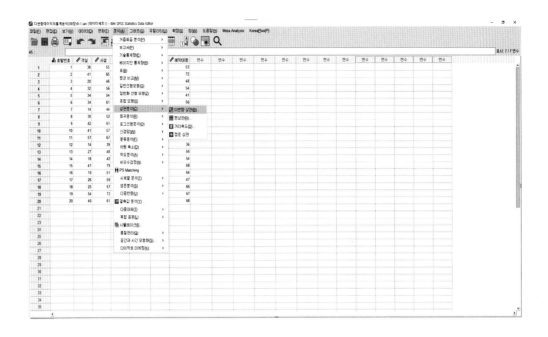

《순서 3》 변수의 설정

다음 화면에서 호텔번호를 제외한 모든 변수를 [변수]로 이동한다.

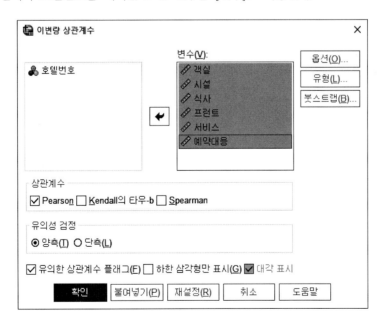

[확인]을 클릭하면 상관계수의 분석결과가 출력된다.

상관관계

		객실	시설	식사	프런트	서비스	예약대응
객실	Pearson 상관	1	.840**	.680**	.108	.099	.344
	유의확률 (양측)		.000	.001	.651	.678	.137
	N	20	20	20	20	20	20
시설	Pearson 상관	.840**	1	.575**	.148	.164	.469*
	유의확률 (양측)	.000		.008	.533	.489	.037
	N	20	20	20	20	20	20
식사	Pearson 상관	.680**	.575**	1	.132	.300	.162
	유의확률 (양측)	.001	.008		.579	.199	.494
	N	20	20	20	20	20	20
프런트	Pearson 상관	.108	.148	.132	1	.606**	.607**
	유의확률 (양측)	.651	.533	.579		.005	.005
	N	20	20	20	20	20	20
서비스	Pearson 상관	.099	.164	.300	.606**	1	.755**
	유의확률 (양측)	.678	.489	.199	.005		.000
	N	20	20	20	20	20	20
예약대응	Pearson 상관	.344	.469*	.162	.607**	.755**	1
	유의확률 (양측)	.137	.037	.494	.005	.000	
	N	20	20	20	20	20	20

**. 상관관계가 0.01 수준에서 유의합니다(양측).

*. 상관관계가 0.05 수준에서 유의합니다(양측).

행렬 산점도 혹은 산점도 행렬(scatter plot matrix)은 다변량 데이터에서 변수 쌍 간의 산점도들을 그린 그래프를 말한다. 산점도 행렬을 사용하면 여러 변수가 있을 때 모든 변수 간 산점도를 손쉽게 그릴 수 있고, 이를 들여다보면 변수들 간 상관관계 등의 특징을 쉽게 찾을 수 있다.

행렬 산점도

위의 기본 통계량을 구하는 과정 《순서 2》부터 진행한다.

《순서 2》 분석도구의 선택

메뉴에서 [그래프] - [레거시 대화상자] - [산점도/점도표]를 선택한다.

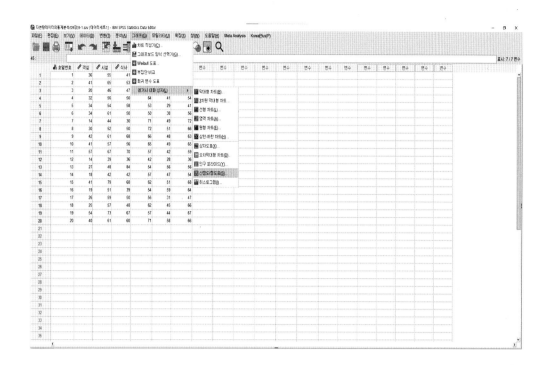

《순서 3》산점도 종류의 선택

다음의 대화상자에서 [행렬 산점도]를 선택하고 [정의]를 클릭한다.

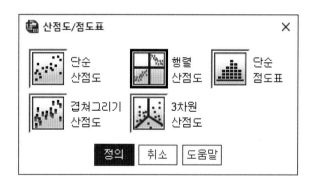

TIPS!

행렬 산점도를 사용하여 여러 변수 쌍의 관계를 동시에 평가한다. 행렬 산점도는 산점도를 배열한 것이다. 행렬 산점도는 그림 행렬과 개별 Y 대 개별 X 행렬이라는 두 가지 유형으로 나뉜다.

《순서 4》 변수의 설정

다음 화면에서 호텔번호를 제외한 모든 변수를 [행렬 변수]로 이동한다

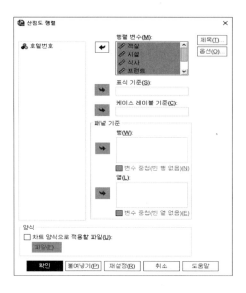

[확인]을 클릭하면 행렬 산점도의 분석결과가 출력된다.

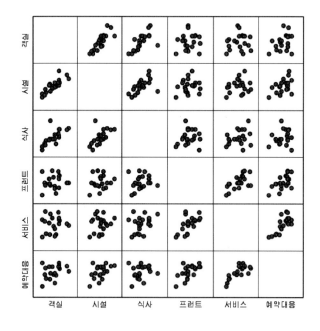

행렬 산점도란 두 변수 간의 관계를 모든 편성에 대해서 볼 수 있도록 산점도와 행렬의 형식
으로 배치한 것이다.

2. 주성분분석에 의한 해석

상관행렬로부터 출발하는 주성분분석

《순서 1》 데이터의 입력

<표 9.1>의 데이터를 SPSS 데이터 시트에 입력한다.

《순서 2》 분석도구의 선택

메뉴에서 [분석] - [차원 축소] - [요인분석]을 선택한다.

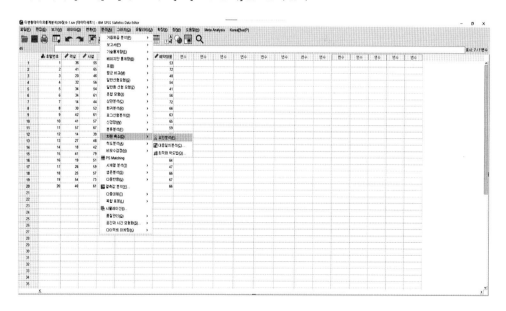

《순서 3》 변수의 설정

다음 화면에서 호텔번호를 제외한 모든 변수를 [변수]로 이동한다.

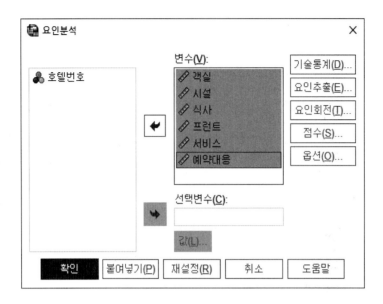

《순서 4》 요인추출의 설정

[요인추출]을 클릭하면 다음과 같은 화면이 나타난다. 다음과 같이 디폴트 상태대로 [계속]을
클릭한다.

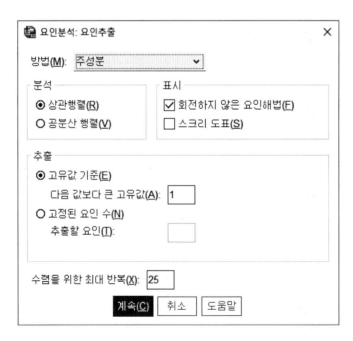

▶ [추출]의 [고유값 기준]에서 1 이상의 값을 추출하도록 한 것은 고유값의 평균 이상을 추출하도록 한 것을
의미한다.

《순서 5》요인회전의 설정

[요인회전]을 클릭하면 다음과 같은 화면이 나타난다. [적재량 도표]에만 체크하고 [계속]을 클릭한다.

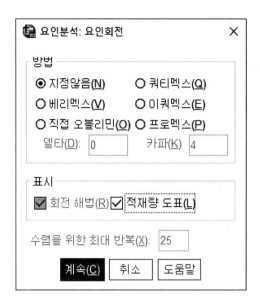

▶ 주성분분석에서는 일반적으로 요인회전을 선택하지 않는다. 주성분의 해석이 애매한 경우에 회전을 실시하는 경우도 있다.

《순서 6》요인점수의 설정

[점수]를 클릭하면 다음과 같은 화면이 나타난다. 아래와 같이 설정하고 [계속]을 클릭한다.

《순서 7》 주성분분석의 실행

다음 화면으로 되돌아오면 [확인]을 클릭한다.

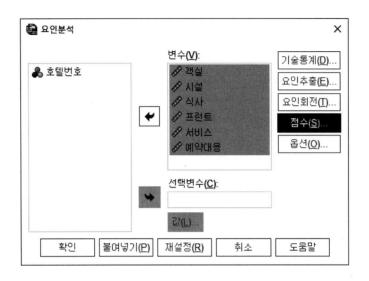

💧 SPSS에 의한 출력 결과와 해석방법

설명된 총분산

성분	초기 고유값			추출 제곱합 적재량		
	전체	% 분산	누적 %	전체	% 분산	누적 %
1	3.021	50.348	50.348	3.021	50.348	50.348
2	1.731	28.857	79.205	1.731	28.857	79.205
3	.597	9.953	89.158			
4	.432	7.192	96.350			
5	.139	2.309	98.659			
6	.080	1.341	100.000			

추출 방법: 주성분 분석.

[설명된 총분산]에서 [% 분산]은 각 고유값의 기여율을 나타내고, [누적 %]는 누적기여율을
나타낸다. 제1주성분에서 제2주성분까지로 전체 데이터 정보의 약 79.2%를 설명할 수 있다는
것을 알 수 있다. 누적기여율이 70~80% 이상 되는 수준에서 주성분 수를 정하는 것으로 되어
있다.

성분행렬^a

성분행렬^a

	성분	
	1	2
객실	.749	-.584
시설	.782	-.476
식사	.674	-.457
프런트	.577	.615
서비스	.667	.607
예약대응	.786	.456

추출 방법: 주성분 분석.

a. 추출된 2 성분

　[성분행렬]의 제1주성분은 모든 변수와 플러스의 상관이 있으므로, 종합적인 서비스를 나타내는 것이라고 생각할 수 있다.

　제2주성분은 객실, 시설, 식사와 마이너스의 상관이 있고, 프런트, 서비스, 예약대응과는 플러스의 상관이 있다. 그러므로 이것은 호텔의 물적 서비스인가 인적 서비스인가를 나타내는 것이라고 생각할 수 있다.

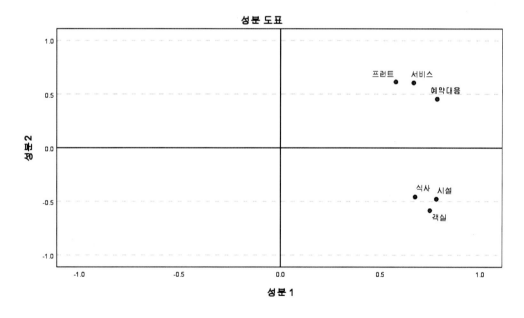

성분 도표

　[성분도표]를 보면 6개의 변수는 크게 두 개 그룹으로 나누어지는 것을 간파할 수 있다. {프런트, 서비스, 예약대응} 그룹과 {객실, 시설, 식사} 그룹 내의 변수들끼리는 가까이 위치하고 있어 서로 관계가 강하다는 것을 알 수 있다.

호텔번호	객실	시설	식사	프런트	서비스	예약대응	FAC1_1	FAC2_1	변수
1	36	55	41	44	31	53	.92462	-1.03145	
2	41	65	51	51	44	72	.58342	-.41340	
3	20	46	47	56	32	48	-1.21426	-.04939	
4	32	56	50	64	41	54	-.11982	.10940	
5	34	54	58	53	29	41	-.85714	-1.29306	
6	34	61	58	50	38	56	-.28598	-.73044	
7	14	44	30	71	49	72	-.32221	2.39061	
8	30	52	50	72	51	66	.45843	1.29048	
9	42	61	68	66	48	63	.95319	-.08597	
10	41	57	56	65	49	65	.68085	.33546	
11	57	67	76	57	42	59	1.00072	-1.40877	
12	14	39	36	42	28	36	2.41995	-.52480	
13	27	48	84	54	56	56	.31448	-.03679	
14	18	42	42	57	47	54	-.91867	.96140	
15	41	79	68	62	51	68	1.50089	-.47660	
16	19	51	39	54	59	64	-.25207	1.32155	
17	26	59	50	56	31	47	-.75766	-.69185	
18	25	57	48	62	45	66	.08601	.69147	
19	54	73	67	57	44	67	1.29533	-1.14710	
20	40	61	60	71	58	66	1.19898	.78323	

제1주성분 점수와 제2주성분 점수가 추출되어 있으므로, 제1주성분 점수를 가로축으로 하고 제2주성분 점수를 세로축으로 하여 산점도를 작성하면 다음과 같다.

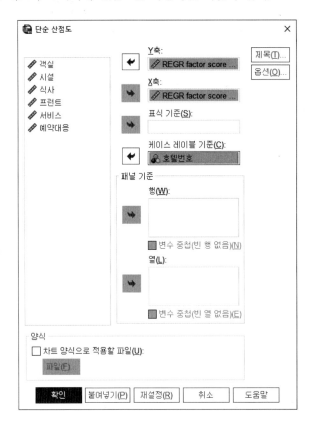

각 호텔번호를 산점도 상에 표시하려면 위와 같이 설정하고 [옵션] 탭을 클릭한다.

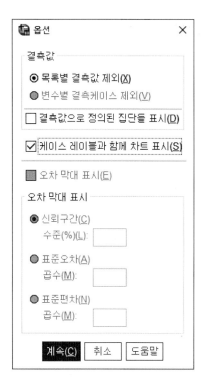

위의 화면에서 [케이스 레이블과 함께 차트 표시]에 체크하고 [계속]을 클릭한다. 이어서 [확인]을 클릭한다. 출력 결과를 [도표편집기]에서 수정·완성하면 다음과 같은 산점도가 된다.

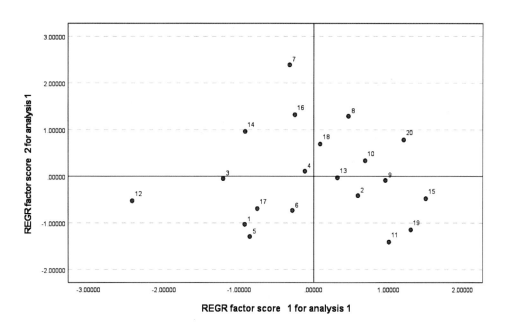

가로축의 제1주성분은 종합적인 서비스를 의미하므로, 가로축의 오른쪽 끝에 위치하고 있는 No.15번 호텔이 종합적으로 가장 높은 평가점을 얻었다고 볼 수 있다. 그리고 세로축의 가장 위쪽에 위치하고 있는 No.7번 호텔은 서비스의 타입에서 어느 한쪽에 평가점이 높은 호텔이다. 참고로 이 두 호텔의 생데이터(raw data) 혹은 원시자료는 다음과 같이 되어 있다.

호텔번호	객실	시설	식사	프런트	서비스	예약대응
7	14	44	30	71	49	72
15	41	79	68	62	51	68

역시 No.7번 호텔은 {프런트, 서비스, 예약대응} 그룹의 평가점은 높은 편이고, {객실, 시설, 식사} 그룹의 평가점은 낮은 편임을 알 수 있다. 즉, 이 호텔은 인적 서비스는 평가점이 높고 물적 서비스는 평가점이 낮은 것을 알 수 있다. 그리고 No.15번 호텔은 종합적으로 높은 평가점을 얻고 있음을 알 수 있다.

4. 주성분분석과 관능평가

인간의 감각을 이용해서 품질특성을 검사하고 판정기준과 비교하여 판정을 내리는 평가를 관능평가(sensory evaluation)라고 한다. 단, 여기에서 말하는 평가는 시험을 의미하는 경우도 있다. 관능평가는 품질정보를 감각에 대한 자극으로서 인간이 받아들여 이것을 평가한다.

품질특성을 변수로 생각하면, 관능평가 데이터는 다변량 데이터의 형식이 되어 주성분분석을 적용하여 종합적인 맛을 추출할 수 있다.

 9-2

음료수 20종류에 대해서 네 가지의 평가항목을 7단계로 평가한 결과를 일람표로 한 것이 <표 9.2>이다. 평가하고 있는 네 가지 항목은 단맛, 신맛, 짠맛, 식감의 특성으로 평가는 음료수마다 전문가 패널이 검토해서 채점했다.

| 표 9.2 | **음료수의 관능평가에 의한 데이터**

음료수	단맛	신맛	짠맛	식감
1	3	4	5	5
2	5	5	6	5
3	2	3	2	3
4	7	6	5	6
5	5	7	6	5
6	5	5	6	5
⋮	⋮	⋮	⋮	⋮
19	5	4	7	6
20	4	4	4	5

분석하고 싶은 것은?

음료수에 대한 특성의 분류, 감칠맛이라고 하는 새로운 종합평가지표의 작성, 음료수의 분류 등을 생각할 수 있다.

통계처리 순서

《순서 1》 데이터의 입력

《순서 2》 분석도구의 선택

메뉴에서 [분석] - [차원 축소] - [요인분석]을 선택한다.

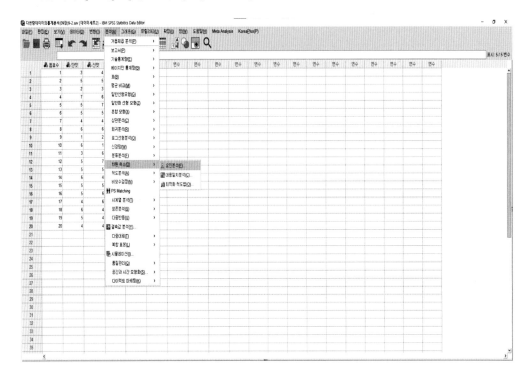

《순서 3》 변수의 설정

다음 화면에서 음료수를 제외한 모든 변수를 [변수]로 이동한다.

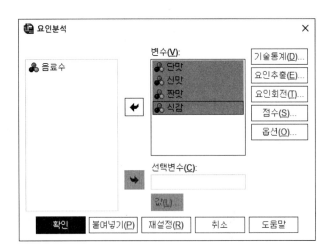

《순서 4》 요인추출의 설정

[요인추출]을 클릭하면 다음과 같은 화면이 나타난다. 다음과 같이 디폴트 상태대로 [계속]을
클릭한다.

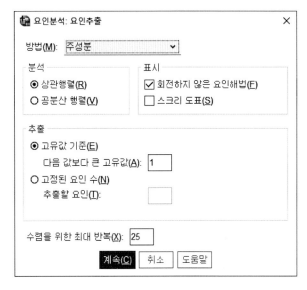

《순서 5》 요인회전의 설정

[요인회전]을 클릭하면 다음과 같은 화면이 나타난다. [적재량 도표]에만 체크하고 [계속]을
클릭한다.

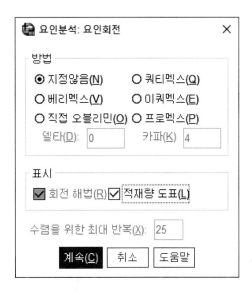

《순서 6》 요인점수의 설정

[점수]를 클릭하면 다음과 같은 화면이 나타난다. 아래와 같이 설정하고 [계속]을 클릭한다.

《순서 7》 주성분분석의 실행

다음 화면으로 되돌아오면 [확인]을 클릭한다.

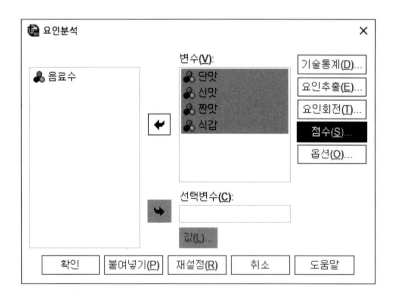

경고

하나의 성분만 추출되었으므로 성분 도표를 작성할 수 없습니다.

고유값 1 이상의 주성분이 한 개뿐이므로 성분도표 등을 작성할 수 없다. 따라서 [고정된 요인 수]를 2로 지정해서 분석을 진행한다.

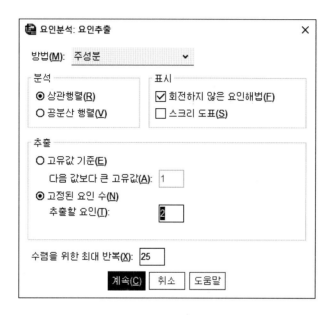

설명된 총분산

성분	초기 고유값			추출 제곱한 적재량		
	전체	% 분산	누적 %	전체	% 분산	누적 %
1	2.557	63.919	63.919	2.557	63.919	63.919
2	.696	17.396	81.315	.696	17.396	81.315
3	.514	12.839	94.154			
4	.234	5.846	100.000			

추출 방법: 주성분 분석.

제1주성분에서 제2주성분까지로 전체 데이터 정보의 약 81.3%를 설명할 수 있다는 것을 알 수 있다.

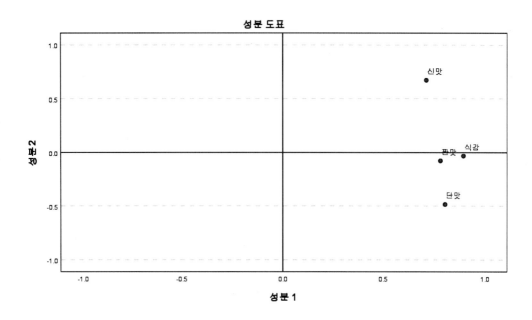

성분 도표

　[성분도표]를 보면 신맛은 다른 맛들과는 떨어져 있음을 알 수 있다. 음료수의 맛을 결정하는 중요한 요인임을 간파할 수 있다.

주성분점수 산점도

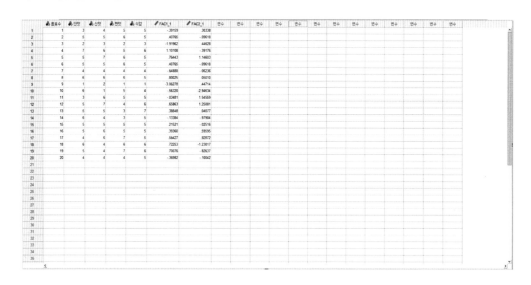

　주성분점수 출력결과에서 제1주성분 점수를 가로축, 제2주성분 점수를 세로축으로 하는 산점도를 그리면 다음과 같은 그래프가 된다.

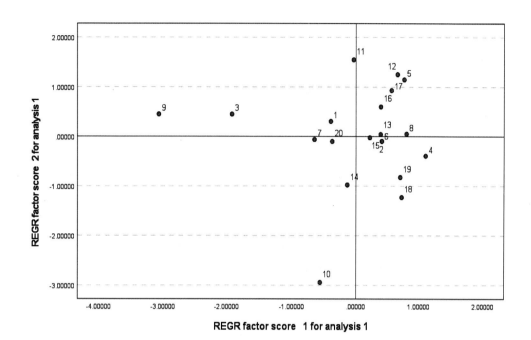

제1주성분은 종합적인 호감을 나타내는 지표라고 생각되므로, 오른쪽에 위치하는 음료수일수록 종합적인 맛이 좋은 것으로 평가되고, 왼쪽에 위치하는 음료수일수록 종합적인 맛이 떨어진다고 평가된다. 따라서 음료수 번호 4번, 8번 18번, 19번의 음료수는 종합적으로 맛이 좋은 음료수이고, 음료수 번호 9번과 3번의 음료수는 맛이 좋지 않은 것으로 평가되고 있다고 할 수 있다.

그리고 10번의 음료수는 제2주성분에서 이상치(outlier)로 되어 있는데, 특히 신맛이 1로서 가장 낮은 값을 취하고 있다.

TIPS!

통계에서 이상치는 다른 관측값과 크게 다른 데이터 포인트이다. 이상치는 측정의 가변성 때문일 수 있거나 실험적 오류를 나타낼 수 있다. 후자는 데이터 집합에서 제외되는 경우가 있다. 이상치는 통계분석에 심각한 문제를 일으킬 수 있다.
이상치는 모든 분포에서 우연히 발생할 수 있지만 측정 오류 또는 인구가 꼬리가 많이 분포되어 있음을 나타내는 경우가 많다. 이상치의 빈번한 원인은 두 개의 별개의 하위 모집단일 수 있는 두 개의 분포의 혼합물이거나 '측정 오류'에 비해 '올바른 시행착오'를 나타낼 수 있다. 이것은 혼합물 모델에 의해 모델링된다.

대부분의 대규모 데이터 샘플링에서 일부 데이터 포인트는 샘플에서 더 멀리 떨어져 합리적이라고 판단되는 것보다 더 멀리 떨어져 있다. 이는 확률 분포의 가정된 패밀리를 생성한 이론의 부수적인 체계적 오류 또는 결함 때문일 수도 있고, 일부 관측값은 데이터의 중심과 거리가 멀다. 따라서 이상치 점은 잘못된 데이터, 잘못된 절차 또는 특정 이론이 유효하지 않을 수 있는 영역을 나타낼 수 있다.

이상치는 가장 극단적인 관측값인데, 최대 표본이나 최소 표본 또는 둘 다를 포함할 수 있으며, 극히 높거나 낮은지 여부에 따라 달라질 수 있다. 그러나 표본 최대값과 최소값은 다른 관측과는 비정상적으로 멀지 않을 수 있기 때문에 대개는 이상치가 아니다.

이상치는 많은 비정상적인 원인을 가질 수 있다. 측정을 위한 물리적 장치는 일시적인 오작동을 겪었을 수 있다. 데이터 전송 또는 전사에 오류가 있을 수 있다. 이상치는 시스템 행동, 사기 행위, 인간의 실수, 기기 오류 또는 단순히 인구의 자연적인 편차를 통해 발생하는 데이터에 발생한다. 견본은 검토되는 인구 외부에서 요소로 오염되었을 수 있다. 또는 이상치는 연구원에 의해 추가 조사를 요구, 가정 이론에 따른 결함의 결과일 수 있다. 또한 특정 형태의 이상치의 병리학적 모양은 다양한 데이터 집합에 나타나며, 데이터에 대한 원인 메커니즘이 극단적인 끝(king effect)에서 다를 수 있음을 나타낸다.

SPSS를 활용한
다변량 데이터의
통계분석

요인분석

Chapter 10

요인분석

1. 개론

1. 요인분석

양적 분석방법 중의 하나로, 다수 혹은 대량의 측정된 자료를 처리하여 기존에는 관찰되지 않았으나 의미 있는 소수의 요인들을 추출하는 방법이다. 인자분석(因子分析)이라는 번역어와도 혼용되며, 특히 일본학계에서 이런 표현을 쓰기도 하지만 국내에서도 표준국어대사전에 올라 있는 용어다.

요인분석은 분석가가 갖고 있는 분석목적에 따라 두 가지로 분류된다. 먼저 탐색적 요인분석(이하 EFA; exploratory factor analysis)은 기존에 요인모형이 존재하지 않는 상태에서 요인을 어림해 만들어 보는 것이다. 당연히 EFA를 거쳐 만들어진 요인모형은 검증되지 않은 것이기 때문에 남들에게 설득력 있게 제시할 수가 없다. 그렇기 때문에 연구자는 반드시 확인적 요인분석(이하 CFA; confirmatory factor analysis)을 거쳐서 그 모형이 정말로 적합하게 만들어졌는지, 요인구조에서 수정할 곳이나 다듬을 점은 없는지 확인해야 한다.

때로는 여러 가지 요인들의 배후에 존재하는 또 다른 요인을 찾아내기 위한 방법인 고차요인분석(higher-order factor analysis) 같은 것도 활용되곤 하지만, 이는 연구상황에 비추어서 요인이 너무 많고 복잡하다 싶을 때 연구자가 주체적으로 결정해야 하는 부분이다.

방금 언급한 '복잡함'을 줄이는 것이 바로 요인분석의 특장이다. 요인분석은 복잡한 추상적 개념을 간명하게 정리한다. 요인분석이 가장 싫어하는 것이 바로 복잡한 설명이다. 다양한 현상으로 나타나는 본질적인 하나의 특성(개념)을 찾고 싶을 때, 그것의 본질을 해치지 않는 선에서 최대한 명쾌하게 설명할 길을 찾는다. 따라서 요인분석에는 그 밖의 분석들과는 달리 독립변인이니 종속변인이니 하는 개념들이 일체 불필요하다. 또한 요인분석은 질적인 의미해석을 위해 양적인 방법에 의존한다.

사실 학문적으로 따지자면 요인분석은 심리학계에 가장 큰 빚을 지고 있다. 당초 1869년에 프랜시스 골턴(F.Galton)이 그 논리적 기초를 다진 뒤, 하나의 연구방법론으로서 처음 데뷔한 것이 1904년 찰스 스피어만(C.Spearman)의 일반지능(general intelligence)에 대한 연구에서였다. 여기서 그는 '지능'이라는 밑도 끝도 없이 뜬구름 잡는 개념을 명쾌하게 설명하기 위해 "인간의 지능은 일반적인 요인과 특수한 요인으로 나누어진다"는 방법론적 전제를 세워놓았다. 어설프게나마 예를 들어서 수학 점수가 60점이고 체육 점수가 90점이라면, 두 과목 점수의 60점은 일반적인 지능 덕분에, 체육 점수의 나머지 30점은 체육에만 한정된 특수한 지능 덕분에 가능했다는 얘기다.

요인분석을 공부할 경우, 통계학과 학생들은 다변량분석을 공부하면서 같이 배운다. 보통 선형대수학과 수리통계학을 배운 후에 접하기 때문에 처음부터 끝까지 행렬이다. 통계학과 고학년 수업에 행렬이 아닌 걸 찾아보기가 더 힘들긴 하지만, 실제로 요인분석은 그 배경지식으로서 행렬에 대한 수학적 이해가 필수적이다.

한편 사회과학 분야에서는 상황이 좀 더 암담하다. 보통 이들이 접하는 사회통계 과목에서는 분포, 추정, 검정을 배운 후 분석이라 해 봤자 분산분석, 카이제곱 분석, 회귀분석 정도를 맛보기로 접하는 데 그치기 때문에, 정말 의욕 있는 강사가 아니라면 요인분석까지 가르칠 일이 없다. 그런데 막상 대학원 수준에서는 당장 본인이 요인분석을 사용해야 하거나, 혹은 요인분석을 사용했던 동료 연구자의 논문을 읽고 이해해야 한다. 그러다 보니 박사급 선배들에게 어깨넘어로 배우거나 아니면 돈 내고 어디서 방법론 특강을 듣거나 그도 아니면 도서관에서 독학하는 수밖에 없게 된다.

2. 요인분석과 주성분분석

요인분석과 주성분분석을 혼동하지 말아야 한다. 요인분석은 관찰변수가 잠재변수라는 원인이 현실화된 결과라 가정되고, 주성분분석은 관찰변수라는 원인에서 주성분이라는 결과를 추출

한다고 가정된다. 즉 관찰변수와 요인의 인과관계와 관찰변수와 주성분의 인과관계는 정반대 방향으로 움직인다. 비록 적재치(loadings)의 값이 유사하더라도 완전히 모형이 다르다.

요인분석과 주성분분석의 차이는 어디에 있는가? 다음의 경로도형(path diagram)이 그 차이를 보이고 있다.

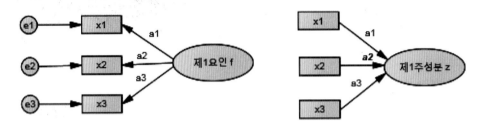

| 그림 9.1 | **요인분석과 주성분분석**

모형의 식으로 표현하면 각각 다음과 같다.

- 요인분석의 모형

$$x_1 = a_1 f + e_1$$
$$x_2 = a_2 f + e_2$$
$$x_3 = a_3 f + e_3$$

- 주성분분석의 모형

$$z = a_1 x_1 + a_2 x_2 + a_3 x_3$$

즉, 차이는 오차의 취급에 있다.

오차를 생각하는 것이 요인분석이고, 오차를 생각하지 않는 것이 주성분분석인 것이다.

다음의 데이터는 347명의 주민에 대해서 스트레스, 건강행동, 건강습관, 사회지원, 사회역할, 건강도, 생활환경, 의료기관 등에 관한 앙케트 조사의 결과이다.

| 표 10.1 | 사회의료 질의 향상을 위한 조사 데이터

No.	스트레스	건강행동	건강습관	사회지원	사회역할	건강도	생활환경	의료기관
1	3	0	5	4	8	3	2	3
2	3	0	1	2	5	3	2	2
3	3	1	5	8	7	3	3	3
4	3	2	7	7	6	3	2	3
5	2	1	5	8	4	2	2	4
6	7	1	2	2	6	4	5	2
:	:	:	:	:	:	:	:	:
346	5	1	5	5	6	2	2	2
347	5	1	4	7	8	2	2	3

분석하고 싶은 것은?
스트레스, 건강행동, 건강습관, 사회지원, 사회역할, 건강도, 생활환경, 의료기관이라고 하는 8가지의 변수 중에 어떠한 공통요인이 잠재해 있을까?

TIPS!

요인분석은 다수 변수들 간의 관계(상관관계)를 분석하여 변수들의 바탕을 이루는 공통차원들을 통해 변수를 설명하는 것이다. 간격척도나 비율척도 대상을 분석하는 것으로 요인분석을 실시하면 변수들에 대하여 복잡함을 줄이고 정보가 핵심 요인으로 묶이는 것이다. 즉, 다수 변수들의 정보손실을 최소화하면서 소수의 요인들로 압축하는 것이다. 요인분석은 측정 도구의 타당성을 검증하기 위해 주로 이용된다.
요인분석을 위해서는 표본의 크기가 최소 50개 이상 되어야 하고, 100개 이상이 바람직하다.

3. 요인분석을 위한 순서(주축요인추출법)

통계처리 순서

《순서 1》 데이터의 입력

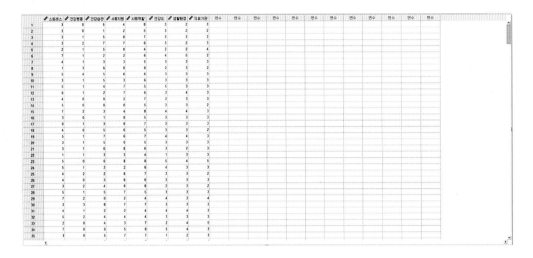

《순서 2》 분석도구의 선택

메뉴에서 [분석] - [차원 축소] - [요인분석]을 선택한다.

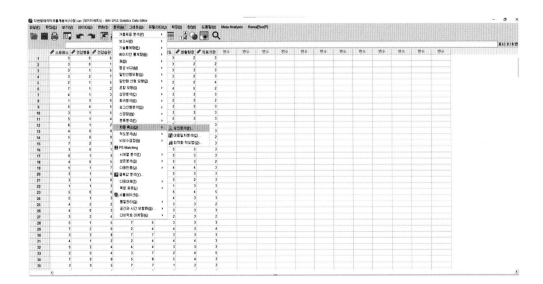

《순서 3》 변수의 설정

다음 화면에서 모든 변수를 [변수]로 이동한다. [요인추출]을 클릭한다.

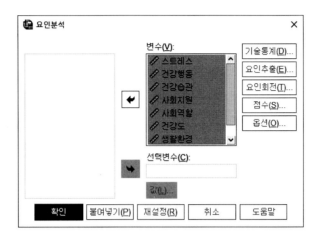

《순서 4》 요인추출의 설정

[요인추출]을 클릭하면 다음과 같은 화면이 나타난다. [방법]의 여러 가지 중에서 [주축요인추출]을 선택한다.

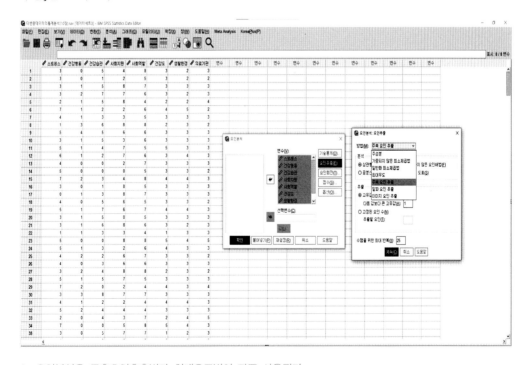

▶ 요인분석은 주축요인추출법과 최대우도법이 자주 사용된다.

《순서 5》 스크리 도표의 설정

이어서 [스크리 도표]에 추가로 체크하고 [계속]을 클릭한다.

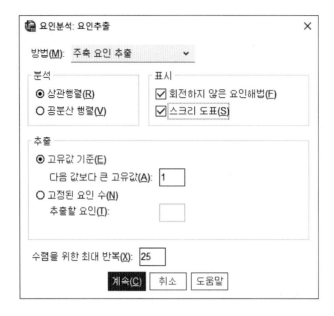

《순서 6》 요인회전의 설정

[요인회전]을 클릭하면 다음과 같은 화면이 나타난다. [베리멕스]와 [적재량 도표]에 체크하고 [계속]을 클릭한다.

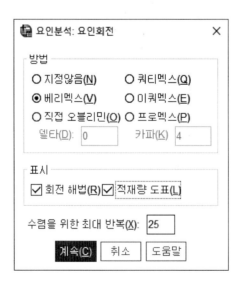

▶ 주축요인추출법은 베리멕스 즉, 직교회전을 실시한다.

《순서 7》 요인점수의 설정

[점수]를 클릭하면 다음과 같은 화면이 나타난다. 아래와 같이 설정하고 [계속]을 클릭한다.

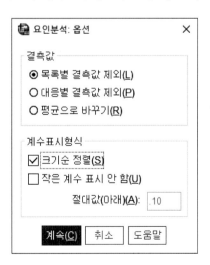

요인점수를 이용하여 연구자가 각 표본의 요인공간상의 위치를 파악하게 해주고, 반응자를 검토하며 요인점수는 후속적인 통계분석에서 구체적인 개념을 가진 새로운 변수로 이용가능하다. 요인점수의 원리는 표본대상자가 각각 변수에 대해 응답한 결과를 요인별 가중치를 이용하여 요인공간상의 점수로 변환한 것이다.

《순서 8》 옵션의 설정

[옵션]을 클리하면 다음 화면이 나타난다. [크기순 정렬]을 체크하고 [계속]을 클릭한다.

《순서 9》 기술통계의 선택

[기술통계] 탭을 클릭하면 다음 화면이 나타난다. [KMO와 Bartlett의 구형성 검정]을 체크한다. [계속]을 클릭한다.

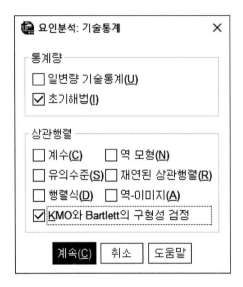

▶ 구형성이란 분산이 같고 공분산이 0이라고 하는 것이다.

《순서 10》 요인분석의 실행

다음 화면으로 되돌아오면 [확인]을 클릭한다.

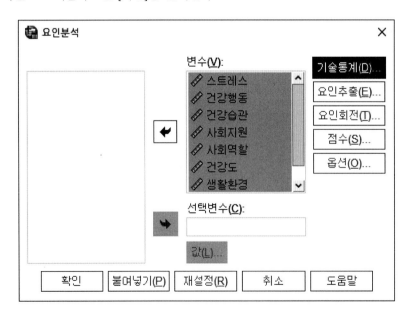

KMO와 Bartlett의 검정

표본 적절성의 Kaiser-Meyer-Olkin 측도.		.637
Bartlett의 구형성 검정	근사 카이제곱	223.472
	자유도	28
	유의확률	.000

KMO는 8개의 변수 스트레스, 건강행동, 건강습관, 사회지원, 사회역할, 건강도, 생활환경, 의료기관 등을 사용해서 요인분석을 하는 데에 대한 타당성을 나타내고 있다.

이 값이 0.5보다 클 때, 그들 변수를 이용해서 요인분석하는 데 의미가 있다. 이 데이터에서는 KMO = 0.637이므로, 타당성이 있다.

Bartlett의 구형성 검정은

가설 H_0 : 분산공분산행렬은 단위행렬의 정수배와 같다

를 검정하고 있다.

유의확률 0.000이 유의수준 $\alpha = 0.05$보다 작으므로, 이 가설은 기각된다. 다시 말하면, 0이 아닌 공분산이 존재하므로 변수 간에 관련이 있다.

공통성

	초기	추출
스트레스	.217	.356
건강행동	.068	.170
건강습관	.109	.197
사회지원	.097	.163
사회역할	.121	.196
건강도	.223	.515
생활환경	.147	.653
의료기관	.111	.120

추출 방법: 주축요인추출.

공통성의 값이 0에 가까운 변수는 그 요인분석에 공헌하고 있지 않으므로, 제거하는 편이 좋은 경우가 있다.

- 초기의 공통성

예를 들면, 스트레스의 공통성 0.217은 스트레스를 종속변수로 하고 나머지 변수를 독립변수로 했을 때의 중회귀식의 결정계수 R^2을 가리킨다.

- 요인추출 후의 공통성

스트레스의 공통성 = (제1요인 부하)^2 + (제2요인 부하)^2 + (제3요인 부하)^2

$$0.356 = (0.559)^2 \qquad + (-0.148)^2 \qquad + (0.145)^2$$

이 공통성은 베리멕스 회전 후도 변하지 않으므로

$$0.356 = (0.543)^2 \qquad + (0.129)^2 \qquad + (-0.212)^2$$

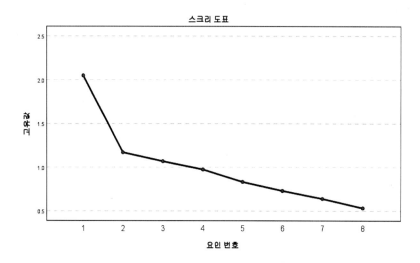

요인의 플롯은 위와 같이 된다. 몇 번째까지의 요인을 문제 삼으면 좋을까?

설명된 총분산

요인	초기 고유값			추출 제곱합 적재량			회전 제곱합 적재량		
	전체	% 분산	누적 %	전체	% 분산	누적 %	전체	% 분산	누적 %
1	2.048	25.606	25.606	1.405	17.561	17.561	.936	11.699	11.699
2	1.169	14.609	40.215	.609	7.616	25.177	.799	9.983	21.682
3	1.068	13.345	53.560	.354	4.431	29.608	.634	7.926	29.608
4	.974	12.177	65.737						
5	.833	10.407	76.144						
6	.732	9.148	85.292						
7	.642	8.023	93.315						
8	.535	6.685	100.000						

추출 방법: 주축요인추출.

변수가 8개이므로, 요인도 형식적으로 제1요인부터 제8요인까지 생각할 수 있는데, 의미가 있는 요인은 고유값이 1보다 큰 요인뿐이다.

따라서 제1요인부터 제3요인까지 문제 삼게 된다.

이 제1요인부터 제8요인까지의 고유값을 꺾은선 그래프로 도시한 것이 스크리 도표(Scree Plot)이다.

제1요인부터 제8요인까지의 고유값을 합계하면

$$2.048 + 1.169 + 1.068 + \cdots + 0.642 + 0.535 = 8$$

이 되어 이 8은 변수의 개수와 일치한다.

% 분산 = 고유값의 %를 가리킨다.

- $25.606 = \dfrac{2.048}{8} \times 100$

- $14.609 = \dfrac{1.169}{8} \times 100$

요인추출 후의 제곱합 적재량

$$1.405 = (0.612)^2 + (0.559)^2 + (-0.387)^2 + (-0.329)^2 \\ + (-0.320)^2 + (0.246)^2 + (0.492)^2 + (-0.235)^2$$

회전 후의 제곱합 적재량

$$0.936 = (0.702)^2 + (0.542)^2 + (0.161)^2 + (0.029)^2 \\ + (0.012)^2 + (-0.200)^2 + (-0.165)^2 + (-0.234)^2$$

요인행렬[a]

	요인		
	1	2	3
건강도	.612	-.175	.331
스트레스	.559	-.148	.145
건강습관	-.387	.039	.213
사회지원	-.329	.202	.116
사회역할	-.320	.245	.183
의료기관	.246	.199	-.141
생활환경	.492	.641	.016
건강행동	-.235	.061	.333

추출 방법: 주축 요인추출.

a. 3 요인 추출을 시도했습니다. 25 넘는 반복계산이 요구됩니다. (수렴=.011). 추출이 종료됩니다.

주축요인추출법에 의해서 제1요인부터 제8요인까지의 적재량(요인부하)을 구하고 있다.

적재량 = 요인과 변수의 상관계수

회전된 요인행렬[a]

	요인		
	1	2	3
건강도	.702	.107	-.102
스트레스	.542	.129	-.212
생활환경	.161	.791	.034
의료기관	.029	.312	-.148
건강행동	.012	-.109	.398
사회역할	-.200	.027	.394
건강습관	-.165	-.187	.367
사회지원	-.234	-.005	.329

추출 방법: 주축 요인추출.
회전 방법: 카이저 정규화가 있는 베리멕스.

a. 6 반복계산에서 요인회전이 수렴되었습니다.

[회전된 요인행렬]은 위에서 구한 적재량을 베리멕스 회전해서 얻어진 적재량이다

제1요인에서는

건강도 = 0.702   스트레스 = 0.542

라고 하는 곳의 적재량이 크므로

제1요인 = '건강에 대한 자각'

을 나타내고 있다고 생각할 수 있다. 마찬가지로

제2요인 = '건강에 관한 지역환경'

제3요인 = '건강의식 네트워크'

와 같이 해석할 수 있다.

요인 변환행렬

요인	1	2	3
1	.727	.494	-.477
2	-.321	.859	.399
3	.607	-.137	.783

추출 방법: 주축 요인추출.
회전 방법: 카이저 정규화가 있는 베리멕스.

스트레스에 주목해 보면,

요인행렬, 회전된 요인행렬, 요인 변환행렬

의 관계는 다음과 같이 된다.

회전된 요인행렬   요인행렬   요인 변환행렬

$$[0.542 \ 0.129 \ -0.212]=[0.559 \ -0.148 \ 0.145] \cdot \begin{bmatrix} 0.727 & 0.494 & -0.477 \\ -0.321 & 0.859 & 0.399 \\ 0.607 & -0.137 & 0.783 \end{bmatrix}$$

▶ 행렬의 곱셈

▶ 이 요인 변환행렬은 직교행렬이다!

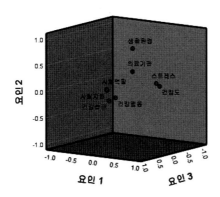

회전된 요인 공간에서의 요인 도표

회전된 요인행렬의 세 개 요인을 세 개의 좌표축으로 취해서 분석에 이용한 모든 변수를 3차원 공간상에 도시하고 있다.

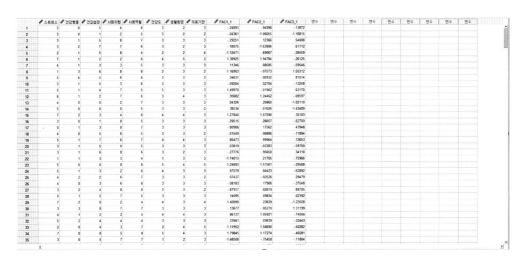

요인점수는 최소자승법 등을 사용해서 추정하지 않으면 안 된다.

이 요인점수를 사용해서 표본을 평면상에 도시하면, 각각의 표본이 갖는 의미를 발견할 수가 있다.

4. 요인분석을 위한 순서(최대우도법)

🌙 **통계처리 순서**

《순서 1》에서 《순서 3》까지는 주축요인추출법과 같다.

《순서 4》 요인추출의 설정

[요인추출]을 클릭하면 다음과 같은 화면이 나타난다.

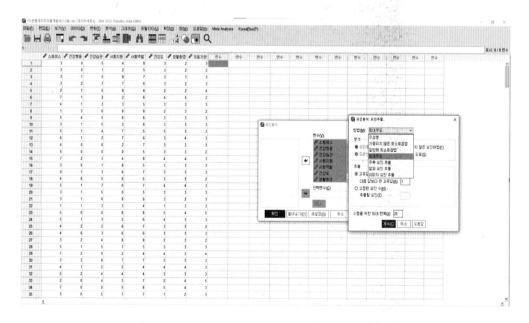

[방법]의 여러 가지 중에서 [최대우도]를 선택한다.

《순서 5》 스크리 도표의 설정

이어서 [스크리 도표]에 체크하고, [수렴을 위한 최대 반복]을 50회로 해놓는다. [계속]을 클릭한다.

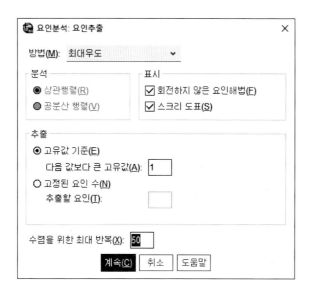

《순서 6》 요인회전의 설정

[요인회전]을 클릭하면 다음과 같은 화면이 나타난다. [프로멕스]와 [적재량 도표]에 체크하고, [수렴을 위한 최대 반복]을 50회로 해놓는다. [계속]을 클릭한다.

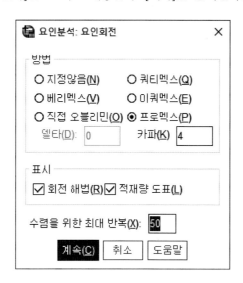

▶ 주축요인추출법은 베리멕스 즉, 직교회전을 실시한다.

《순서 7》 요인점수의 설정

[점수]를 클릭하면 다음과 같은 화면이 나타난다. 아래와 같이 설정하고 [계속]을 클릭한다.

《순서 8》 옵션의 설정

[옵션]을 클릭하면 다음 화면이 나타난다. [크기순 정렬]을 체크하고 [계속]을 클릭한다.

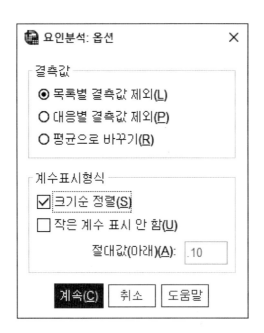

《순서 9》 기술통계의 선택

[기술통계] 탭을 클릭하면 다음 화면이 나타난다. [KMO와 Bartlett의 구형성 검정]을 체크한다. [계속]을 클릭한다.

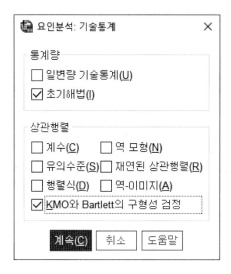

《순서 10》 요인분석의 실행

다음 화면으로 되돌아오면 [확인]을 클릭한다.

KMO와 Bartlett의 검정

표본 적절성의 Kaiser-Meyer-Olkin 측도.		.637
Bartlett의 구형성 검정	근사 카이제곱	223.472
	자유도	28
	유의확률	.000

Kaiser-Meyer-Olkin의 타당성이다.

이 값이 0.5 미만일 때는,

　　　"요인분석을 실시할 타당성이 없다"

라고 생각할 수 있다.

이 데이터에선 0.637이므로, 요인분석을 실시하는 데 문제는 없다.

다음에는 Bartlett의 구형성 검정이다.

　　　가설 H_0 : 상관행렬은 단위행렬이다.

에 대해서

　　　유의확률 0.000 ≤ 유의수준 0.05

이므로, 가설 H_0는 기각된다.

따라서 변수 간에 상관이 있으므로, 공통요인을 생각하는 데 의미가 있다.

공통성[a]

	초기	추출
스트레스	.217	.293
건강행동	.068	.126
건강습관	.109	.186
사회지원	.097	.147
사회역할	.121	.225
건강도	.223	.716
생활환경	.147	.999
의료기관	.111	.120

추출 방법: 최대우도.

a. 반복계산 중 1보다 큰 하나 이상의 공통성 추정값이 나타났습니다. 결과해법은 주의하여 해석해야 합니다.

공통성은 그 변수가 가지고 있는 정보량이다.

따라서 공통성의 값이 0에 가까운 변수는 분석으로부터 제거하는 쪽이 좋을지도 모른다.

▶ 상관행렬이 단위행렬일 때는

$$\begin{bmatrix} 1 & r_{12} & \cdots & r_{1n} \\ r_{21} & 1 & \cdots & r_{2n} \\ \vdots & \vdots & \ddots & \vdots \\ r_{n1} & r_{n2} & \cdots & 1 \end{bmatrix} = \begin{bmatrix} 1 & 0 & \cdots & 0 \\ 0 & 1 & \cdots & 0 \\ \vdots & \vdots & \ddots & \vdots \\ 0 & 0 & \cdots & 1 \end{bmatrix}$$

다시 말하면, 모든 $r_{ij} = 0 \quad (i \neq j)$

설명된 총분산

요인	초기 고유값			추출 제곱합 적재량			회전 제곱합 적재량[a]
	전체	% 분산	누적 %	전체	% 분산	누적 %	전체
1	2.048	25.606	25.606	1.180	14.747	14.747	1.177
2	1.169	14.609	40.215	1.139	14.244	28.990	1.234
3	1.068	13.345	53.560	.492	6.153	35.144	.919
4	.974	12.177	65.737				
5	.833	10.407	76.144				
6	.732	9.148	85.292				
7	.642	8.023	93.315				
8	.535	6.685	100.000				

추출 방법: 최대우도.

a. 요인이 상관된 경우 전체 분산을 구할 때 제곱합 적재량이 추가될 수 없습니다.

요인의 고유값을 크기순으로 늘어놓고 있다.

% 분산은 고유값의 %를 가리킨다.

$$25.606 = \frac{2.048}{2.048 + 1.169 + \cdots + 0.535} \times 100$$
$$= \frac{2.048}{8} \times 100$$

▶ 분산은 그 요인이 가지고 있는 정보량을 나타내고 있다.
▶ 표준화하고 있으므로 8개의 분산은 모두 1이다.

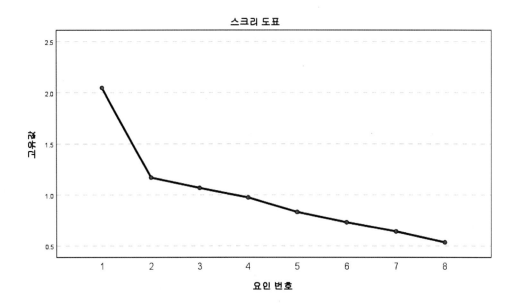

스크리 도표

스크리 도표는 요인의 고유값을 그래프로 표현하고 있다.

이 그래프를 보면서 몇 번째까지의 요인을 문제 삼을 것인가 판정한다.

꺾은선의 기울기가 완만해지면, 고유값은 별로 변화하지 않으므로 그 전후까지의 요인을 문제 삼는다.

요인의 수가 2보다 많아지면, 스크리 도표가 완만해지므로 문제 삼는 요인의 수는 2 또는 3까지가 적당하다.

요인행렬[a]

	요인		
	1	2	3
생활환경	.999	-.001	.000
의료기관	.262	.022	-.225
건강도	.209	.804	.162
스트레스	.172	.495	-.133
사회지원	-.048	-.285	.252
사회역할	.040	-.310	.357
건강행동	-.085	-.102	.329
건강습관	-.167	-.244	.314

추출 방법: 최대우도.

a. 추출된 3 요인 37의 반복계산이 요구됩니다.

프로멕스 회전 전의 적재량(요인부하)이다.

적합도 검정

카이제곱	자유도	유의확률
13.585	7	.059

모형의 적합도 검정

가설 H_0 : 요인 수가 3개인 모형에 적합하다

에 대해서

유의확률 0.059 > 유의수준 0.05

이므로, 가설 H_0는 기각되지 않는다.

따라서 요인 수는 3개로 좋을 것 같다.

패턴 행렬[a]

	요인		
	1	2	3
생활환경	.993	.040	.041
의료기관	.271	-.100	-.238
건강도	-.024	.878	.068
스트레스	.045	.406	-.210
사회역할	.098	-.086	.436
건강습관	-.122	-.056	.371
건강행동	-.081	.092	.370
사회지원	.011	-.128	.314

추출 방법: 최대우도.
회전 방법: 카이저 정규화가 있는 프로멕스.

a. 6 반복계산에서 요인회전이 수렴되었습니다.

프로멕스 회전 후의 적재량(요인부하)이다.

이 값을 보면서 공통요인에 이름을 붙인다.

구조행렬

	요인 1	2	3
생활환경	.999	.270	-.078
의료기관	.270	.066	-.224
건강도	.188	.844	-.296
스트레스	.168	.504	-.383
사회역할	.031	-.243	.462
건강습관	-.175	-.242	.407
사회지원	-.053	-.256	.366
건강행동	-.096	-.082	.340

추출 방법: 최대우도.
회전 방법: 카이저 정규화가 있는 프로멕스.

구조행렬이다.

요인 상관행렬

요인	1	2	3
1	1.000	.249	-.104
2	.249	1.000	-.417
3	-.104	-.417	1.000

추출 방법: 최대우도.
회전 방법: 카이저 정규화가 있는 프로멕스.

요인 상관행렬이다.

패턴 행렬, 요인 상관행렬, 구조행렬의 관계는 다음과 같이 되어 있다.

[패턴 행렬] • [요인 상관행렬] = [구조행렬]

요인이 생각대로 안 묶일 경우 대처 방안
- 회전된 성분행렬 표에서 숫자가 유독 낮거나, 숫자가 안 보이는 측정 문항을 제거한 뒤, 다시 요인분석을 해보라
- 설문지의 측정 문항이 애초에 잘못된 것은 아닌지 확인하라
- 다시 설문하라 (이 방법이 정석이다)

SPSS를 활용한
다변량 데이터의
통계분석

군집분석

Chapter 11

군집분석

1. 군집분석의 기초지식

1. 군집분석의 개요

군집분석이란

데이터의 구조를 아는 유효한 수단으로서, 그 데이터를 구성하고 있는 관측대상(혹은 속성)을 어떠한 기준에 의해서 분류하는 것을 생각할 수 있다. 군집분석(cluster analysis)은 이와 같은 목적을 위한 기법이다.

군집분석(群集分析)은 무엇을 기준으로 해서 데이터를 분류하느냐에 따라서 수없이 많은데, 다음의 두 가지가 대표적인 방법이다. 그 한 가지는 관측대상 간(혹은 속성 간)에 정해지는 유사성(similarity)(또는 거리)을 기초로 해서, 소위 비슷한 것끼리를 하나의 그룹으로 해서 전체를 몇 개의 그룹(크러스터)으로 분할하는 것이다. 또 한 가지는 데이터 및 그룹 내의 분산 개념을 기초로, 그룹 간의 분리의 정도를 기준으로 해서 분류하는 것이다. 전자(前者)가 실용적이라고 생각되므로 여기에서는 주로 전자에 대해서 설명하기로 한다.

이 분석에서 유의해야 할 점은 데이터가 몇 개의 그룹으로 분류된 결과가 어느 정도 의미가 있는지 어떤지에 대한(가설검정을 실시하는) 논의는 포함되어 있지 않다는 것이다. 즉, 분류가 타당한지 아닌지는 얻어진 결과의 해석에서 정해진다. 실제로 응용되고 있는 분야는 매우 넓다.

예를 들면, 생명과학의 분야, 의학, 행동과학, 사회과학의 분야는 물론 공학이나 정보과학의 분야에서도 패턴인식, 인공지능, 시스템과학, 사이버네틱스, 전자공학, 정보검색, 경영과학 등에 응용되고 있다. 또한 시장조사나 정치·경제학 등에서도 자주 쓰이고 있다.

다음에 군집분석을 실시하려면 어떠한 데이터가 필요한지를 간단히 기술하기로 한다. 하나는 일반적인 다변량분석(multivariate analysis)과 마찬가지로 관측대상이 갖는 p개의 속성(변량)에 대한 값이, N개의 각 관측대상마다 어떤 척도로 측정되어 있는 것이다(표 11.1 참조). 이 경우에는 관측대상 간 혹은 속성 간에 유사성을 정하지 않으면 안 된다. 한편, 데이터로서 처음부터 관측대상 간 혹은 속성 간에 어떠한 유사성이 얻어지는 경우가 있다(표 11.2 참조). 이 경우에는 데이터를 기초로 직접 분류를 실시하는 연산법을 적용할 수 있다.

| 표 11.1 |

대상＼속성	x_1	x_2	...	x_p
1	x_{11}	x_{12}	...	x_{1p}
2	x_{21}	x_{22}	...	x_{2p}
⋮	⋮	⋮		⋮
N	x_{N1}	x_{N2}	...	x_{Np}

| 표 11.2 |

대상＼속성	1	2	...	N
1	s_{11}	s_{12}	...	s_{1N}
2	s_{21}	s_{22}	...	s_{2N}
⋮	⋮	⋮		⋮
N	s_{N1}	s_{N2}	...	s_{NN}

유사성과 거리

전술한 것처럼 데이터가 <표 11.1>과 같이 주어져 있을 때에는, 여기에 무언가의 유사성(혹은 거리)을 정의할 필요가 있다. 이때 각 측정치 $x_{ri}(i = 1, 2, \cdots, p\,;\, r = 1, 2, \cdots, N)$의 척도를 취하는 방법에 따라서 유사성의 형태가 다르다. 여기에서는 다음의 세 가지 척도로 측정되어 있는 것에 대해서 생각한다.

① 간격척도·비율척도(연속적인 양으로 표현되는 데이터)
② 명목척도(카테고리 데이터, 0 또는 1의 값을 취한다.)
③ 순서척도(어떤 기준에 의해 주어지는 순서로 표현되는 데이터, 보통 자연수의 값을 취한다.)

각각의 척도로 측정된 데이터에 대해서, 각 관측대상 간 혹은 각 속성(변량) 간에 유사성(혹은 거리)을 정의하지 않으면 안 된다. 어느 경우도 사고방식은 같으므로 여기에서 각 관측대상을 몇 개의 그룹으로 분류하기로 하고, 관측대상 간의 유사성(혹은 거리)에 대해서 기술하기로 한다. 이제 N개의 관측대상이 있다고 하고, 임의의 두 관측대상 r과 s에 관해서 각각 p개의 변량값을 다음의 벡터로 표시하기로 한다.

$$^t\boldsymbol{x}_r \equiv (x_{r1},\ x_{r2},\ \cdots,\ x_{rp}) \qquad (^t\boldsymbol{x} 는 벡터\ \boldsymbol{x} 의\ 전치를\ 나타낸다.)$$

$$^t\boldsymbol{x}_s \equiv (x_{s1},\ x_{s2},\ \cdots,\ x_{sp})$$

(1) 연속적인 양으로 표현되는 데이터

각 변량의 값이 연속적인 양으로 표현되어 있는 경우에는 각 관측대상을 p차원의 유크리드 공간 내의 점으로 표현할 수 있으므로, 소위 유크리드 거리를 정의할 수 있다.

• 유크리드 거리

$$d_{rs}{}^2 = \sum_{k=1}^{p} (x_{rk} - x_{sk})^2$$

이 거리는 관측대상 r, s의 대응하는 변량값 그 자체의 차(差)가 작으면, 두 관측대상은 비슷하다고 정의하게 된다. 그런데 유사성에 대해서 각 변량이 하는 역할의 크기가 다르다고 생각되는 경우에는, 다음과 같은 거리가 이용된다.

• 가중 유크리드 거리

$$d_{rs}{}^2 = \sum_{k=1}^{p} w_k (x_{rk} - x_{sk})^2$$

$w_k (k = 1, 2, \cdots, p)$를 가중치(weight)라 하고, 보통의 유크리드 거리는 각 w_k의 값을 1이라고 했을 때에 상당한다.

한편 유사성(거리)을 정의할 때, 각 변량의 유사성에 대한 역할의 크기를 일정하게 하기 위해서 가중치를 부여하는 것도 생각할 수 있다. 즉, 각 변량의 측정단위가 다른 경우에는 대응하는 변량마다 표준화한 양에 관한 거리를 정의한다. 이것은 가중 유크리드 거리에 있어서의 w_k를

$$w_k^{-1} = s_k{}^2 = \frac{1}{N-1} \sum_{r=1}^{N} (x_{rk} - \overline{x_k})^2$$

$$\overline{x_k} = \frac{1}{N} \sum_{r=1}^{N} x_{rk}$$

라고 놓았을 때에 상당한다. 즉, 관측대상 r, s 간의 거리로서

$$d_{rs}{}^2 = \sum_{k=1}^{p} \frac{1}{s_k{}^2} (x_{rk} - x_{sk})^2$$

을 이용한다.

여기에서 유크리드 거리에 대하여 데이터의 분산을 고려한 마하라노비스 거리 (Mahalanobis' distance)를 생각할 수 있다. 이 거리는 데이터에 다변량 정규분포가 가정될 때에 의미가 있다. 그 정의는 다음의 식으로 표현된다.

- 마하라노비스 거리

$$d_{rs}{}^2 = {}^{t}(\boldsymbol{x}_r - \boldsymbol{x}_s) \sum{}^{-1} (\boldsymbol{x}_r - \boldsymbol{x}_s)$$

여기에서 $\boldsymbol{x}_r$은 p변량값으로 이루어지는 열벡터이며, "^{t}"는 전치를 나타낸다. 그리고 Σ는 p변량의 분산공분산행렬이다. 마하라노비스 거리의 직관적 의미는 유크리드 거리를 측정하는 기본이 되는 단위원(반경이 1인 원)이 타원이 된 경우에 상당하는 것이다.

관측대상 간의 유사성을 측정하는 양으로서는 이들 두 개의 관측대상 r, s에 대응하는 두 점 간의 거리만이 아니라 r, s를 표현하는 $\boldsymbol{x}_r$, $\boldsymbol{x}_s$를 공간 내의 두 벡터로 보았을 때, 그것들이 어느 정도 접근하고 있는가를 나타내는 양으로서 벡터의 내적을 생각할 수 있다.

- 내적에 의한 유사성

$$s_{rs} = {}^{t}\boldsymbol{x}_r \boldsymbol{x}_s = \sum_{k=1}^{p} x_{rk} x_{sk}$$

더욱이 각 관측대상마다 표준화한 값, 즉 벡터 $\boldsymbol{x}_r$, $\boldsymbol{x}_s$의 길이를 1로 했을 때의 두 벡터가 이루는 각으로서

$$s_{rs} = \sum_{k=1}^{p} \frac{(\boldsymbol{x}_{rk} - \overline{\boldsymbol{x}_r})(\boldsymbol{x}_{sk} - \overline{\boldsymbol{x}_s})}{\sqrt{\sum_{j=1}^{p} (\boldsymbol{x}_{rj} - \overline{\boldsymbol{x}_r})^2} \sqrt{\sum_{j=1}^{p} (\boldsymbol{x}_{sj} - \overline{\boldsymbol{x}_s})^2}} \ , \ \overline{\boldsymbol{x}_r} = \frac{1}{p} \sum_{k=1}^{p} \boldsymbol{x}_{rk}$$

에 의해 유사성을 정의할 수 있다. 이것은 Pearson의 적률상관계수에 상당하는 것이다. 연속적

인 양에 대해서는 그 밖에도 많은 거리 혹은 유사성이 생각되어지고 있는데, 유사성을 기준으로서 분류하는 경우에는 여기에서 기술한 것으로 충분하다.

(2) 범주형 데이터

관측대상 r, s에 관한 각 변량의 값이 1 또는 0인 경우를 범주형 데이터(categorical data)라고 한다. 즉, 각 관측대상의 관측치 벡터를 $\boldsymbol{x}_r$, $\boldsymbol{x}_s$라고 할 때, 각 성분의 값이 1 또는 0이다.

$$^t\boldsymbol{x}_r \equiv (x_{r1},\ x_{r2},\ \cdots,\ x_{rp})$$

$$^t\boldsymbol{x}_s \equiv (x_{s1},\ x_{s2},\ \cdots,\ x_{sp})$$

이들 각 관측대상 간에 유사성을 정의하기 위해서는 다음과 같은 양을 구해 놓으면 좋다.

$$a = \sum_{k=1}^{p} \boldsymbol{x}_{rk}\boldsymbol{x}_{sk}$$

$$b = \sum_{k=1}^{p} \boldsymbol{x}_{rk}(1-\boldsymbol{x}_{sk})$$

$$c = \sum_{k=1}^{p} (1-\boldsymbol{x}_{rk})\boldsymbol{x}_{sk}$$

$$d = \sum_{k=1}^{p} (1-\boldsymbol{x}_{rk})(1-\boldsymbol{x}_{sk})$$

여기에서 a는 관측대상 r, s에 있어서 모두 1을 취하는 변량의 개수이며, b는 관측대상 r에서 1, 관측대상 s에서 0을 취하는 변량의 개수, c는 관측대상 r에서 0, 관측대상 s에서 1, d는 모두 0을 취하는 변량의 개수를 나타낸다. 따라서

$$a + b + c + d = p$$

가 된다. 이들 a, b, c, d 혹은 p를 이용해서 유사성을 정의하는 것인데, 데이터를 작성할 때에 각 변량의 값으로서 1 또는 0을 어떻게 할당하느냐에 따라서 다음에 기술할 유사성의 선택방법에 주의를 요한다. 즉, 대응하는 값이 같은 변량의 개수가 많으면 많을수록 비슷하다고 생각하든가, 함께 1인 변량의 수에 의미가 있든지, 혹은 함께 0인 것에 의미가 있든지 하는 것 등이다.

즉, a와 d를 대등하게 다루느냐 아니냐가 문제로서 데이터의 의미를 고려해서 구분하여 쓸 필요가 있다. 다음에 그 대표적인 것을 열기(列記)하기로 한다.

(i) 유사비(the coefficient of Jaccard)

$$s_{rs} = a/(a+b+c)$$

(ii) 일치계수(the simple matching coefficient)

$$s_{rs} = (a+d)/p$$

(iii) Russel-Rao의 계수

$$s_{rs} = a/p$$

(iv) Rogers-Tanimoto의 계수

$$s_{rs} = (a+d)/\{(a+d)+2(b+c)\} = (a+d)/(p+b+c)$$

(v) Hamann의 계수

$$s_{rs} = \{(a+d)-(b+c)\}/p$$

(vi) 파이계수

$$s_{rs} = (ad-bc)/\{(a+b)(c+d)(a+c)(b+d)\}^{1/2}$$

(3) 순위 데이터

두 개의 관측 데이터 r, s의 각 변량의 값

$$^t\boldsymbol{x}_r \equiv (x_{r1},\ x_{r2},\ \cdots,\ x_{rp})$$
$$^t\boldsymbol{x}_s \equiv (x_{s1},\ x_{s2},\ \cdots,\ x_{sp})$$

가 각각의 관측대상에 있어서의 각 변량에 대한 순위를 나타내는 수치, 즉 1, 2, $\cdots$, p의 어느 것인가로 되어 있는 경우에 대해서 생각한다. 예를 들면, p종류의 서로 다른 색을 N명의 사람에게 보이고 각 사람에게 좋아하는 순서를 매기게 하는 데이터가 이에 상당한다. 이 경우의 유사성은 다음과 같은 사고방식에 의해서 정의할 수 있다. 그 하나는 순위로 표현된 변량의 값을 연속적인 값으로 변환하고, 그 값에 대해서 (1)에서 기술한 유사성을 정의하는 방법이다. 한편, 순위를 나타내는 수치 그 자체를 이용해서 어느 정도 대응하는 변량의 순위가 일치하고 있는지를 측정하는 양으로서 순위상관계수 (rank correlation coefficient)가 생각되어지고 있다.

2. 군집 구성법

유사성을 기준으로 한 군집 구성법

여기에서 기술할 기법은 편성적 방법(combinatorial method)으로서 알려져 있는 것이다. 그 특징은 그룹이 형성되어 가는 과정이 어떤 계층적인(hierarchical) 구조를 갖는다는 것과, 그 형성과정에 있어서의 그룹 간 유사성(혹은 거리)이 다음에 기술하는 바와 같이 하나의 전단계(前段階)에서의 유사성(혹은 거리)에 의해서 계산된다는 것이다. 편성적 방법에는 몇 가지의 기법이 포함되어 있는데, 그것들은 그룹 간의 유사성(혹은 거리)을 정의하는 방식에 따라서 구별된다.

이들 기법에 의한 군집 구성의 기본적인 연산법은 다음의 4단계로 이루어진다.

《순서 1》 총관측대상수를 N 이라 한다.

입력된 데이터가 유사성이라면 각 관측대상 간 상호의 유사성(혹은 거리)을 계산한다. 초기상태로서 N개의 관측대상 각각이 하나의 그룹을 형성하고 있는 것으로 생각한다. 따라서, 그룹의 개수 M을 $M = N$으로 한다.

《순서 2》 M 개의 그룹 중에서 가장 유사성이 큰(거리가 짧은) 쌍을 구하여 그것을 하나의 그룹에 융합한다.

M을 $M-1$로 해서 $M>1$이면 다음의 《순서 3》으로 진행하고 그렇지 않으면 《순서 4》로 건너뛴다.

《순서 3》 새로 만들어진 그룹과 다른 그룹과의 유사성(혹은 거리)을 계산한다.

그 정보를 가지고 《순서 2》로 되돌아간다.

《순서 4》 필요한 정보를 출력하고 계산을 종료한다.

이상의 연산법으로부터도 알 수 있듯이 축차적(逐次的)으로 그룹이 형성되어 가는 과정이 계층적으로 되어 있기 때문에, 다음과 같은 수상도(樹狀圖, dendrogram)에 의해서 표현할 수 있다([그림 11-1] 참조).

🍵 군집 구성법의 종류

전술한 바와 같이 연산법의 《순서 3》에서 실시하는 그룹 간의 유사성(혹은 거리)을 어떻게 계산하느냐에 따라서 여러 가지 기법이 있다. 여기서는 간단히 그 종류만 열거하기로 한다.

  (i) 최단거리법(nearest neighbor method)

 (ii) 최장거리법(furthest neighbor method)

(iii) 메디안법(median method)

(iv) 중심법(centroid method)

 (v) 군평균법(group average method)

(vi) 워드법(Ward method)

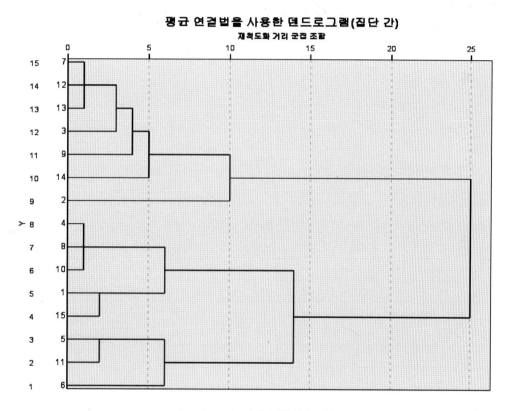

| 그림 11-1 | 수상도(덴드로그램)

2. 군집분석의 실제

1. 군집분석의 실례(實例)

 11-1

다음의 데이터표는 어떤 중학교 2학년 학생 15명의 악력(握力), 신장, 체중, 안경착용 유무에 관한 측정치를 나타낸 것이다. 악력, 신장, 체중, 안경착용 유무라고 하는 네 개의 변수에 의하여 15명의 학생들이 어떻게 분류되는지 군집분석을 통하여 알아보자.

|표 11.3| 데이터표

No.	악력(kg) (x_1)	신장(cm) (x_2)	체중(kg) (x_3)	안경착용 유무 (x_4)
1	28	146	34	1
2	46	169	57	2
3	39	160	48	2
4	25	156	38	1
5	34	161	47	1
6	29	168	50	1
7	38	154	54	2
8	23	153	40	1
9	42	160	62	2
10	27	152	39	1
11	35	155	46	1
12	39	154	54	2
13	38	157	57	2
14	32	162	53	2
15	25	142	32	1

|주| x_1에서 1 = 안경착용, 2 = 안경착용 않음

군집화 방법

관측대상을 군집화하는 방법에는 전술한 바와 같이 연산법에 따라 여러 가지가 개발되어 쓰이고 있다. 그것을 크게 나누면 계층적 군집화 방법과 비계층적 군집화 방법의 두 가지로 나눌 수 있는데, 일반적으로 계층적 군집화 방법이 널리 이용되고 있다. 계층적 군집화 방법에서 군집화 과정은 가까운 대상끼리 순차적으로 묶어 가는 AHM(agglomerative hierarchical method)와 전체 대상을 하나의 군집으로 출발하여 개체들을 분할해 나가는 DHM(devisive hierarchical method)가 있다. 여기서는 AHM의 세 가지 방식에 대해서만 소개하기로 한다.

(1) 단순결합방식(single linkage)

어느 한 군집에 속해 있는 관측대상과 다른 군집에 속해 있는 관측대상 사이의 거리가 가장 가까운 경우에 두 군집이 새로운 하나의 군집으로 결합되는 방식을 의미한다. 여기에서 거리가 가장 가깝다는 것은 가장 유사하다는 것을 의미한다.

(2) 완전결합방식(complete linkage)

완전결합방식은 각 단계마다 한 군집에 속해 있는 관측대상과 다른 군집에 속해 있는 관측대상 사이의 유사성이 최대거리로 정해진다는 것이다. 따라서, 앞의 단순결합방식에서 유사성이 최소거리로 정해지는 것과는 대조를 보인다.

(3) 평균결합방식(average linkage)

평균결합방식은 한 군집 내에 속해 있는 모든 관측대상과 다른 군집 내에 속해 있는 모든 관측대상의 쌍집합에 대한 거리를 평균적으로 계산한다. 이러한 특성만 제외하면 전술한 결합방식과 비슷하다. 즉, 제1단계로 거리행렬에서 가까운 거리에 있는 두 관측대상, 예를 들면 A와 B를 뽑아서 한 군집(AB)에 편입시킨다. 그 다음에 그 군집(AB)과 다른 군집(K) 사이의 거리를 다음과 같은 식에 의하여 계산한다.

$$d_{(AB)K} = \sum_i \sum_j \frac{d_{ij}}{N_{(AB)}N_K}$$

여기에서 d_{ij}는 군집 AB의 관측대상 i와 군집 K의 관측대상 j 사이의 거리를 의미하며, $N_{(AB)}$와 N_K는 각각 군집 AB와 군집 K에 포함된 관측대상들의 수를 의미한다.

비계층적 군집분석은 일반적으로 사용되는 계층적 군집분석과 달리 군집화 과정이 순차적으로 이루어지지 않는 군집분석법을 일컫는다. 비계층적 군집화 방법을 실행하기 위해서는 중심을 기준으로 군집의 수와 최초의 시작점을 지정해야 한다. 비계층적 군집화 방법을 일반적으로 K-평균 군집분석법이라고 한다. 비계층적 군집화 방법에서 K-평균 군집분석법이 가장 많이 사용되고 있기 때문이다. K-평균 군집분석법은 군집화의 각 단계가 끝나면서 발생하는 오류를 계산하여 오류가 발생하지 않는 방향으로 군집화를 계속해 나가는 것이 특징이다.

어떤 쇼핑몰에서 이용 고객들을 비슷한 유형끼리 잘 분류해 놓는다면 이후에 고객에게 어떤 상품을 추천하거나 서비스를 제공할 때 오른쪽 그림처럼 비슷한 유형의 고객 정보를 활용하여 적절한 서비스를 제공할 수 있을 것이다.

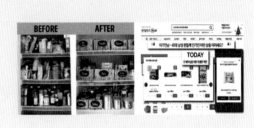

2. 군집분석의 실행

SPSS에 의한 해법
《순서 1》 데이터의 입력

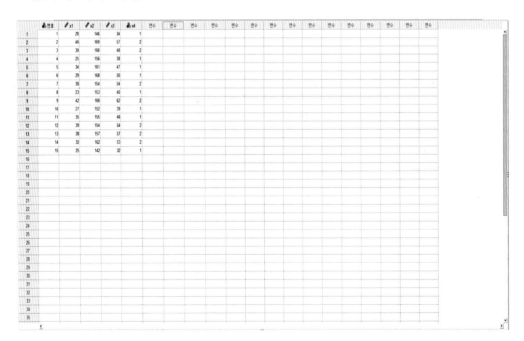

번호	x1	x2	x3	x4
1	28	146	34	1
2	46	169	57	2
3	39	160	48	2
4	25	156	38	1
5	34	161	47	1
6	29	168	50	1
7	38	154	54	2
8	23	153	40	1
9	42	160	62	2
10	27	152	39	1
11	35	155	46	1
12	39	154	54	2
13	38	157	57	2
14	32	162	53	2
15	25	142	32	1

|주| x_4 변수에는 1 = '안경착용', 2 = '안경착용 않음'이라는 변수값 설명을 해 놓는다.

《순서 2》 데이터의 표준화

(1) 메뉴에서 [분석(A)] - [기술통계량(E)] - [기술통계(D)]를 선택한다.

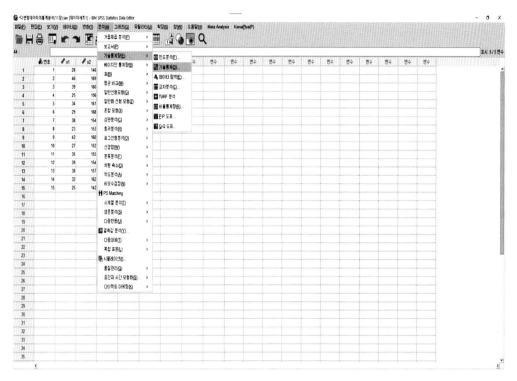

↓ (대화상자가 나타난다)

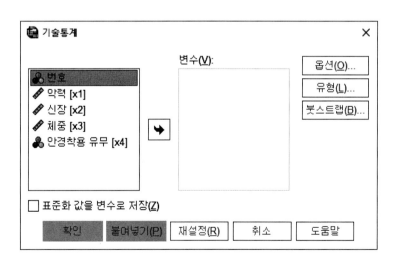

(2) 표준화할 변수의 선택

표준화할 변수로서 'x_1', 'x_2', 'x_3', 'x_4'를 선택하고 [표준화값을 변수로 저장(Z)]을 지정한다.

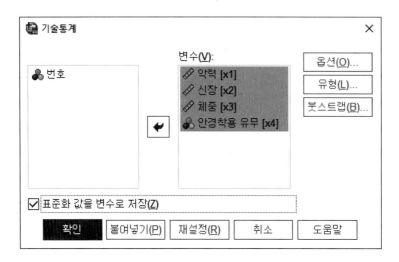

여기에서 [확인] 버튼을 클릭하면 표준화되면서 새로운 변수로 저장된다. 데이터의 단위가 다른 경우, 반드시 표준화를 통한 새로운 변수로 군집화해야 한다.

(3) 표준화된 변수와 데이터의 생성

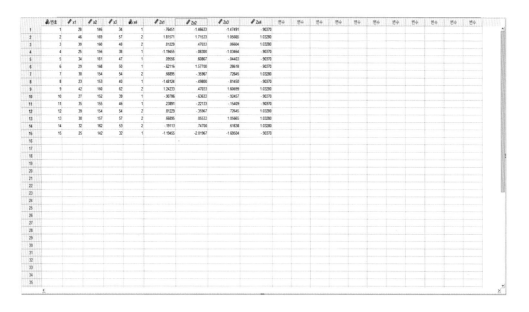

[SPSS 데이터 편집기]에는 표준화된 새로운 변수 'Zx_1', 'Zx_2', 'Zx_3', 'Zx_4'의 값이 얻어진다. 각 변수에 대하여 다음과 같은 기술통계량이 구해진다.

기술통계량

	N	최소값	최대값	평균	표준편차
악력	15	23	46	33.33	6.976
신장	15	142	169	156.60	7.229
체중	15	32	62	47.40	9.085
안경착용 유무	15	1	2	1.47	.516
유효 N(목록별)	15				

군집분석에서는 새로 생성된 이 변수들을 분석대상으로 하면 된다.

《순서 3》 계층적 군집분석의 선택

메뉴에서 [분석(A)] - [분류분석(F)] - [계층적 군집(H)]을 선택한다.

↓ (대화상자가 나타난다)

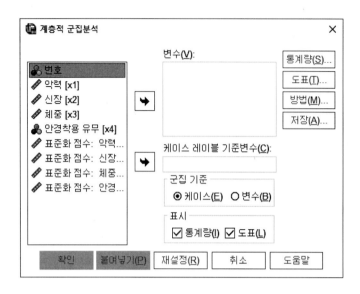

《순서 4》 군집분석 대상 변수의 선택

군집분석 대상 변수로서 'Zx_1', 'Zx_2', 'Zx_3', 'Zx_4'를 선택한다.

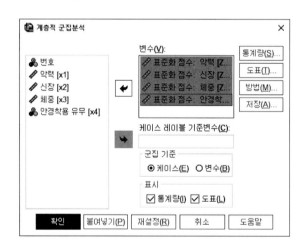

[계층적 군집분석] 대화상자에서 [군집기준]의 [케이스]는 초기지정값으로 설정된 것으로 관측대상(case) 간의 거리계산을 통해 관측대상별 군집분석을 실시하는 것이다. 반면에, 변수 간의 거리계산을 통해 변수들을 군집화할 경우에는 [변수]를 지정하면 된다. 그리고 [표시]의 [통계량], [도표]가 초기지정값으로 지정되어 있다.

《순서 5》 통계량 구하기

[계층적 군집분석] 대화상자에서 [통계량(S)] 버튼을 클릭하면 다음의 [계층적 군집분석 : 통계량] 대화상자가 나타난다.

초기지정 상태에서 [근접행렬(P)]을 추가로 지정하고 [계속] 버튼을 클릭하면, 원래의 화면으로 복귀한다.

《순서 6》 도표 그리기

[계층적 군집분석] 대화상자에서 [도표(T)] 버튼을 클릭하면, 다음의 [계층적 군집분석 : 도표] 대화상자가 나타난다.

초기지정 상태에서 [덴드로그램(D)]을 추가로 지정하고 [계속] 버튼을 클릭하면, 원래의 화면으로 복귀한다.

《순서 7》 군집화 방법의 선택

[계층적 군집분석] 대화상자에서 [방법(M)] 버튼을 클릭하면, 다음의 [계층적 군집분석 : 방법] 대화상자가 나타난다.

초기지정 상태에서 그대로 [계속] 버튼을 클릭하면, 원래의 화면으로 복귀한다.

《순서 8》 새 변수의 저장

[계층적 군집분석] 대화상자에서 [저장(A)] 버튼을 클릭하면, 다음의 [계층적 군집분석 : 저장] 대화상자가 나타난다.

초기지정 상태에서 그대로 [계속] 버튼을 클릭하면, 원래의 화면으로 복귀한다. 여기에서 [확인] 버튼을 클릭하면 군집분석 결과를 얻을 수 있다.

(1) 관측대상 간의 유클리디안 거리행렬

근접행렬

제곱 유클리디안 거리

케이스	1	2	3	4	5	6	7	8	9	10	11	12	13	14	15
1	.000	26.939	12.362	2.292	7.093	12.384	11.875	1.888	21.026	1.012	4.301	12.307	14.529	13.351	.540
2	26.939	.000	3.538	20.419	9.145	10.301	5.730	23.020	2.182	20.623	11.453	5.422	4.071	5.159	34.334
3	12.362	3.538	.000	9.295	4.295	7.078	1.146	10.723	2.559	8.915	4.606	1.125	1.174	1.386	17.079
4	2.292	20.419	9.295	.000	3.124	4.829	10.401	.303	16.973	.400	2.849	10.955	11.615	8.172	4.187
5	7.093	9.145	4.295	3.124	.000	1.560	5.610	4.305	7.810	3.332	.722	5.795	5.596	4.287	11.298
6	12.384	10.301	7.078	4.829	1.560	.000	9.359	6.257	10.192	6.447	4.168	9.749	8.323	4.733	17.190
7	11.875	5.730	1.146	10.401	5.610	9.359	.000	10.767	1.793	9.039	4.729	.021	.281	1.977	15.842
8	1.888	23.020	10.723	.303	4.305	6.257	10.767	.000	17.969	.360	3.472	11.404	12.181	9.012	3.173
9	21.026	2.182	2.559	16.973	7.810	10.192	1.793	17.969	.000	16.007	8.337	1.649	.804	3.113	26.792
10	1.012	20.623	8.915	.400	3.332	6.447	9.039	.360	16.007	.000	2.081	9.511	10.640	8.552	2.589
11	4.301	11.453	4.606	2.849	.722	4.168	4.729	3.472	8.337	2.081	.000	4.873	5.477	5.466	7.663
12	12.307	5.422	1.125	10.955	5.795	9.749	.021	11.404	1.649	9.511	4.873	.000	.302	2.244	16.397
13	14.529	4.071	1.174	11.615	5.596	8.323	.281	12.181	.804	10.640	5.477	.302	.000	1.412	19.100
14	13.351	5.159	1.386	8.172	4.287	4.733	1.977	9.012	3.113	8.552	5.466	2.244	1.412	.000	17.754
15	.540	34.334	17.079	4.187	11.298	17.190	15.842	3.173	26.792	2.589	7.663	16.397	19.100	17.754	.000

이것은 비유사성 행렬입니다.

위의 결과는 관측대상들 사이의 유클리디안 거리행렬을 보여 주고 있다. 이 표에서 거리행렬의 계수는 상이성(dissimilarity)의 크기를 나타내기 때문에 숫자가 작을수록 유사성이 높다고 해석할 수 있다. 따라서, 7번째 학생과 12번째 학생 간의 거리가 0.021로서 가장 가깝고, 두 번째 학생과 15번째 학생 간의 거리가 34.334로서 가장 멀다는 것을 알 수 있다.

이러한 결과는 원래의 데이터표와 대조하면서 음미할 필요가 있다.

(2) 군집화 일정표

군집화 일정표

단계	결합 군집		계수	처음 나타나는 군집의 단계		다음 단계
	군집 1	군집 2		군집 1	군집 2	
1	7	12	.021	0	0	2
2	7	13	.292	1	0	7
3	4	8	.303	0	0	4
4	4	10	.380	3	0	10
5	1	15	.540	0	0	10
6	5	11	.722	0	0	11
7	3	7	1.148	0	2	8
8	3	9	1.701	7	0	9
9	3	14	2.026	8	0	12
10	1	4	2.524	5	4	13
11	5	6	2.864	6	0	13
12	2	3	4.350	0	9	14
13	1	5	6.442	10	11	14
14	1	2	12.020	13	12	0

위의 표는 단순결합방식을 이용하여 학생들이 군집화되는 과정을 보여 주고 있다. 계수는 해당 학생들이 속해 있는 군집 간의 거리정도를 나타내므로, 이 값이 클수록 군집화가 늦어지게 된다. 따라서, 이 값이 가장 작은 학생 7번과 12번이 단계 1에서 군집화된다. 그리고 단계 2에서는 학생 7번과 13번이 군집화되고 있다. 그리고 다음 단계는 예를 들어, 단계 1에서 결합된 학생 7번과 12번의 군집은 단계 2에 가서 다른 군집이나 학생들과 결합된다는 것을 나타내고 있다. 단계 2에서는 바로 학생 7번과 13번이 결합되고 있음을 알 수 있다. 마지막 단계인 단계 14에서는 학생 1번과 2번이 군집화되고 있다.

(3) 수직 고드름 도표

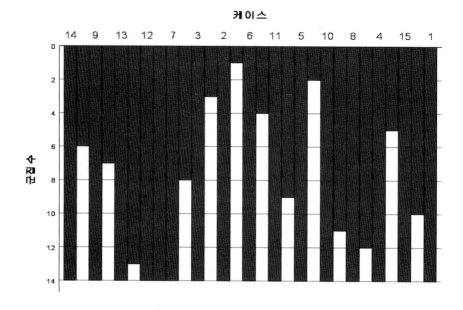

군집의 수에 따라 학생들이 수직 고드름(vertical icicle) 모양으로 묶이는 차례를 보이고 있다. 세로축은 군집의 수를 나타내고 가로축은 학생들의 번호를 나타내고 있다. 만일 15명의 학생을 하나의 군집으로 한다면 전체 15명이 포함되고, 두 개의 군집으로 분류한다면

(14, 9, 13, 12, 7, 3, 2)와 (6, 11, 5, 10, 8, 4, 15, 1)

로 나누어진다. 만일, 세 집단으로 분류한다면

(14, 9, 13, 12, 7, 3, 2), (6, 11, 5), (10, 8, 4, 15, 1)

로 나누어진다. 관측대상의 군집화는 다음의 덴드로그램을 이용해도 된다.

(4) 덴드로그램

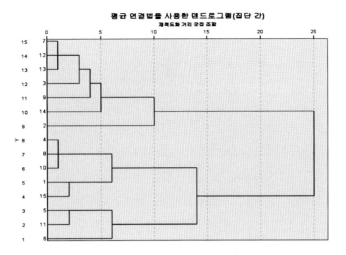

위는 평균결합방식으로 결합된 덴드로그램(dendrogram)이다. 여기에서 세로축은 학생번호, 가로축은 상대적 거리를 나타내고 있다. 군집화 과정을 살펴보면 학생 7번과 12번, 13번이 이어서 묶이고 다음에는 학생 4번과 8번, 10번이 이어서 묶이고 있다. 만일, 이 학생들을 세 집단으로 분류한다면 (14, 9, 13, 12, 7, 3, 2), (6, 11, 5), (10, 8, 4, 15, 1)로 나누어진다. 그리고 두 개의 군집으로 분류한다면 (14, 9, 13, 12, 7, 3, 2)와 (6, 11, 5, 10, 8, 4, 15, 1)로 나누어짐을 알 수 있다.

새로운 군집변수의 저장

앞에서의 [계층적 군집분석 : 저장] 대화상자에서 [소속군집]으로서 [단일 해법(S)]을 지정하고 군집 수로 '3'을 입력하여 단일 군집 해법에 대해 소속군집을 저장하도록 한다.

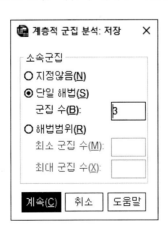

위와 같은 상태로 군집분석을 실시한 결과, [SPSS 데이터 편집기]에는 새로운 군집변수 (CLUE3_1)와 숫자로 표시된 해당군집이 저장되어 있다.

	번호	x1	x2	x3	x4	Zx1	Zx2	Zx3	Zx4	CLUE3_1	변수	변수	변수	변수	변수	변수	변수	변수	변수
1	1	28	146	34	1	-.76451	-1.46633	-1.47491	-.90370	1									
2	2	46	169	57	2	1.81571	1.71533	1.05665	1.03280	2									
3	3	39	160	48	2	.81229	.47033	.06604	1.03280	2									
4	4	25	156	38	1	-1.19455	-.08300	-1.03464	-.90370	1									
5	5	34	161	47	1	.09556	.60867	-.04403	-.90370	3									
6	6	29	168	50	1	-.62116	1.57700	.28618	-.90370	3									
7	7	38	154	54	2	.66895	-.35967	.72645	1.03280	2									
8	8	23	153	40	1	-1.48124	-.49800	-.81450	-.90370	1									
9	9	42	160	62	2	1.24233	.47033	1.60699	1.03280	2									
10	10	27	152	39	1	-.90786	-.63633	-.92457	-.90370	1									
11	11	35	155	46	1	.23891	-.22133	-.15409	-.90370	3									
12	12	29	154	54	2	.81229	-.35967	.72645	1.03280	2									
13	13	38	157	57	2	.66895	.05533	1.05665	1.03280	2									
14	14	32	162	53	2	-.19113	.74700	.61638	1.03280	2									
15	15	25	142	32	1	-1.19455	-2.01967	-1.69504	-.90370	1									

군집분석의 신뢰성 평가

군집분석에 따르는 문제점으로서는 신뢰성과 타당성에 관한 것이 있다. 군집분석의 결과에 대한 신뢰성과 타당성을 검정하기란 그리 쉬운 일이 아니지만, 그러나 이러한 절차가 결여된 군집분석은 의미가 없다. 일반적으로 다음과 같은 절차에 따라 군집분석의 효과를 판단해야 한다.

(1) 같은 데이터를 서로 다른 거리 측정방법을 통하여 군집분석을 실시한 후, 그 결과를 비교한다.

(2) 서로 다른 군집분석법을 적용하여 각각의 결과를 비교한다.

(3) 응답자가 회답한 데이터를 두 개로 나누어서 제1군집의 반분결과와 제2군집의 반분결과를 전체의 결과와 비교한다.

(4) 비계층적인 군집분석법을 통하여 관측대상(case) 수에 따라 결과가 달라지기 때문에 다양한 방법을 적용한다.

3. 비계층적 K-평균 군집분석법

1. 비계층적 K-평균 군집분석법의 개요

비계층적 K-평균 군집분석법이란

비계층적 군집분석법은 전술한 계층적 군집분석법보다 군집화 속도가 빨라서 군집화할 대상이 다수인 경우에 신속하게 처리할 수 있는 방법이다. 비계층적 군집분석으로 가장 널리 쓰이고 있는 방법은 K-평균 군집분석법이다. K-평균 군집분석법은 순차적으로 군집화 과정이 반복되기 때문에 순차적 군집분석법(sequential threshold method)이라고도 한다. K-평균 군집분석법은 변수를 군집화하기보다는 관측대상이나 회답자를 군집화하는 데 많이 사용된다. 여기에서 K의 의미는 미리 정하는 군집의 수로 보면 된다.

K-평균 군집분석법은 계층적인 군집화의 결과에 의거하여 미리 군집의 수를 정해야 하며, 군집의 중심(cluster center)도 정해야 한다. 군집의 중심을 잘 정해야 정확한 군집의 결과를 얻을 수 있다. K-평균 군집분석법에서는 한 번의 군집이 결합될 때마다 각 군집별로 그 군집의 평균을 중심으로 군집 내 관측대상들 간의 유클리디안 거리의 합을 구하는데, 이 값을 군집화 과정에서 발생하는 오류라고 볼 수 있다. 이 값이 낮을수록 군집화에 따르는 오류가 낮은 것이며, 그럼으로써 관측대상들이 보다 타당성 있게 군집화되었다고 볼 수 있다. K-평균 군집분석법에서는 각 군집화 과정에서 발생하는 오류를 최소화하는 방향으로 군집화를 계속하게 되며, 결국 오류가 발생하지 않는 군집화 단계에서 군집화가 종료된다.

비계층적 군집분석법의 종류

(1) 순차적 군집분석법

군집의 중심이 정해지고 사전에 지정된 값의 거리 안에 있는 모든 관측대상들은 같은 군집으로 분류된다. 한 군집이 형성되고 난 다음에 새로운 군집의 중심이 결정되면, 이 중심을 기준으로 일정한 거리 안에 있는 모든 관측대상이나 속성은 또 다른 군집으로 분류되게 된다. 이러한 과정은 모든 관측대상이 최종적으로 군집화될 때까지 계속 반복된다. 따라서, 이러한 군집화 방법을 순차적 군집분석법(sequential threshold method)이라고 한다.

(2) 동시 군집분석법

사전에 지정된 값 안에 관측대상이나 속성이 속하는 경우나 몇 개의 군집이 동시에 결정되는 경우를 말한다. 동시 군집분석법(paralleled threshold method)은 몇 개의 군집이 곧바로 결정되는 방법으로서 작은 속성 또는 많은 속성들이 군집에 포함되도록 사전에 거리를 조정할 수도 있다.

(3) 최적할당 군집분석법

최적할당 군집분석법(optimizing partitioning method)은 사전에 주어진 군집의 수를 위한 군집 내 평균거리를 계산하는 최적화 기준에 의거하여 최초의 군집에서 다른 군집으로 다시 할당될 수 있다는 점에서 전술한 순차적 군집분석법이나 동시 군집분석법과는 다르다.

2. K-평균 군집분석법의 실례(實例)

 11-2

[예제 11-1]의 데이터에 대해서 K-평균 군집분석법을 적용하여 분류해 보라.

SPSS에 의한 해법

《순서 1》 데이터의 표준화

[예제 11-1]의 절차에 의해서 데이터를 표준화한다.

	번호	x1	x2	x3	x4	Zx1	Zx2	Zx3	Zx4	CLU3_1	변수	변수	변수	변수	변수	변수	변수	변수	변수
1	1	28	146	34	1	-.76451	-1.44633	-1.47491	-.90370	1									
2	2	46	169	57	2	1.81571	1.71533	1.05665	1.03280	2									
3	3	39	160	48	2	.81229	.47033	.06604	1.03280	2									
4	4	25	156	38	1	-1.19465	-.08300	-1.03464	-.90370	1									
5	5	34	161	47	1	.09556	.60867	.04403	.90370	3									
6	6	29	168	50	1	-.62116	1.57700	.28618	-.90370	3									
7	7	38	154	54	2	.66895	-.35967	.72645	1.03280	2									
8	8	23	153	40	1	-1.48124	-.49800	-.81450	-.90370	1									
9	9	42	160	62	2	1.24233	.47033	1.60699	1.03280	2									
10	10	27	152	39	1	-.90786	-.63633	-.92457	-.90370	1									
11	11	35	165	46	1	.23891	-.22133	-.15409	-.90370	3									
12	12	39	154	54	2	.81229	-.35967	.72645	1.03280	2									
13	13	38	157	57	2	.66895	.05533	1.05665	1.03280	2									
14	14	32	162	53	2	-.19113	.74700	.61638	1.03280	2									
15	15	25	142	32	1	-1.19465	-2.01967	-1.69504	-.90370	1									

[SPSS 데이터 편집기]에는 표준화된 새로운 변수 'Zx_1', 'Zx_2', 'Zx_3', 'Zx_4'의 값이 얻어진다. 군집분석에서는 새로 생성된 이 변수들을 분석대상으로 하면 된다.

《순서 2》 K-평균 군집분석의 선택

메뉴에서 [분석(A)] - [분류분석(F)] - [K-평균 군집]을 선택한다.

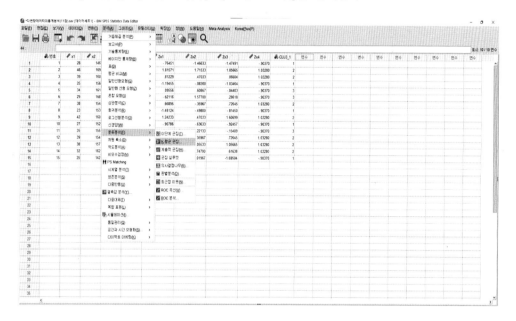

《순서 3》 변수의 선택

[변수(V)]로서 'Zx_1', 'Zx_2', 'Zx_3', 'Zx_4'를 선택한다.

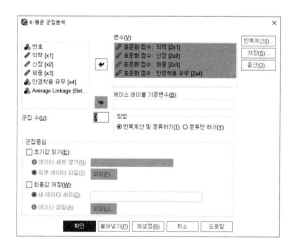

[군집 수(U)] 난에는 초기지정값으로 '2'가 설정되어 있으나, 여기에서는 [예제 11-1]에서의 계층적 군집분석 결과에 의거하여 '3'을 입력하여 군집의 수를 '3'으로 한다. 일반적으로 군집의 수는 케이스(관측대상)의 수보다 크지 않아야 한다.

《순서 4》 반복계산

앞의 [K-평균 군집분석] 대화상자에서 [반복계산(I)] 버튼을 클릭하면 다음과 같은 대화상자가 나타난다.

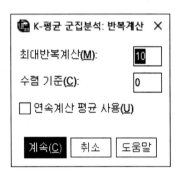

[K-평균·군집분석 : 반복계산] 대화상자는 초기 군집중심 갱신에 사용된 기준을 수정할 수 있는 곳이다. [최대반복 계산(M)] 난은 군집중심을 새로 고치기 위한 최대반복 계산수를 입력하는 곳이며, [수렴기준(C)] 난은 초기 지정값으로 군집중심에서 최대 변화량이 초기 중심 간 최소 거리의 2%보다 작은 경우(혹은 최대반복 계산수에 도달했을 때) 반복계산은 중지되도록 하는 곳이다. 초기지정값 상태에서 [계속] 버튼을 클릭하면 앞의 화면으로 복귀한다.

《순서 5》 새 변수로 저장

앞의 [K-평균 군집분석] 대화상자에서 [저장(S)] 버튼을 클릭하면 다음과 같은 대화상자가 나타난다.

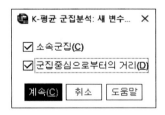

위의 대화상자에서 두 항목을 모두 지정한다. 여기에서 [소속군집(C)]은 각 케이스가 할당된 최종적인 군집을 저장하며, 값의 범위는 1에서부터 전체군집의 수까지 지정할 수 있다는 것을

나타낸다. 그리고 [군집중심으로부터의 거리(D)]는 케이스 분류에 사용된 군집중심 간의 유클리디안 거리를 저장하는 항목이다.

위의 대화상자에서 [계속] 버튼을 클릭하면 앞의 화면으로 복귀한다.

《순서 6》 옵션의 선택

[K-평균 군집분석] 대화상자에서 [옵션(O)]을 클릭하면 다음과 같은 대화상자가 나타난다.

위의 대화상자에서 [통계량]의 모든 항목을 지정하고 [계속] 버튼을 클릭하면, [K-평균 군집분석] 대화상자로 복귀한다. 여기에서 [확인] 버튼을 클릭하면 분석결과를 얻을 수 있다.

분석결과 및 결과의 해석방법

(1) 초기 군집중심

군집중심초기값

	군집		
	1	2	3
표준화 점수: 악력	-1.19455	1.81571	-.62116
표준화 점수: 신장	-2.01967	1.71533	1.57700
표준화 점수: 체중	-1.69504	1.05665	.28618
표준화 점수: 안경착용 유무	-.90370	1.03280	-.90370

각 변수의 초기 세 개의 군집에 대한 중심값이 나타나 있다. 이러한 중심의 값은 케이스 할당을 위한 임시적인 값이라고 할 수 있다. 이러한 초기 군집중심값을 기준으로 각 케이스(관측대상)와 각 군집의 중심점 간 거리를 계산하여 거리가 가장 가까운 군집에 회답자를 할당한다.

(2) 반복계산 정보

반복계산과정ᵃ

	군집중심의 변화량		
반복	1	2	3
1	1.195	1.615	1.143
2	.000	.184	.507
3	.000	.000	.000

a. 군집 중심값의 변화가 없거나 작아 수렴이 일어났습니다. 모든 중심에 대한 최대 절대 좌표 변경은 .000입니다. 현재 반복계산은 3입니다. 초기 중심 간의 최소 거리는 3.210입니다.

반복계산에 따른 군집중심의 변화량이 나타나 있다.

(3) 소속군집의 거리

소속군집

케이스 번호	군집	거리
1	1	.690
2	2	1.664
3	2	.775
4	1	.876
5	3	.210
6	3	1.092
7	2	.776
8	1	.689
9	2	.876
10	1	.450
11	3	.956
12	2	.759
13	2	.434
14	2	1.106
15	1	1.195

위의 표는 각 케이스(관측대상)가 어떤 군집에 속하며, 각 케이스와 군집의 중심점 사이의 거리를 나타내고 있다.

(4) 최종 군집중심과 최종 군집중심 간 거리

최종 군집중심

	군집		
	1	2	3
표준화 점수: 악력	-1.10854	.83277	-.09556
표준화 점수: 신장	-.94067	.39129	.65478
표준화 점수: 체중	-1.18873	.83652	.02935
표준화 점수: 안경착용 유무	-.90370	1.03280	-.90370

최종 군집중심간 거리

군집	1	2	3
1		3.660	2.248
2	3.660		2.309
3	2.248	2.309	

최종적으로 각 변수에 대한 세 개의 군집중심값이 나타나 있다. 초기의 중심점을 이용하여 군집분석을 하는 과정에서 새로운 케이스가 포함되기 때문에 평균이 달라지게 된다. 그러므로 군집의 중심도 변하게 된다. 이러한 과정은 모든 케이스(관측대상)가 세 개의 군집 중 어느 한 곳이라도 포함되어야 종료된다.

(5) 분산분석

ANOVA

	군집		오차			
	평균제곱	자유도	평균제곱	자유도	F	유의확률
표준화 점수: 악력	5.513	2	.248	12	22.247	.000
표준화 점수: 신장	3.391	2	.601	12	5.638	.019
표준화 점수: 체중	5.983	2	.169	12	35.304	.000
표준화 점수: 안경착용 유무	7.000	2	.000	12	.	.

다른 군집의 여러 케이스 간 차이를 최대화하기 위해 군집을 선택했으므로 F 검정은 기술통계를 목적으로만 사용되어야 합니다. 이 경우 관측유의수준은 수정되지 않으므로 군집평균이 동일하다는 가설을 검정하는 것으로 해석될 수 없습니다.

위의 분산분석표는 세 개의 군집 간에 평균의 차이가 있는가에 대한 분산분석을 실시한 결과이다. 군집의 평균제곱은 각 변수에 대한 전체 평균으로부터 각 군집 평균들의 편차제곱합을 자유도로 나눈 값이다. 그리고 오차의 평균제곱은 군집 내 각 케이스(관측대상)들의 군집 평균으로부터 편차제곱을 자유도로 나눈 값이다. 분석결과 '악력', '신장', '체중' 등 세 변수에 있어서 군집 간에 차이가 있음을 알 수 있다(유의확률 $< \alpha = 0.05$).

(6) 각 군집에 포함된 케이스(관측대상) 수

K-평균 군집분석에 의한 분석결과, 세 개의 군집이 나타났음을 알 수 있다. 각 군집에 포함된 케이스(관측대상)의 수가 나타나 있는데, 이것은 [IBM SPSS Statistics 데이터 편집기]에서 확인할 수 있다. 각 케이스마다 분류된 군집의 번호가 나타나 있다.

각 군집의 케이스 수

군집	1	5.000
	2	7.000
	3	3.000
유효		15.000
결측		.000

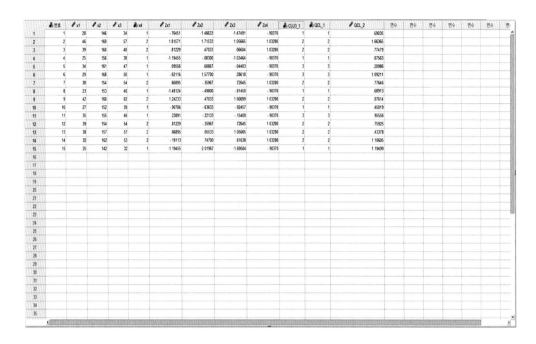

	🔒번호	✐ x1	✐ x2	✐ x3	🔒 x4	✐ Zx1	✐ Zx2	✐ Zx3	✐ Zx4	🔒 CLU3_1	🔒 QCL_1	✐ QCL_2	변수	변수	변수	변수	변수	변수	변
1	1	28	146	34	1	-.76451	-1.46633	-1.47491	-.90370	1	1	.69035							
2	2	46	169	57	2	1.81571	1.71533	1.05665	1.03280	2	2	1.66365							
3	3	39	160	48	2	.81229	.47033	.06604	1.03280	2	2	.77479							
4	4	25	156	38	1	-1.19455	-.08300	-1.03464	-.90370	1	1	.87563							
5	5	34	161	47	1	.09556	.60867	-.04403	-.90370	3	3	.20986							
6	6	29	168	50	1	-.62116	1.57700	.28618	-.90370	3	3	1.09211							
7	7	38	154	54	2	.66895	-.35967	.72645	1.03280	2	2	.77646							
8	8	23	153	40	1	-1.48124	-.49800	-.81450	-.90370	1	1	.68913							
9	9	42	160	62	2	1.24233	.47033	1.60699	1.03280	2	2	.87614							
10	10	27	152	39	1	-.90786	-.63633	-.92457	-.90370	1	1	.45019							
11	11	35	155	46	1	.23891	-.22133	-.15409	-.90370	3	3	.95556							
12	12	39	154	54	2	.81229	-.35967	.72645	1.03280	2	2	.75925							
13	13	38	157	57	2	.66895	.06533	1.05665	1.03280	2	2	.43378							
14	14	32	162	53	2	-.19113	.74700	.61638	1.03280	2	2	1.10605							
15	15	25	142	32	1	-1.19455	-2.01967	-1.69504	-.90370	1	1	1.19499							

위의 화면에서 새로 생성된 'QCL_1' 변수를 볼 수 있다. 앞에서 실시한 계층적 군집분석의 결과와 같은 결과를 보이고 있다.

이제 어느 케이스(관측대상)가 어느 그룹에 속해 있는지 하나의 표로 정리해 보기 위해서 교차분석을 실시하기로 한다.

🌀 케이스 군집 번호 교차표 작성

[SPSS 데이터 편집기]에 새로 생성된 'QCL_1'변수를 대상으로 교차분석을 실시한다.
메뉴에서 [분석(A)] - [기술통계량(E)] - [교차분석(C)]을 선택한다.

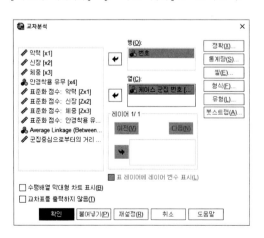

[교차분석] 대화상자가 나타나면 [행(O)] 난에 '번호'를 선택하고, [열(C)] 난에 'QCL_1'을 지정한 후, [확인] 버튼을 클릭하면 분석결과를 얻게 된다.

번호 * 케이스 군집 번호 교차표

빈도

		케이스 군집 번호			전체
		1	2	3	
번호	1	1	0	0	1
	2	0	1	0	1
	3	0	1	0	1
	4	1	0	0	1
	5	0	0	1	1
	6	0	0	1	1
	7	0	1	0	1
	8	1	0	0	1
	9	0	1	0	1
	10	1	0	0	1
	11	0	0	1	1
	12	0	1	0	1
	13	0	1	0	1
	14	0	1	0	1
	15	1	0	0	1
전체		5	7	3	15

다차원척도법

Chapter 12

다차원척도법

1. 다차원척도법의 기초지식

1. 다차원척도법의 개요

💧 다차원척도법이란

　다차원척도법(multidimensional scaling ; MDS)이란 대상(object)에 대한 피험자(subject)의 선호도를 나타내는 데이터라든가 대상과 대상 사이의 유사성(혹은 친근성) 데이터가 주어졌을 때, 적당한 성질과 차원을 갖는 공간에 대상과 피험자의 공간배치를 각각 혹은 동시에 정하는 방법이다. 바꾸어 말하여, 공간배치를 정한다고 하는 것은 다차원의 순서척도, 간격척도 혹은 비율척도를 정하는 것이다.

　다차원척도법을 정의하면, 먼저 넓은 의미로서는 대상(자극, 변수, 항목, 피험자 등)을 하나의 수치가 아니라 여러 개의 수치의 조(組)에 의해서 표현하는 방법을 가리킨다. 이런 의미에서는 요인분석, 주성분분석, 대응분석(제13장 참조) 등도 일종의 다차원척도법이다. 이에 비해서 보다 좁은 의미로서의 다차원척도법이란 유사성 데이터(혹은 비유사성 데이터)에 거리 모형을 적용시키는 방법을 말한다. 이하에서는 후자의 좁은 의미로서의 다차원척도법에 한정해서 설명하기로 한다.

　다차원척도법은 간단히 말하면, 대상 간의 유사성 측도(測度)에 의거해서 대상을 다차원 공간

속에 배치시키는 방법이다. 다차원척도법은 유사성이 작은(비유사성이 큰) 대상끼리는 멀리, 유사성이 큰(비유사성이 작은) 대상끼리는 가깝게 위치를 정한다.

다차원척도법의 목적

다차원척도법의 모형이나 기법은 그야말로 다종다양한데, 그것들은 다음과 같은 공통적인 두 가지의 목적을 갖는다.

(i) 데이터 속에 잠재해 있는 패턴(pattern), 구조를 찾아낸다.

(ii) 그 구조를 소수 차원의 공간에 기하학적으로 표현한다.

여기에서 (i)은 다변량분석이나 일반적인 데이터 분석에 있어서도 공통적인 목적이다. 다차원척도법의 특유한 목적은 (ii)에 있다. 그런데 기하학적 표현은 구조를 가능한 한 시각적으로 이해하기 쉬운 것이 실용상 매우 중요하다.

다차원척도법을 이해하는 입장은 크게 나누어 다음과 같은 두 가지를 들 수 있을 것이다.

(a) 데이터 축소(data reduction)의 목적으로 다차원척도법을 이용한다. 즉, 데이터에 포함되는 정보를 끄집어 내기 위해서 다차원척도법을 탐색수단으로써 사용한다.

(b) 다차원척도법에 의해서 얻은 결과를, 데이터가 만들어진 현상이나 과정에 고유의 구조로서 의미를 부여한다.

이와 같은 두 가지의 입장은 상대적인 것이어서 엄밀히 구별할 수 없다. 분석대상인 현상, 사상(事像)에 대해서 연구(관찰, 경험)가 과거에 축적되어 있는 경우에는 (b)의 입장을 취하는 일이 많다. 그러나 현시점에서는 (b)의 입장에서 얻은 다차원척도법의 결과를, 장래에 연구가 진행된 시점에서 다시 보게 되면, 실은 (a)의 입장에서 이용한 경우가 많다. 입장 (b)를 진척시켜 가면 특정한 현상이나 과정을 설명하기 위한 다차원척도법의 모형이 구축된다. 이것은 모형의 정치성(精緻性)이라고 할 수 있는데, 그 반면 (a)의 입장보다도 범용성을 상실하게 된다. 다차원척도법의 큰 응용성은 (a)의 입장에 있다. 또, 심리학에서 발생한 다차원척도법이 널리 데이터 축소의 방법으로서 행동과학 전반에 보급된 이유도 (a)의 입장에 있다. 그런데 (ii)의 공간적 표현이란 잠재구조를 연속적인 구조로서 포착하는 것을 의미한다. 실제로 데이터의 분석을 진척시켜 가면 (a), (b)의 어느 쪽 입장이든지 연속적인 구조에만 집착하는 것은 비현실적이다. 그래서 다음의 입장이 나오게 된다.

(iii) 그 구조를 비공간적 표현, 이산적 구조(離散的構造, 예를 들면 clustering graph)에 의해서 포착한다. 군집분석의 결과를 다차원척도법에 의해서 도출된 공간적 표현의 위에 써넣는 것은 (ii)와 (iii)을 병용한 일례이다.

🌙 다차원척도법의 기초개념

다차원척도법에 있어서 거리가 정의된 공간(예를 들면 유클리디안 공간)에 대상의 공간배치, 즉 대상의 좌표를 정하는 것을 목적으로 하는 경우에는 관측해서 얻어진 데이터로부터 거리에 대응하는 측도를 만들어 놓지 않으면 안 된다. 이 거리에 대응하는 측도로서 관측해서 얻어진 데이터의 값 그대로를 부여하는 수도 있을 것이고, 관측해서 얻어진 데이터의 배경에 심리적 모형을 설정하여 그 모형하에서 얻어지는 값을 부여할 수도 있을 것이다. 어느 쪽이든 좌표공간의 거리에 대응하는 측도의 값 그 자체 혹은 값의 차가 통상 우리들이 알고 있는 수치로서 의미를 갖든가, 값 그 자체나 값의 차도 우리가 알고 있는 수치로서 의미를 갖지 않을 수가 있다. 그런데 그 값의 대소관계만은 의미를 갖는다고 하는 것은, 그 측도를 정할 때에 미리 실험자가 명확하게 이해해 두어야 할 중요한 문제이다.

관측한 데이터로부터 어떤 방법에 의해서 거리에 대응하는 측도가 주어졌을 경우, 그 측도를 거리가 정의된 좌표공간에 있어서의 거리에 의해서 표현할 수 있기 위한 조건은 어떤 것이 있는가? 단, 얻어진 측도[예를 들면, (비)유사성, (비)선호성]를 거리에 의해서 표현할 수 있다고 하는 의미는 다음과 같은 두 종류 중 어느 하나라고 할 수 있다.

(i) 얻어진 측도의 값이 대응하는 거리의 값과 일치한다.

(ii) 얻어진 측도에 있어서의 순위관계가 대응하는 거리에 있어서의 순위관계와 일치한다.
그런데 다차원순위척도법을 제외하면 대상의 공간배치, 즉 대상의 좌표를 정하는 것을 주요한 목적으로 하는 다차원척도법은 얻어진 측도의 성질에 따라 통상 다음과 같이 분류된다.

(a) 계량적 다차원척도법(metric MDS)

(b) 준계량적 다차원척도법(semimetric MDS)

(c) 비계량적 다차원척도법(nonmetric MDS)

🌙 데이터와 거리의 관계

다차원척도법을 통하여 어떻게 유사성 데이터로부터 공간의 위치를 구할 것인가? 유감스럽게도 그 절차는 평균, 표준편차, 상관계수 등의 기술통계량을 계산한다거나 히스토그램·산포도를 그리는 방법에 비하면 훨씬 어렵다. 분산분석이나 회귀분석과 같이 복잡해 보이는 데이터 분석법에서조차 다차원척도법과는 비교가 되지 않는다.

다차원척도법에서는 가장 간단한 경우에도 컴퓨터의 도움이 없이는 실행할 수 없다. 게다가 언뜻 보아 별로 관련이 없어 보이는 계산기법이 실제로 여러 가지 이용되고 있다.

수학적으로는 2차원 공간(평면)이나 3차원 공간이 아니라 일반적으로 R차원 공간($R = 1, 2,$ 3, 4, …)에서 다차원척도법을 실행할 수 있다. 4차원 공간은 통상적인 의미에서는 시각화할 수 없다. 그러나 그것을 시각적으로 제시하는 방법은 불완전하지만 여러 가지 있으며 수학적 취급도 그다지 곤란한 것은 아니다. 이와 같은 사정은 5차원, 6차원, 일반적으로 R차원 공간의 경우에도 마찬가지로 적용된다. 단, R이 커짐에 따라서 결과를 그림으로 나타내는 방법이 점점 불완전해진다는 것을 알아 둘 필요가 있다.

유사성 데이터는 대상의 집합에 대해서 구해진다. 대상을 문자 i 혹은 j로 표현한다. i와 j는 대상이 I개 존재하는 경우에는 각각 1에서 I까지의 값을 취하는 것으로 한다. 대상 i와 j를 결부시키는 유사성 데이터의 값을 δ_{ij}로 나타낸다. δ_{ij}를 행렬의 형태로 늘어놓은 것을 Δ로 표현한다. 예를 들면, $I = 4$로 하면

$$\Delta = \begin{bmatrix} \delta_{11} & \delta_{12} & \delta_{13} & \delta_{14} \\ \delta_{21} & \delta_{22} & \delta_{23} & \delta_{24} \\ \delta_{31} & \delta_{32} & \delta_{33} & \delta_{34} \\ \delta_{41} & \delta_{42} & \delta_{43} & \delta_{44} \end{bmatrix}$$

라고 표현된다. δ_{ij}와 δ_{ji} 간에는 의미적인 차이가 없는 경우가 없고, 또 δ_{ii}에는 전혀 의미가 없는 경우가 많기 때문에 Δ는 부분적으로밖에 관측되지 않는 경우가 많다. 즉, 결측치를 포함하는 경우가 많다. 또, 경우에 따라서는 같은 자극쌍에 대해서 반복관측이 이루어져 행렬의 요소가 몇 개 다른 값에 대응하는 경우도 있다. 단, 여기에서는 설명의 편의상 데이터가 결측치를 포함하지 않는 행렬에 의해서 표현되는 것으로 가정한다.

대상은 하나의 점으로 표현된다. [그림 12-1] (a)에서 표시되고 있는 바와 같이 i번째의 대상에 대응하는 점을 x_i로 나타낸다. 점 x_1, …, x_I의 전체를 X로 나타낸다. 좌표계를 도입함으로써 [그림 12-1] (b)에 보이고 있는 점을 좌표를 이용해서 나타낼 수 있다. 2차원 공간의 경우, x_i의 좌표를 (x_{i1}, x_{i2})라고 쓴다. 일반적인 R차원 공간의 경우는

$$x_1 = (x_{11,} \cdots, x_{1r,} \cdots, x_{1R})$$
$$\cdots\cdots$$
$$x_i = (x_{i1,} \cdots, x_{ir,} \cdots, x_{iR})$$
$$\cdots\cdots$$
$$x_I = (x_{I1,} \cdots, x_{Ir,} \cdots, x_{IR})$$

라고 쓴다. 엄밀히 말하면 점은 기하학적인 실체이며, 점을 나타내는 좌표와는 다른 것이다.

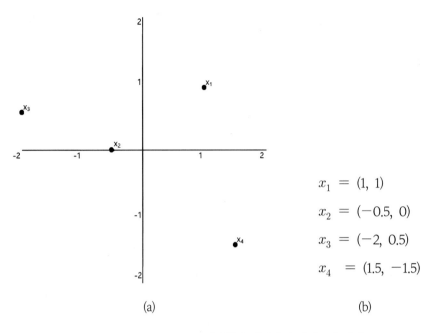

$$x_1 = (1, 1)$$
$$x_2 = (-0.5, 0)$$
$$x_3 = (-2, 0.5)$$
$$x_4 = (1.5, -1.5)$$

(a)   (b)

|그림 12-1| **기하학적 배치와 수치좌표의 관계**

관례에 따라 점 그 자체와 그 좌표를 같은 것으로 생각해서 이야기를 진척시킨다.

다차원척도법에서는 X에 포함되는 점 간의 거리가 중요한 역할을 한다. x_i와 x_j 두 점 간의 거리를,

$$d(x_i,\ x_j) = x_i\text{에서 } x_j\text{까지의 거리}$$

로 나타낸다. 이것을 단순화해서

$$d_{ij} = d(x_i,\ x_j)$$

로 나타낼 수도 있다. 특별한 언급이 없는 한, 거리는 통상의 유클리디안 거리를 의미하는 것으로 한다. 주지하는 바와 같이 유클리디안 거리는 피타고라스의 정리

$$d_{ij} = \sqrt{(x_{i1} - x_{j1})^2 + \cdots + (x_{iR} - x_{jR})^2}$$

을 이용해서 계산할 수 있다. 위의 식은 다수 항의 합을 취하는 기호를 이용해서 간단히

$$d_{ij} = \sqrt{\sum_{r=1}^{R} (x_{ir} - x_{jr})^2}$$

라고 표현할 수 있다. d_{ij}를 데이터와 같은 형태로 늘어놓으면 여러 가지로 편리하다. $I = 4$로 하면,

$$\begin{bmatrix} d_{11} & d_{12} & d_{13} & d_{14} \\ d_{21} & d_{22} & d_{23} & d_{24} \\ d_{31} & d_{32} & d_{33} & d_{34} \\ d_{41} & d_{42} & d_{43} & d_{44} \end{bmatrix}$$

라고 표현된다. 여기에서 다음과 같은 사항을 확인할 수 있다.

모든 i에 대해서 $d_{ii} = 0$

모든 i, j에 대해서 $d_{ij} = d_{ji}$ (대칭성)

즉, 거리행렬의 주대각요소(主對角要素 ; 左上에서 右下에 이르는 요소)는 0이 되며, 게다가 거리행렬은 대칭이 아니면 안 된다.

2. 다차원척도법의 실행절차

다차원척도법을 실행하려면 데이터를 적합한 형태로 수집하고, 다차원척도법의 절차를 잘 알고 있어야 한다. 특히 유의해야 할 점은 좌표평면에서 차원수를 몇 개로 할 것인지 정하는 문제이다. 그리고 차원의 이름을 결정하는 것도 중요한 문제의 하나이다. 끝으로, 분석결과에 대한 신뢰성과 타당성 검정도 중요하다. 다차원척도법의 실행절차는 다음과 같다.

(1) 문제의 정의
문제의 정의를 위해서 다차원척도법의 결과가 어디에 사용될 것인지에 대하여 정확히 파악해야 한다. 본서에서는 몇 개의 예제를 통하여 다차원척도법에 대한 문제의 정의를 설명하고자 한다.

(2) 입력 데이터의 수집
다차원척도법에서의 입력 데이터는 유사성 또는 선호도의 데이터가 이용된다. 유사성이나 선호도의 데이터는 정량적인 데이터와 정성적인 데이터로 대별되는데, 정량적인 데이터는 유사성이나 선호도가 간격척도나 비율척도로 측정된 데이터이며, 정성적인 데이터는 순서척도에 의해서 얻어진 데이터를 말한다.

(3) 다차원척도법의 선택

다차원척도법은 주로 사람들의 심리상에 위치한 관측대상들의 상대적인 위치를 도표화하여 나타내는 기법이다. 다차원척도법의 종류로는 전통적 다차원척도법, 반복 다차원척도법, 가중 다차원척도법 등이 있다.

전통적 다차원척도법(classical MDS)은 비유사성 데이터 행렬이 단 한 개인 경우로 가장 간단한 다차원척도법이다. 반복 다차원척도법(replicated MDS)은 두 개 이상의 데이터 행렬을 분석할 때에 사용되는 기법이다. 가중 다차원척도법(weighted MDS)은 개인별 또는 세부적인 집단별 평가가 가능한 다차원척도법으로 INDISCAL(individual difference scaling)이라고도 한다.

(4) 차원수 결정

다차원척도법은 입력 데이터를 이용하여 공간상에서 관측대상들 간의 상대적인 거리를 가능한 한 정확히 자리매김함으로써 다차원 평가공간을 형성한다. 관측대상들의 상대적인 거리의 정확도를 높이기 위해서, 다차원 공간에의 적합(fitting)은 더 이상 개선이 안 될 때까지 반복적으로 계속된다. 이 적합의 정도를 스트레스값(stress value)으로 나타낸다. 즉, 스트레스값은 불일치의 정도(badness of fits)로 볼 수 있다. 스트레스값의 크기에 따라 차원수 결정이 적절한지 어떤지를 판단하게 된다.

스트레스값은 실제 거리와 추정된 거리 사이의 오차 정도를 나타내는 것으로 다음과 같은 공식에 의해서 계산된다.

$$S = \sqrt{\frac{\sum\limits_{1=i,\,i=j}^{n}(d_{ij}-\hat{d}_{ij})^2}{\sum\limits_{1=i,\,i=j}^{n}(d_{ij})^2}}$$

d_{ij} = 관측대상 i부터 j까지의 실제 거리

$\hat{d}_{ij}$ = 프로그램에 의해서 추정된 거리

분석 프로그램에 의해 추정된 거리가 실제 거리와 일치하면, $(d_{ij}-\hat{d}_{ij})$는 0이 되어 스트레스값은 0이 된다. 이것은 곧 추정이 완벽함을 의미한다. 크러스컬(J. B. Kruskal)은 추정이 잘 되었는지의 여부를 나타내는 적합 정도를 다음과 같은 표로 제시하고 있다. 스트레스값이 줄어드는 방향으로 분석과정을 반복해 가면 관측대상들의 좌표가 변한다.

| 주 | s 스트레스(s-stress)는 다차원척도법에서 쓰이는 적합의 정도를 나타내는 양.

　　　s 스트레스가 1 ⇨ 최악!

　　　s 스트레스가 0 ⇨ 완벽!

| 표 12.1 | 크러스컬의 스트레스값

스트레스값	적합 정도
0.2 이상	매우 나쁘다
0.2	나쁘다
0.1	보통이다
0.05	좋다
0.025	매우 좋다
0	완벽하다

이론적으로 n개의 관측대상에 대해 $n-1$차원에서 완벽한 적합이 이루어질 수 있다. 그러나 3차원이 넘는 포지셔닝 맵(positioning map)은 시각적인 제한 때문에 분석이 거의 불가능하다.

(5) 차원의 이름과 포지셔닝 맵

차원의 수가 정해지면 그 다음에 차원의 이름을 결정해야 한다. 요인분석에서 요인의 이름을 결정하는 것과 같은 원리에 의해서 다차원척도법에서도 각 차원의 이름을 결정해야 한다. 차원의 이름을 정하는 방법은 관측대상들에 대해 잘 알고 있는 전문가에 의한 방법, 회귀분석을 통한 방법, 점수 간의 상관계수가 큰 속성을 차원의 이름으로 정하는 방법 등이 있다.

각 차원의 이름을 정하고 나면 포지셔닝 맵을 얻을 수 있다. 포지션이란 가령 소비자들이 특정 대상에 대해서 느끼는 심리적 공간상의 위치를 말한다. 포지셔닝 맵은 시장과 경쟁구조에 대한 기초적인 진단을 통하여 소비자들의 '인지 → 선호 → 선택'에 이르는 일련의 과정을 일관성 있게 이해할 수 있게 해 준다. 그러므로 포지셔닝 맵은 신제품개발, 시장세분화, 마케팅 믹스 전략 등에 이용될 수 있다.

(6) 신뢰성과 타당성 검정

다차원척도법의 분석결과에 대해 신뢰성과 타당성 검정을 위해서는 모형의 적합도 지수(index of fit)를 알아보아야 한다. 모형의 적합도 지수는 회귀분석에서의 결정계수 R^2과 유사한 개념이다. 적합도 지수는 0과 1 사이의 값을 가지며, 보통 0.6 이상이면 설명력이 높다고 할 수 있다.

1. 전통적 다차원척도법

전통적 다차원척도법(classical MDS)은 가령 소비자가 인지한 관측대상을 전체적인 상황으로 나타내기 위해서 포지셔닝 맵(positioning map)을 그릴 때에 유용한 기법이다. 입력되는 데이터 행렬이 하나인 경우에 이 기법이 사용된다.

예제 12-1

미국 국내의 주요 도시의 위치를 나타내는 지도가 주어져 있다고 하자. 이 지도로부터 주요 도시 간 거리(비행거리)를 측정한 데이터표가 다음과 같다. 그렇다면 이 데이터로부터 원래의 지도를 재현시킬 수 있는 방법을 모색해 보자.

| 표 12-4 | 데이터표

(단위 : 마일)

도시	애틀랜타	시카고	덴버	휴스톤	로스앤젤레스	마이아미	뉴욕	샌프란시스코	시애틀	워싱턴
애틀랜타	0									
시카고	587	0								
덴버	1,212	920	0							
휴스톤	701	940	879	0						
로스앤젤레스	1,936	1,745	831	1,374	0					
마이아미	604	1,188	1,726	968	2,339	0				
뉴욕	748	713	1,631	1,420	2,451	1,092	0			
샌프란시스코	2,139	1,858	949	1,645	347	2,594	2,571	0		
시애틀	2,182	1,737	1,021	1,891	959	2,734	2,408	678	0	
워싱턴	543	597	1,494	1,220	2,300	923	205	2,442	2,329	0

이 문제는 다차원척도법에 의해서 해결할 수 있다.

SPSS에 의한 해법

《순서 1》 데이터의 입력

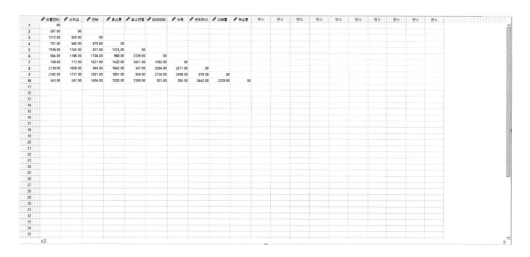

《순서 2》 다차원척도법의 선택

메뉴에서 [분석(A)] - [척도분석(A)] - [다차원척도법(M)]을 선택한다.

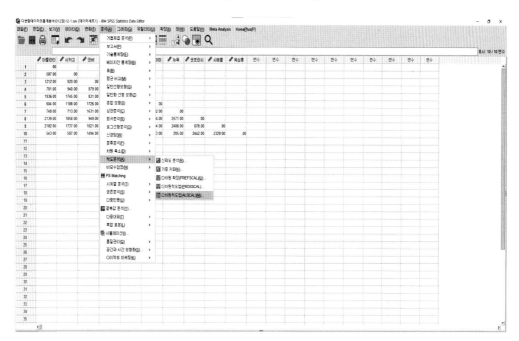

↓ (대화상자가 나타난다)

《순서 3》 변수의 선택

분석할 [변수(V)]로서 '애틀랜타'에서 '워싱턴'까지의 모든 변수를 택한다.

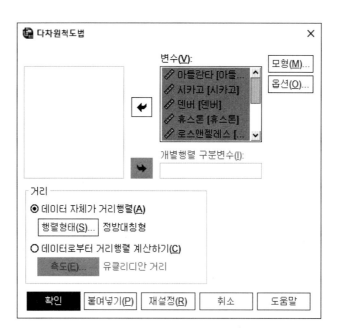

《순서 4》 데이터의 형태 지정

상이성 거리행렬의 입력형태를 정하기 위해서 위의 [거리] 상자의 [행렬형태(S)] 버튼을 클릭하면, 다음과 같은 대화상자가 나타난다.

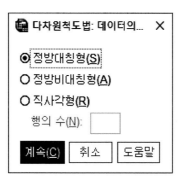

위의 대화상자에서 초기지정 상태인 [정방대칭형(S)]을 지정한 채로 [계속] 버튼을 클릭하면, 앞의 화면으로 복귀한다.

《순서 5》 입력모형의 결정

[다차원척도법] 대화상자에서 [모형(M)]을 클릭하면 다음과 같은 대화상자가 나타난다.

[측정수준]은 [비율(R)]을 지정하고 나머지는 초기지정 상태 그대로 [계속] 버튼을 클릭하면, 앞의 화면으로 복귀한다.

[다차원척도법] 대화상자에서 [옵션(O)]을 클릭하면 다음과 같은 대화상자가 나타난다.

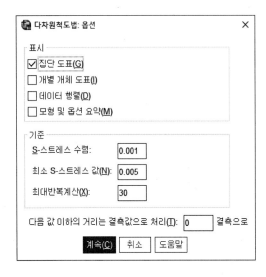

　　[표시]로서 [집단 도표(G)]를 지정하고 나머지는 초기지정 상태 그대로 [계속] 버튼을 클릭하면, 앞의 화면으로 복귀한다. 여기에서 [확인] 버튼을 클릭하면 분석결과를 얻게 된다.

분석결과 및 결과의 해석방법

(1) 반복과정

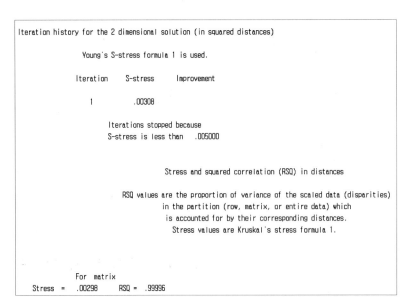

위의 결과는 반복적인 실행과정을 나타내고 있다. 모두 1회의 반복이 이루어졌으며, 스트레스 값의 향상이 1회에 0.00308로서 0.005보다 작게 되어 종료되었음을 보여 주고 있다. 현재 스트레스값은 0.00298로서, 이 모형은 매우 적합하다는 것을 보여 준다. 그리고 RSQ는 0.6 이상의 값을 나타내고 있어 모형이 적합하다는 것을 다시 한번 확인시켜 주고 있다.

(2) 좌표값

```
Configuration derived in 2 dimensions


              Stimulus Coordinates

                     Dimension

Stimulus  Stimulus    1         2
Number    Name

   1      아틀        .9575    -.1905
   2      시카        .5090     .4541
   3      덴버       -.6416     .0337
   4      휴스        .2151    -.7631
   5      로스      -1.6036    -.5197
   6      미이       1.5101    -.7752
   7      뉴욕       1.4284     .6914
   8      샌프      -1.8925    -.1500
   9      시애      -1.7875     .7723
  10      워싱       1.3051     .4469
```

2차원 평면에서 각 도시의 좌표값을 나타내고 있다. 예를 들어, 애틀랜타의 경우 (0.9575, −0.1905)의 값을 보이고 있다.

(3) 포지셔닝 맵

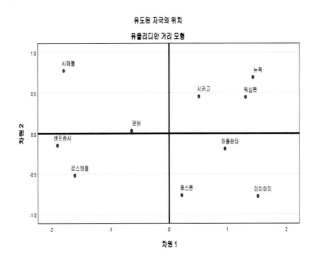

유도된 자극의 위치
유클리디안 거리 모형

위의 도표는 (2)의 좌표값을 2차원 평면상에 나타낸 것이다. 이것을 통하여 각 도시의 위치와 거리관계를 알 수 있다. 문제의 각 도시 간 거리 데이터로부터 원래의 지도를 재현시킨 셈이다.

(4) 유클리드 모형에 의한 선형 적합성 산점도

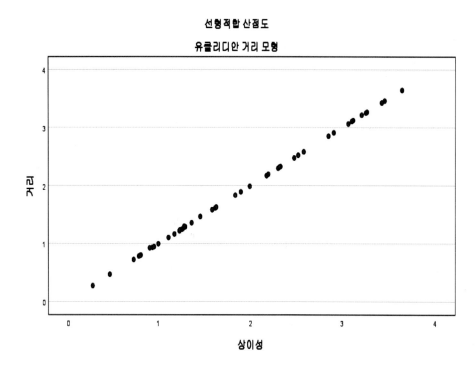

이 산점도에서 각 도시들을 유클리디안 거리로 나타내고 있다. 이 도시들은 대각선상에 선형적으로 위치하고 있어 모형이 적절함을 말해 주고 있다. 도시들 간의 거리가 2차원 평면상에 정보의 손실 없이 얼마나 잘 위치했는가를 판단하는 데 선형 적합도의 산점도를 이용할 수 있다.

2. 반복 다차원척도법

반복 다차원척도법(replicated MDS)은 두 개 이상의 데이터 행렬을 분석하는 경우에 사용되는 기법으로서 전통적 다차원척도법을 확장한 것이다. 이 기법은 유클리디안 거리 모형을 응용해서 여러 개의 비유사성 데이터 행렬을 동시에 분석할 수 있다.

다음은 국내의 창고형 대형 유통 할인점 다섯 개의 기업 이미지가 어느 정도로 유사한지를 측정하는 설문지 양식이다. 측정대상 기업은 롯데 마트, E마트, 홈플러스, 킴스클럽, 하나로 마트 등이다.

	매우 유사하다						전혀 다르다
	1	2	3	4	5	6	7
롯데 마트 - E마트	: _____	: _____	: _____	: _____	: _____	: _____	:
롯데 마트 - 홈플러스	: _____	: _____	: _____	: _____	: _____	: _____	:
롯데 마트 - 킴스클럽	: _____	: _____	: _____	: _____	: _____	: _____	:
....							
킴스클럽 - 하나로 마트	: _____	: _____	: _____	: _____	: _____	: _____	:

| 주 | 데이터 입력 시 행렬의 대각선은 0이 된다.

평가되는 데이터를 쌍으로 묶어서 계산하면 모두 $_5C_2 = 10$이 된다. 예제로서 두 사람에 대한 설문조사 결과를 정리하면 다음과 같다.

	롯데 마트	E마트	홈플러스	킴스클럽	하나로 마트
롯데 마트	0				
E마트	2	0			
홈플러스	7	6	0		
킴스클럽	3	2	4	0	
하나로 마트	1	2	6	3	0
롯데 마트	0				
E마트	1	0			
홈플러스	7	6	0		
킴스클럽	2	3	5	0	
하나로 마트	2	2	7	1	0

《순서 1》데이터의 입력

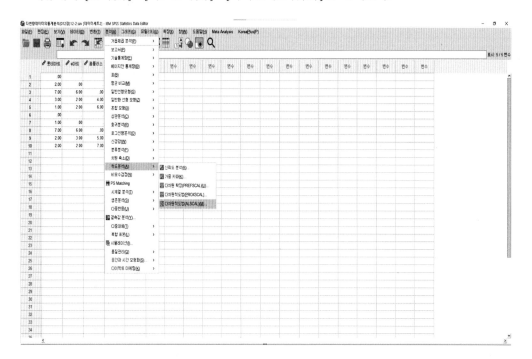

《순서 2》다차원척도법의 선택

메뉴에서 [분석(A)] - [척도분석(A)] - [다차원척도법(M)]을 선택한다.

↓ (대화상자가 나타난다)

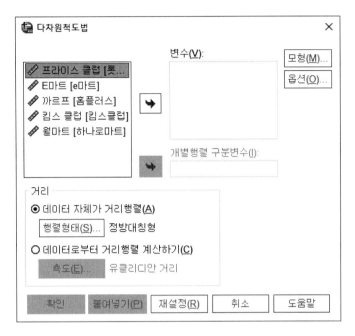

《순서 3》 변수의 선택

[변수(V)]로서 '롯데마트', 'E마트', '홈플러스', '킴스클럽', '하나로마트' 등을 선택한다.

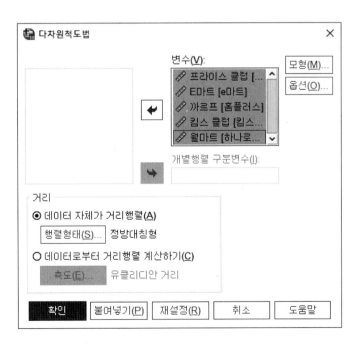

《순서 4》 입력모형의 결정

[다차원척도법] 대화상자에서 [모형(D)]을 클릭하면 다음과 같은 대화상자가 나타난다.

　[측정수준]은 [구간(I)]을 지정하고 나머지는 초기지정 상태 그대로 [계속] 버튼을 클릭하면, 앞의 화면으로 복귀한다.

《순서 5》 결과 형식의 선택

[다차원척도법] 대화상자에서 [옵션(O)]을 클릭하면 다음과 같은 대화상자가 나타난다.

　[표시]로서 [집단 도표(G)]를 지정하고 나머지는 초기지정 상태 그대로 [계속] 버튼을 클릭하면, 앞의 화면으로 복귀한다. 여기에서 [확인] 버튼을 클릭하면 분석결과를 얻게 된다.

🌀 분석결과 및 결과의 해석방법

(1) 반복과정

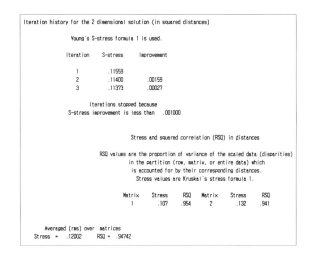

```
Iteration history for the 2 dimensional solution (in squared distances)

            Young's S-stress formula 1 is used.

      Iteration    S-stress    Improvement

          1         .11559
          2         .11400       .00159
          3         .11373       .00027

              Iterations stopped because
      S-stress improvement is less than    .001000


              Stress and squared correlation (RSQ) in distances

      RSQ values are the proportion of variance of the scaled data (disparities)
             in the partition (row, matrix, or entire data) which
             is accounted for by their corresponding distances.
             Stress values are Kruskal's stress formula 1.

        Matrix    Stress    RSQ    Matrix    Stress    RSQ
          1        .107     .954      2       .132     .941


     Averaged (rms) over  matrices
     Stress =   .12002      RSQ =  .94742
```

반복적인 실행결과를 나타내는 것으로 모두 3회의 반복이 일어났다. 스트레스값의 향상이 마지막회 0.00027로서 0.001보다 작게 되어 끝나고 있음을 보여 주고 있다. 현재 스트레스값은 0.12002로서 이 모형은 보통이다. 그리고 RSQ는 0.94742로서 0.6 이상의 값을 보여 주고 있어서 모형이 적합하다는 것을 확인시켜 주고 있다.

(2) 좌표값

		Stimulus Coordinates	
		Dimension	
Stimulus Number	Stimulus Name	1	2
1	롯데	1.2130	.0646
2	e마트	.6499	.6289
3	홈플	-2.5420	.1869
4	킴스	-.2010	-.3808
5	하나	.8802	-.4995

2차원 평면에서 기업 간의 좌표값을 나타내고 있다. 예를 들면, 롯데 마트의 경우 (1.2130, 0.0646)의 값을 보이고 있다. 각 기업 간의 좌표값을 통해 동일 차원으로 간주될 수 있다는 것이 추측 가능하다. 즉, 롯데 마트와 E마트는 1차원의 좌표값이 양(+)의 값을 갖고, 2차원의 좌표값도 양(+)의 값을 갖고 있어 동일 차원에 포지셔닝될 것이라고 예측할 수 있다.

(3) 포지셔닝 맵

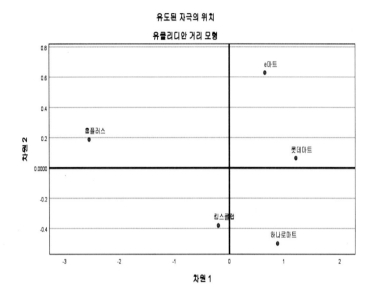

2차원 평면상에 나타난 결과를 보면 두 사람이 느끼는 기업의 이미지 측면에서 롯데 마트와 E마트의 이미지가 동일한 것으로 나타났다.

(4) 유클리드 모형에 의한 선형 적합성 산점도

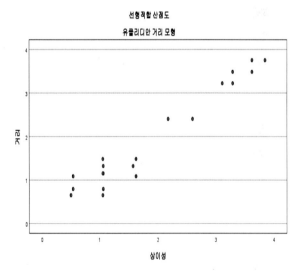

이 산점도에서 각 기업에 대한 데이터들을 유클리디안 거리로 나타내고 있는 바, 이들은 선형 적으로 나타나고 있어 모형이 적합함을 보여 주고 있다.

3. 비대칭 행렬 데이터의 다차원척도법

데이터 자체가 거리행렬이 아니고 데이터로부터 거리행렬을 계산하지 않으면 안 되는 경우에도 다차원척도법을 적용해서 유클리디안 거리 모형을 구할 수 있다.

이때에는 비교대상의 요인에 의거해서 각 대상 간의 상이성 거리를 계산할 수 있다. 상이성 거리란 데이터로부터 계산된 거리행렬로서 일반적인 유클리디안 거리를 가리킨다.

예제 12-3

다음의 데이터표는 1998년 4월 1일자 동아일보의 기사내용을 인용한 것이다. 미국의 경제예측기관인 와튼 계량경제예측연구소(WEFA)가 1998년 3월 중 국가별 위험도를 조사한 결과이다. 이 조사결과에 대한 국가별 포지셔닝 맵을 작성해 보자.

| 표 12-5 | WEFA가 조사한 국가별 위험도

구분	경제성장	물가	금리	환율	금융시장	재정건전도	외채	노사관계	기업신뢰	행정규제완화	사회안정	정치안정
미국	8	7	7	7	9	8	9	9	9	9	9	9
독일	7	8	6	6	9	6	10	8	7	7	8	9
호주	6	8	7	6	9	7	7	6	8	8	8	8
일본	2	8	9	5	3	7	10	8	6	7	8	8
중국	6	6	6	7	6	6	6	6	7	6	6	5
홍콩	4	7	6	7	6	6	8	7	5	7	7	6
인도	4	3	3	3	7	4	5	5	5	5	6	5
인도네시아	2	1	3	1	3	4	2	3	2	4	2	2
말레이지아	5	5	4	4	5	6	6	5	5	7	7	7
파키스탄	4	3	3	3	2	2	2	3	3	3	3	3
필리핀	4	4	5	5	3	5	4	5	5	5	5	5
싱가포르	6	6	5	6	7	8	9	7	7	8	9	9
대만	6	7	6	7	6	7	8	8	7	8	7	6
태국	4	5	3	4	4	4	2	6	4	8	4	4
베트남	6	4	3	3	2	4	3	5	4	3	5	4
한국	3	3	5	3	2	6	3	4	4	5	4	3

| 주 | 10점 만점으로 점수가 낮을수록 국가 위험도가 높다는 것을 의미하고 있다.

《순서 1》 데이터의 입력 및 상이성 거리 계산

(1) 첫 번째 열에 국가 위험도를 나타내는 요인 변수를 입력한다. 나머지 각 열에 국가별로 위험도 수치를 입력한다. 국가별 위험도의 요인은 경제성장, 물가, 금리, …, 정치안정 등 12가지로서 10점 만점으로 평가되었다. 평점이 낮을수록 국가 위험도가 높다는 것을 의미하고 있다.

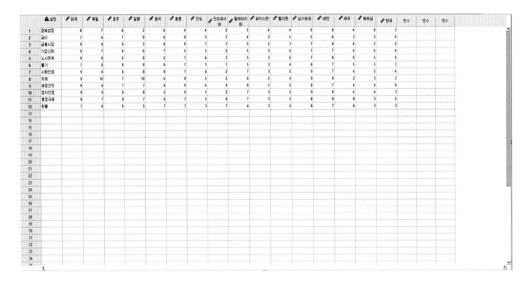

(2) 메뉴에서 [분석(A)] - [상관분석(C)] - [거리측도(D)]를 선택한다. [거리측도] 대화상자가 나타나면 다음과 같이 입력·지정한다.

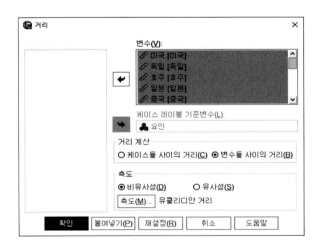

[측도(M)] 버튼을 클릭하면 [거리측도 : 상이성 측도] 대화상자가 나타나는데, 초기지정 상태

에서 [계속] 버튼을 클릭한다. 원래의 화면에서 [확인] 버튼을 클릭하면 상이성 거리행렬이 구해진다.

(3) 상이성 거리행렬

근접행렬

유클리디안 거리

	미국	독일	호주	일본	중국	홍콩	인도	인도네시아	말레이지아	파키스탄	필리핀	싱가포르	대만	태국	베트남	한국
미국	.000	4.359	4.899	9.950	8.660	8.246	12.884	20.809	10.198	19.442	13.528	4.796	5.916	14.832	16.093	16.643
독일	4.359	.000	4.359	8.602	7.483	6.245	10.817	18.868	8.426	17.292	11.916	4.243	5.292	13.379	14.071	15.166
호주	4.899	4.359	.000	8.660	5.916	5.831	10.100	17.578	7.348	16.186	10.536	4.583	4.796	11.832	13.229	13.528
일본	9.950	8.602	8.660	.000	8.832	6.245	11.874	17.205	8.775	16.093	10.392	7.746	7.071	12.845	13.342	12.728
중국	8.660	7.483	5.916	8.832	.000	4.123	7.000	13.342	5.196	11.533	5.831	6.782	4.000	8.062	8.718	9.055
홍콩	8.246	6.245	5.831	6.245	4.123	.000	7.874	14.457	5.292	13.038	7.280	5.568	3.317	9.055	10.344	10.344
인도	12.884	10.817	10.100	11.874	7.000	7.874	.000	9.000	5.099	8.246	5.385	9.849	9.110	6.164	6.708	7.141
인도네시아	20.809	18.868	17.578	17.205	13.342	14.457	9.000	.000	11.446	4.583	8.367	17.493	16.062	8.185	7.746	5.477
말레이지아	10.198	8.426	7.348	8.775	5.196	5.292	5.099	11.446	.000	10.198	5.000	6.403	6.245	6.633	7.416	7.681
파키스탄	19.442	17.292	16.186	16.093	11.533	13.038	8.246	4.583	10.198	.000	6.557	16.279	14.595	7.071	4.796	5.385
필리핀	13.528	11.916	10.536	10.392	5.831	7.280	5.385	8.367	5.000	6.557	.000	10.392	8.602	5.000	4.690	4.000
싱가포르	4.796	4.243	4.583	7.746	6.782	5.568	9.849	17.493	6.403	16.279	10.392	.000	4.472	12.124	13.038	13.416
대만	5.916	5.292	4.796	7.071	4.000	3.317	9.110	16.062	6.245	14.595	8.602	4.472	.000	10.050	11.402	11.662
태국	14.832	13.379	11.832	12.845	8.062	9.055	6.164	8.185	6.633	7.071	5.000	12.124	10.050	.000	6.083	5.745
베트남	16.093	14.071	13.229	13.342	8.718	10.344	6.708	7.746	7.416	4.796	4.690	13.038	11.402	6.083	.000	5.292
한국	16.643	15.166	13.528	12.728	9.055	10.344	7.141	5.477	7.681	5.385	4.000	13.416	11.662	5.745	5.292	.000

이것은 비유사성 행렬입니다.

상이성 거리행렬에서 미국과 인도네시아 사이의 거리가 20.809로 가장 멀고, 홍콩과 대만 사이가 3.317로 가장 가깝다.

《순서 2》 다차원척도법의 적용

(1) 메뉴에서 [분석(A)] - [척도분석(A)] - [다차원척도법(M)]을 선택한다.

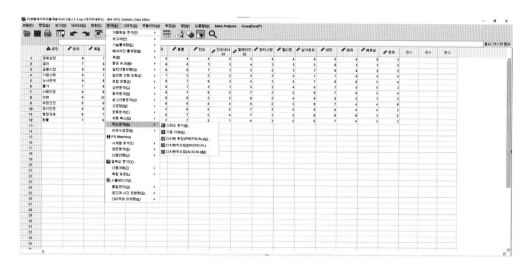

(2) [다차원척도법] 대화상자에서 다음과 같이 입력·지정하고 [측도(E)]를 클릭한다.

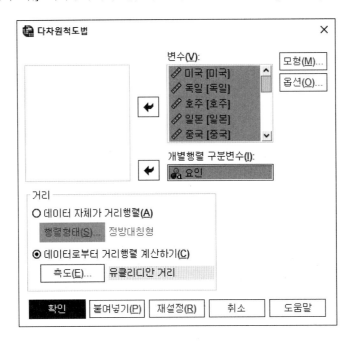

(3) [다차원척도법 : 데이터로부터 측도 계산하기] 대화상자에서 다음과 같이 지정하고 [계속] 버튼을 클릭한다.

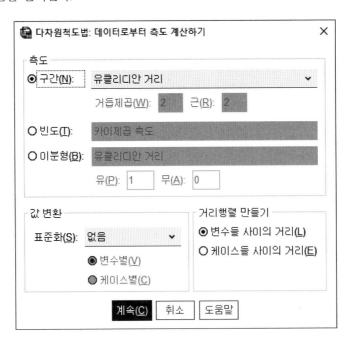

(4) 원래의 화면에서 [모형(M)] 버튼을 클릭하여 [다차원척도법] 대화상자가 나타나면, 다음과 같이 지정하고 [계속] 버튼을 클릭한다. [조건 없음(C)]을 지정함으로써 모든 행렬의 값을 비교할 수 있도록 한다.

(5) 원래의 화면에서 [옵션(O)]을 클릭하면 [다차원척도법 : 옵션] 대화상자가 나타난다.

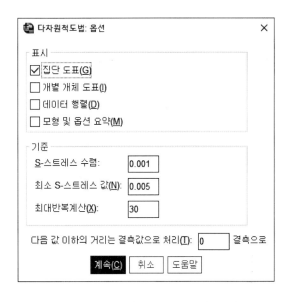

[표시]로서 [집단 도표(G)]를 지정하고 나머지는 초기지정 상태 그대로 [계속] 버튼을 클릭하면, 앞의 화면으로 복귀한다. 여기에서 [확인] 버튼을 클릭하면 분석결과를 얻게 된다.

분석결과 및 결과의 해석방법

(1) 반복과정

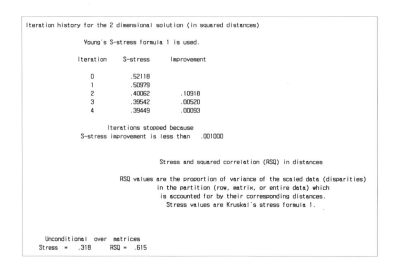

```
Iteration history for the 2 dimensional solution (in squared distances)

          Young's S-stress formula 1 is used.

    Iteration     S-stress      Improvement

        0           .52118
        1           .50979
        2           .40062         .10918
        3           .39542         .00520
        4           .39449         .00093

              Iterations stopped because
    S-stress improvement is less than    .001000


                    Stress and squared correlation (RSQ) in distances

             RSQ values are the proportion of variance of the scaled data (disparities)
                   in the partition (row, matrix, or entire data) which
                   is accounted for by their corresponding distances.
                   Stress values are Kruskal's stress formula 1.



    Unconditional  over  matrices
    Stress  =   .318     RSQ =   .615
```

반복적인 실행결과를 나타내는 것으로 모두 4회의 반복이 일어났다. 스트레스값의 향상이 마지막에 0.00093으로서 0.001보다 작게 끝나고 있다. 현재의 스트레스값은 0.318(>0.2)로서 이 모형은 적합정도가 매우 나쁘다. 그러나 RSQ는 0.615(>0.6)로서 모형의 설명력은 상당히 높다고 할 수 있다.

(2) 좌표값

```
              Configuration derived in 2 dimensions


                      Stimulus Coordinates

                           Dimension

Stimulus  Stimulus     1        2
Number    Name

    1      미국      -1.1861  -1.6705
    2      독일      -1.1535  -1.3704
    3      호주       -.6612  -1.5003
    4      일본      -1.3733    .9281
    5      중국       -.1136   -.5240
    6      홍콩       -.7465   -.0299
    7      인도        .7289   -.6879
    8      인도_1    1.6807   1.1130
    9      말레       -.0965    .0868
   10      파키      1.4119   1.2468
   11      필리       .5111    .8676
   12      싱가     -1.0888   -.7915
   13      대만       -.8324   -.4051
   14      태국      1.1044    .2657
   15      베트       .8621   1.2076
   16      한국       .9530   1.2639
```

2차원 평면에서 각 나라의 좌표값을 나타내고 있다. 예를 들면, 미국의 경우 (−1.1861, −1.6705)의 값을 보이고 있다. 각 나라 간의 좌표값을 통해 동일 차원으로 간주될 수 있다는 것이 추측 가능하다. 다시 말하면, 미국, 독일, 호주, 중국, 홍콩, 싱가포르, 대만 등은 1차원의 좌표값이 음(−)의 값을 갖고, 2차원의 좌표값도 음(−)의 값을 갖고 있어 동일 차원에 포지셔닝될 것이라고 예측할 수 있다. 그리고 인도네시아, 파키스탄, 필리핀, 태국, 베트남, 한국 등은 1차원의 좌표값이 양(+)의 값을 갖고, 2차원의 좌표값도 양(+)의 값을 갖고 있어 동일 차원에 포지셔닝될 것으로 예측된다.

(3) 국가별 포지셔닝 맵

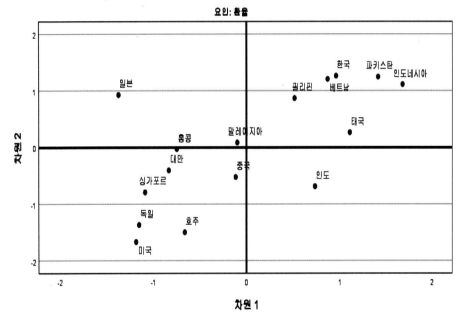

유도된 자극의 위치

개별 차(가중된) 유클리디안 거리 모형

분석결과 (미국, 독일, 호주, 중국, 홍콩, 싱가포르, 대만), (인도네시아, 파키스탄, 필리핀, 태국, 베트남, 한국), (일본, 말레이지아) 등이 각각 동일한 포지션에 있다는 것을 알 수 있다. 다차원척도법에서 중요한 것은 포지셔닝 맵의 형상만이 의미를 가지고 있고, 차원의 방향에는 의미가 없다는 것이다. 그러므로 필요에 따라서는 차원의 방향을 적절히 회전시켜서 해석할 수 있다.

대응분석

Chapter 13

대응분석

1. 대응분석과 분할표

1. 분할표의 시각화

🔰 대응분석이란

　대응분석(correspondence analysis)은 앙케트의 질문에 대한 회답의 패턴에 주목하여, 패턴이 비슷한 회답자(개인 또는 집단)와 비슷하지 않은 회답자를 분류하기 위한 기법이다. 이 기법은 질문항목끼리의 관계도 동시에 분석할 수 있다.

　대응분석은 다음과 같은 세 가지 타입의 데이터표에 적용할 수 있다.

　① 분할표

　② 아이템·카테고리형 데이터표

　③ (0, 1)형 데이터표

　본서에서는 분할표와 (0, 1)형 데이터표를 다루기로 한다.

　대응분석은 다음과 같이 두 가지의 기법으로 나눌 수 있다.

　　(A) 단순대응분석(일반적으로는 이것을 대응분석이라고 부른다.)

　　(B) 다중대응분석

분할표를 처리할 때는 (A)의 단순대응분석을 이용한다. 아이템·카테고리형 데이터표나 (0, 1)형 데이터표를 처리할 때는 (B)의 다중대응분석을 이용한다.

🌀 간단한 예

어떤 고등학교의 2학년생에게 국어, 영어, 수학, 과학, 사회의 다섯 과목 중에서 어느 과목을 가장 좋아하는지 질문했다. 그 결과를 클래스마다 사람 수를 집계한 것이 다음의 분할표이다. 클래스는 모두해서 다섯 개(A, B, C, D, E)가 있다.

	A	B	C	D	E
국어	8	22	5	6	20
영어	7	7	12	6	13
수학	21	11	7	7	6
과학	8	5	6	8	5
사회	6	5	20	23	6

이 분할표를 관찰하면, 다음과 같은 것을 알 수 있다.
- B와 E는 국어를 좋아하는 학생이 많다고 하는 점에서 비슷하다.
- C와 D는 사회를 좋아하는 학생이 많다고 하는 점에서 비슷하다.
- C와 E는 영어를 좋아하는 학생이 많다고 하는 점에서 비슷하다.
- A는 수학을 좋아하는 학생이 많다.
- 과학은 어느 클래스에서도 좋아하는 학생이 적다.

그런데 이 분할표에 대응분석을 적용하면 다음과 같은 그래프가 작성된다.

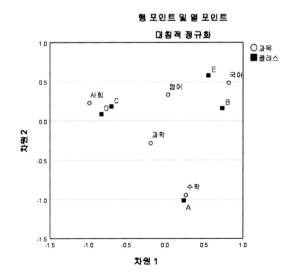

분할표의 정보가 그래프에 잘 표현되어 있는 것을 알 수 있다.

대응분석은 분할표의 행과 열, 행과 행, 열과 열의 관계를 분석하여 그 결과를 그래프로 표현하는 기법이다. 대응분석에서는 비슷한 열의 구성이 되는 행끼리는 가깝게 배치되고, 비슷한 행의 구성이 되는 열끼리는 가깝게 배치되어 관계가 강한 행과 열은 가까이 배치되도록 좌표의 수치를 산출하고 있다.

2. 대응분석의 실제

 13-1

어떤 상품에 대한 만족도를 5단계 평가로 400명에게 질문했다. 그 회답결과를 학생, 회사원, 주부, 사업가의 네 그룹으로 나누어 집계하여 다음과 같은 분할표로 정리했다.

	불만	약간 불만	어느쪽도 아님	약간 만족	만족
학생	5	14	40	28	13
회사원	30	40	15	10	5
주부	5	10	15	30	40
사업가	10	18	25	40	7

이 분할표를 대응분석으로 분석하라.

카테고리

SPSS에서 대응분석을 실시하려면 'SPSS Categories'라고 하는 옵션 제품이 필요하다. SPSS Categories에는 다음과 같은 분석기법이 포함되어 있다.

① 대응분석(단순대응분석, 다중대응분석)
② 컨조인트 분석
③ 범주형 주성분분석
④ 비선형 정준상관분석

《순서 1》 데이터의 입력

여기에서는 집계가 끝난 데이터를 입력하는 방식으로 실시한다. 분할표에 있어서 행의 정보를 나타내는 변수, 열의 정보를 나타내는 변수, 사람 수를 나타내는 변수 등의 세 변수를 준비해서 데이터를 입력한다.

행의 정보를 나타내는 변수에는 '그룹', 열의 정보를 나타내는 변수에는 '만족도', 사람 수를 나타내는 변수에는 '사람 수'라고 하는 변수명을 각각 붙여 놓는다. 그리고 '사람 수'는 빈도변수를 지정해 놓는다.

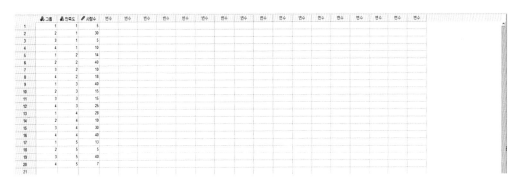

《순서 2》 대응분석의 선택

메뉴에서 [분석(A)] - [차원 감소(D)] - [대응일치분석(C)]을 선택한다.

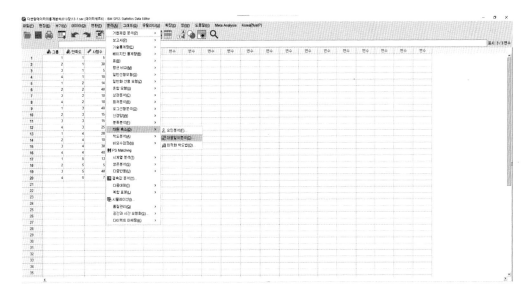

[대응일치분석] 대화상자에서 [행(R)]으로서 '그룹', [열(C)]로서 '만족도'를 선택한다.

[범위지정]은 '그룹'에 대해서는 네 개의 그룹이 있으므로, 최소값을 1, 최대값을 4로 한다. '만족도'에 대해서는 5단계이므로 최소값을 1, 최대값을 5로 한다.

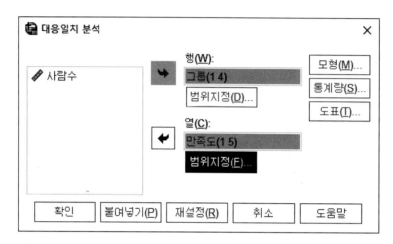

범위지정을 위해서 [범위지정(D)] 버튼을 누르면 다음과 같은 대화상자가 나타난다. 최소값 및 최대값을 입력한 다음에 [업데이트] 버튼을 누르고 다음과 같은 상태에서 [계속]을 클릭!

《순서 4》 모형의 선택

[모형(M)] 버튼을 클릭하면 [대응일치분석 : 모형] 대화상자가 나타난다. 다음과 같이 초기지정상태대로 지정한다.

여기에서 주의할 점은 [정규화 방법]이다. 이것은 다음의 네 가지 중 어느 하나를 적절히 선택하여 사용한다.

① 행과 열의 양쪽에 관심이 있고, 또한 행과 열의 관계에도 관심이 있다. → 대칭적
② 행과 열의 양쪽에 관심이 있고, 단 행과 열의 관계에는 관심이 없다. → 주성분
③ 행에만 관심이 있다. → 행 주성분
④ 열에만 관심이 있다. → 열 주성분

[계속] 버튼을 클릭하면 앞의 화면으로 복귀한다.

《순서 5》 변수의 선택
[통계량(S)] 버튼을 클릭하고 다음과 같이 지정한 다음 [계속] 버튼을 클릭한다.

《순서 6》도표의 선택

[도표(T)] 버튼을 클릭하고 다음과 같이 지정한 다음 [계속] 버튼을 클릭한다.

[대응일치분석] 대화상자로 되돌아와서 [확인] 버튼을 클릭하면 분석결과를 얻을 수 있다.

💧 분석결과 및 결과의 해석방법

대응일치표

그룹	불만	약간 불만	어느쪽도 아님	약간 만족	만족	주변 합
학생	5	14	40	28	13	100
회사원	30	40	15	10	5	100
주부	5	10	15	30	40	100
사업가	10	18	25	40	7	100
주변 합	50	82	95	108	65	400

만족도

행 프로파일

그룹	불만	약간 불만	어느쪽도 아님	약간 만족	만족	주변 합
학생	.050	.140	.400	.280	.130	1.000
회사원	.300	.400	.150	.100	.050	1.000
주부	.050	.100	.150	.300	.400	1.000
사업가	.100	.180	.250	.400	.070	1.000
매스	.125	.205	.238	.270	.163	

만족도

열 프로파일

그룹	만족도 불만	약간 불만	어느쪽도 아님	약간 만족	만족	매스
학생	.100	.171	.421	.259	.200	.250
회사원	.600	.488	.158	.093	.077	.250
주부	.100	.122	.158	.278	.615	.250
사업가	.200	.220	.263	.370	.108	.250
주변 합	1.000	1.000	1.000	1.000	1.000	

요약

차원	비정칙값	요약 관성	카이제곱	유의확률	관성비율 설명됨	누적	신뢰 비정칙값 표준편차	상관관계 2
1	.490	.240			.668	.668	.044	.257
2	.313	.098			.273	.941	.050	
3	.145	.021			.059	1.000		
전체		.359	143.673	.000[a]	1.000	1.000		

a. 자유도 12

행 포인트 개요[a]

그룹	매스	차원의 점수 1	2	요약 관성	기여도 차원의 관성에 대한 포인트 1	2	포인트의 관성에 대한 차원 1	2	전체
학생	.250	.275	-.593	.046	.039	.281	.201	.600	.802
회사원	.250	-1.111	.363	.162	.631	.105	.934	.064	.998
주부	.250	.805	.724	.120	.330	.419	.659	.341	1.000
사업가	.250	.032	-.494	.031	.001	.195	.004	.617	.621
전체 합	1.000			.359	1.000	1.000			

a. 대칭적 정규화

열 포인트 개요[a]

만족도	매스	차원의 점수 1	2	요약 관성	기여도 차원의 관성에 대한 포인트 1	2	포인트의 관성에 대한 차원 1	2	전체
불만	.125	-1.128	.422	.085	.325	.071	.917	.082	.999
약간 불만	.205	-.796	.178	.066	.265	.021	.969	.031	1.000
어느쪽도 아님	.238	.154	-.665	.044	.012	.335	.063	.745	.808
약간 만족	.270	.416	-.326	.043	.095	.092	.528	.207	.735
만족	.163	.956	.963	.121	.303	.482	.600	.390	.991
전체 합	1.000			.359	1.000	1.000			

a. 대칭적 정규화

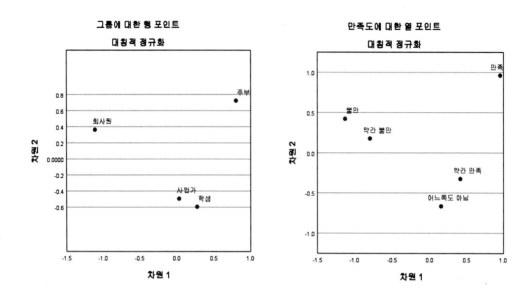

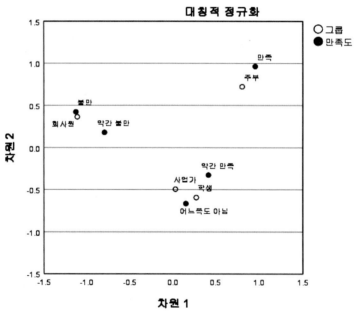

행 및 열 점수의 그래프를 보면, 주부는 만족도가 높고 회사원은 불만도가 높은 것을 알 수
있다. 사업가와 학생은 비슷한 만족도의 평가를 하고 있다.

'어느 쪽도 아님'이라고 하는 중간회답은 '약간 만족'에 가까운 위치에 있다.

2. (0, 1)형 데이터의 대응분석

1. (0, 1)형 데이터표의 시각화

앞에서 대응분석을 분할표의 데이터에 적용했는데, 분할표라고 하는 것은 두 변수의 관계를 나타내는 데이터표이다. 따라서, 대응분석은 변수의 수가 두 개일 때에 적용할 수 있는 기법이라고 생각해도 좋다. 그런데 0과 1만으로 표현되는 변수를 지표변수(指標變數) 혹은 더미변수라고 부른다. (0, 1)형 데이터를 분할표로서 간주하고 대응분석을 적용할 수 있다.

간단한 예

다섯 명의 학생(A, B, C, D, E)에게 다음과 같은 네 개의 질문을 했다고 하자.

[질문 1] **귀하는 스포츠를 좋아합니까?**   예   아니오

[질문 2] **귀하는 영화를 좋아합니까?**   예   아니오

[질문 3] **귀하는 음악을 좋아합니까?**   예   아니오

[질문 4] **귀하는 독서를 좋아합니까?**   예   아니오

이 질문에 대한 회답결과가 다음과 같이 얻어졌다고 한다.

	스포츠	영화	음악	독서
A	예	아니오	아니오	예
B	아니오	아니오	예	아니오
C	아니오	예	아니오	아니오
D	아니오	아니오	예	예
E	아니오	예	예	아니오

이 데이터에 의거해서 다섯 명의 학생 중 비슷한 사람을 찾아낸다거나 네 개 질문 간의 관계를 분석하는 것이 대응분석의 목표인 것이다. 질문의 수가 네 개이므로 질문을 변수로 생각하면, 네 개의 변수를 분석하게 된다.

그런데 이 데이터표에서 '예'를 '1', '아니오'를 '0'으로 바꿔 놓으면 다음과 같은 0과 1로 구성되는 데이터표가 된다. 이것이 (0, 1)형 데이터표이다.

	스포츠	영화	음악	독서
A	1	0	0	1
B	0	0	1	0
C	0	1	0	0
D	0	0	1	1
E	0	1	1	0

다중대응분석을 이용하면 이와 같은 데이터표를 분석하여 정보를 시각화할 수 있다.

다중대응분석을 적용하기 전에 이 (0, 1)형 데이터표를 관찰해 보자. 여기에서 데이터표를 1이 대각선상에 가능한 한 멋지게 늘어서도록 행과 열을 바꾸어 넣어 본다.

	스포츠	독서	음악	영화
A	1	1	0	0
D	0	1	1	0
B	0	0	1	0
E	0	0	1	1
C	0	0	0	1

이 데이터표에서 다음과 같은 것을 알 수 있다.

- A와 D는 독서를 좋아한다는 점에서 비슷하다.
- D와 B와 E는 음악을 좋아한다는 점에서 비슷하다.
- E와 C는 영화를 좋아한다는 점에서 비슷하다.
- A와 B와 C에는 전혀 공통점이 없다.

그런데 대응분석을 이 데이터표에 적용하면, 다음과 같은 그래프를 작성할 수 있다. 데이터표의 정보가 잘 재현되고 있다는 것을 알 수 있다.

TIPS!

대응분석이 다변량 데이터 분석에서 널리 알려진 때는 1980년대이다. 대응분석의 수리적인 기원은 1930년대 Hirshfeld의 『상관관계와 분할표의 연관성』이라는 논문이고, 1940~1950년대에 몇몇 학자들에 의해서 더욱 발전되었다. 대응분석의 기하적인 면은 1960년대 프랑스에서 Jean-Paul Benzecri에 의해서 발전되었다. 일본에서는 1950년대 Chikio Hayashi에 의해서 수량화 제3방법으로 개발되어 발전되었고, 프랑스에서는 1960년대 Jean-Paul Benzecri가 이끄는 데이터 분석 모임이 다양한 분야로부터 수집된 자료를 분석하는 데 대응분석 기법을 응용하고 발전시켰다.

(0, 1)형 데이터의 입력 방식

	🔳학생	🔳취미	변수	변수	변수	변수	변수	변수	변수	변수	변수	변수	변수	변수	변수	변수	변수
1	1	1															
2	1	4															
3	2	3															
4	3	3															
5	4	3															
6	4	4															
7	5	2															
8	5	3															

[변수값 설명]

	🔳학생	🔳취미	변수	변수	변수	변수	변수	변수	변수	변수	변수	변수	변수	변수	변수	변수	변수
1	A	스포츠															
2	A	독서															
3	B	음악															
4	C	영화															
5	D	음악															
6	D	독서															
7	E	영화															
8	E	음악															

(0, 1)형 데이터의 분석결과

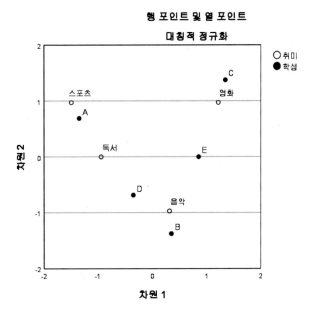

행 포인트 및 열 포인트

대칭적 정규화

2. (0, 1)형 데이터에 대한 대응분석의 실제

예제 13-2

대학생 10명에게 다음과 같은 질문을 했다.

[질문 X] 다음 중에서 점심식사로 한 달에 3회 이상 주문하는 것에 ○표를 하시오.

1. 카레라이스   (   )
2. 라면   (   )
3. 자장면   (   )
4. 햄버거   (   )
5. 샌드위치   (   )
6. 한정식   (   )

이 회답결과를 일람표로 한 것이 다음의 데이터표이다. 표 중의 1이라는 수치는 ○표를 한(한 달에 3회 이상 주문하고 있는) 것을 의미한다.

| 표 13.1 | 데이터표

회답자	카레라이스	라면	자장면	햄버거	샌드위치	한정식
1	1	1	1	0	0	0
2	1	1	0	1	0	0
3	1	1	0	0	1	0
4	0	0	1	1	0	0
5	0	1	0	0	1	0
6	0	0	1	1	1	0
7	0	0	0	1	1	1
8	0	0	1	0	1	1
9	0	1	0	1	1	0
10	0	1	0	0	1	1

이 데이터를 대응분석으로 분석하라.

SPSS에 의한 다중대응분석

《순서 1》 데이터의 입력

(0, 1)형 데이터를 10 × 6의 크로스 집계표로써 분석하므로, SPSS에 입력할 경우에는 데이터 표의 이미지로 입력하지 않고, 다음과 같은 형식으로 입력한다.

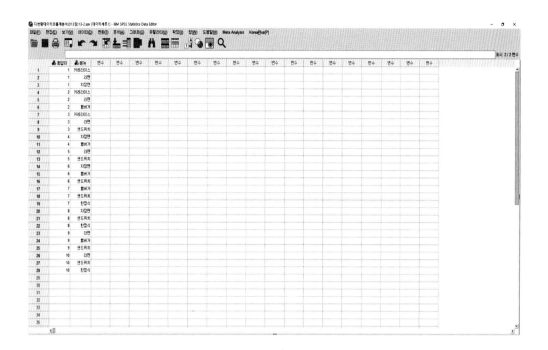

《순서 2》 대응분석의 선택

(1) 메뉴에서 [분석(A)] - [차원 감소(D)] - [대응일치분석(C)]을 선택한다.

(2) 행은 회답자(범위는 1~10), 열은 메뉴(범위는 1~6)로 한다.

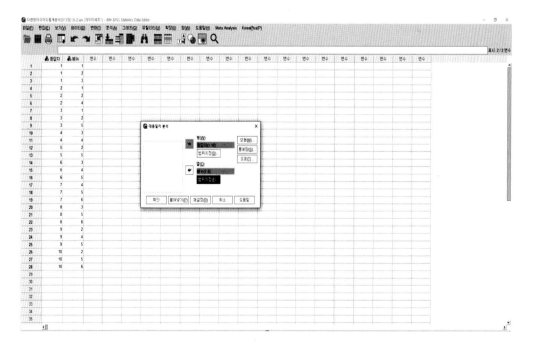

《순서 3》 도표의 선택

[계속] 버튼을 클릭한다.

《순서 4》 대응분석의 실행

앞의 [대응일치분석] 대화상자에서 [확인] 버튼을 클릭하면 대응분석이 실행된다.

분석결과 및 결과의 해석방법

대응일치표

회답자	카레라이스	라면	자장면	햄버거	샌드위치	한정식	주변합
1	1	1	1	0	0	0	3
2	1	1	0	1	0	0	3
3	1	1	0	0	1	0	3
4	0	0	1	1	0	0	2
5	0	1	0	0	1	0	2
6	0	0	1	1	1	0	3
7	0	0	0	1	1	1	3
8	0	0	1	0	1	1	3
9	0	1	0	1	1	0	3
10	0	1	0	0	1	1	3
주변합	3	6	4	5	7	3	28

요약

차원	비정칙값	요약 관성	카이제곱	유의확률	관성비율 설명됨	관성비율 누적	신뢰 비정칙값 표준편차	신뢰 비정칙값 상관관계 2
1	.650	.423			.375	.375	.103	-.161
2	.592	.350			.311	.686	.110	
3	.444	.197			.175	.861		
4	.341	.116			.103	.965		
5	.200	.040			.035	1.000		
전체		1.127	31.544	.936[a]	1.000	1.000		

a. 자유도 45

행 포인트 개요[a]

회답자	매스	차원의 점수 1	차원의 점수 2	요약 관성	기여도 차원의 관성에 대한 포인트 1	기여도 차원의 관성에 대한 포인트 2	기여도 포인트의 관성에 대한 차원 1	기여도 포인트의 관성에 대한 차원 2	기여도 전체
1	.107	-.964	.607	.143	.153	.067	.453	.163	.616
2	.107	-1.059	.325	.126	.185	.019	.619	.053	.672
3	.107	-1.058	-.444	.107	.184	.036	.728	.117	.845
4	.071	.638	1.751	.154	.045	.370	.123	.844	.967
5	.071	-.373	-.898	.083	.015	.097	.078	.409	.487
6	.107	.591	.841	.090	.058	.128	.269	.496	.765
7	.107	.960	-.436	.118	.152	.034	.543	.102	.645
8	.107	1.056	-.154	.135	.184	.004	.576	.011	.587
9	.107	-.084	-.156	.063	.001	.004	.008	.025	.032
10	.107	.381	-1.151	.107	.024	.240	.094	.784	.878
전체 한	1.000			1.127	1.000	1.000			

a. 대칭적 정규화

열 포인트 개요[a]

메뉴	매스	차원의 점수 1	차원의 점수 2	요약 관성	기여도 차원의 관성에 대한 포인트 1	기여도 차원의 관성에 대한 포인트 2	기여도 포인트의 관성에 대한 차원 1	기여도 포인트의 관성에 대한 차원 2	기여도 전체
카레라이스	.107	-1.579	.274	.226	.411	.014	.768	.021	.789
라면	.214	-.809	-.484	.147	.216	.085	.621	.202	.823
자장면	.143	.508	1.286	.232	.057	.400	.103	.603	.706
햄버거	.179	.322	.786	.188	.028	.186	.064	.347	.411
샌드위치	.250	.324	-.579	.107	.040	.142	.159	.463	.622
한정식	.107	1.228	-.981	.226	.249	.174	.465	.270	.734
전체 한	1.000			1.127	1.000	1.000			

a. 대칭적 정규화

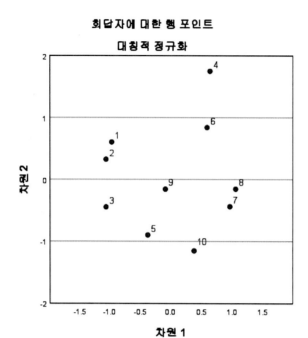

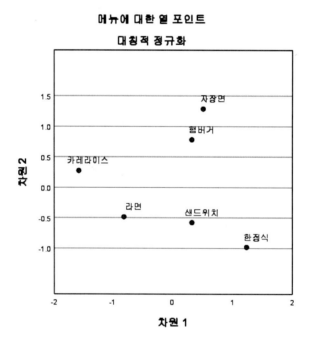

'회답자에 대한 행 포인트'를 보면 특히 (1과 2), (7과 8)이 가까이 위치하고 있어 회답 패턴이 비슷하다는 것을 보이고 있다.

그리고 '메뉴에 대한 열 포인트'를 보면 특히 (자장면과 햄버거)가 같은 패턴의 선호도를 보이고 있음을 알 수 있다.

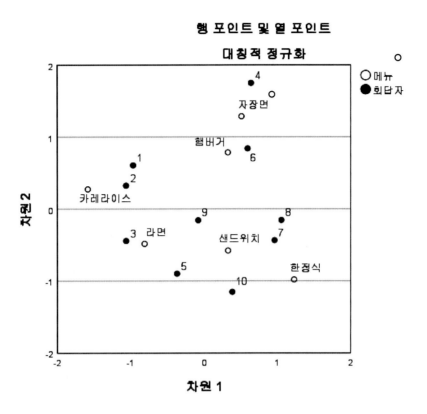

이와 같이 '행 포인트' 그래프나 '열 포인트' 그래프만으로는 행의 요인과 열의 요인의 관계를 쉽게 간파할 수 없다. 그러나 '행 포인트 및 열 포인트' 그래프를 보면 두 요인 간의 관계를 용이하게 이해할 수 있다. 여기에 대응분석의 의미가 있다고 할 수 있다.

신뢰성분석

Chapter 14
신뢰성분석

1. 신뢰성과 타당성

연구자가 어떤 측정방법을 선택·사용하든지 간에 모든 측정치가 갖추어야 할 두 가지의 매우 중요한 특성이 있는데, 신뢰성(reliability)과 타당성(validity)이 그것이다.

신뢰성이란 측정결과에 오차가 들어 있지 않은 정도, 즉 분산에 대한 체계적 정보를 반영하고 있는 정도를 나타내는 것이다. 이에 비해 타당성이란 측정치가 의도한 것을 실제로 측정하고 있는 정도를 나타내는 것이다.

연구결과를 기초로 올바른 의사결정을 하려면, 데이터 수집단계에서 신뢰성과 타당성을 갖춘 측정방법을 사용하는 것이 불가결한 일이다. 신뢰성은 타당성을 보장하는 필요조건이지만 충분조건은 아니기 때문에 이들 두 가지 개념을 설명함에 있어서 신뢰성부터 먼저 시작하기로 한다.

1. 신뢰성

신뢰성의 개요

신뢰성을 검토하는 하나의 방법은 어떤 속성의 측정치가 어느 정도의 오차를 포함하는가 하는 입장에서이다. 측정치의 점수(score)에 오차가 포함되어 있는 정도가 적으면 적을수록 그 측정치는 신뢰할 수 있다. 신뢰성의 동의어로는 의존성(dependability), 안정성(stability), 일관성(consistency), 예측가능성(predictability), 정확성(accuracy) 등이 있다.

조사방법론에 있어서 측정치의 신뢰성을 실증적으로 평가하기 위하여 여러 가지 방법이 사용되고 있다. 이러한 방법에는 평행검증법(the parallel form method), 검증-재검증법(test-retest), 내부일치법(internal consistency method), 크론바하 알파(Chronbach's alpha) 등이 있다.

평행검증법 혹은 택일법에 의한 신뢰성평가는 3단계에 걸쳐 시행된다. 첫째로, 어떤 구성개념의 측정을 위하여 두 개의(혹은 그 이상의) 측정방법을 개발한다. 그리고 이들 각기 다른 측정방법에 의한 측정결과는 동일한 스코어 평균과 동일한 분산 등을 나타내 보여야 한다. 둘째로, 두 개의 측정방법은 동일한 측정대상에 적용되어야 한다. 두 개 측정 간의 시간간격은 연구에 따라 달라지게 된다.

셋째로, 마지막 단계로서 두 개의 측정 스코어 사이의 상관의 정도를 판단한다. 이 결과로 얻어진 상관이 평행검증법에 의한 신뢰성의 추정치이다.

검증-재검증법은 측정방법이 하나밖에 없는 경우에 신뢰성을 검증하고 또 검증함으로써 신뢰성을 평가할 수 있는 방법이다. 어느 특정한 측정대상에 대하여 일정한 기간을 두고 2회에 걸쳐 측정을 행한 뒤, 그 결과로 얻어진 두 스코어의 상관을 검토한다. 그리하여 상관계수가 높으면 신뢰성이 높고, 상관계수가 낮으면 신뢰도가 낮다는 것을 알 수 있게 된다.

측정방법이 하나밖에 없을 때, 측정치의 신뢰성을 평가하는 또 하나의 방법은 그 내부일치성을 측정하는 것이다. 검사나 설문지 등은 그것들을 구성하고 있는 하위 항목들 사이의 간상관(intercorrelation)의 정도가 높은 만큼 내부일치성도 그만큼 높아지게 된다. 측정치의 내부일치성을 평가하는 데는 몇 가지의 계산방법이 있다. 가장 대표적인 방법은 반분법(split-half technique)이다. 이 같은 방법을 사용하려면 우선 연구자가 어떤 속성을 '다항목으로 구성된 측정도구'에 의해 측정해야 한다. 그렇게 측정하고 나서는 검사항목을 두 개 부분의 하위 항목으로 반분한다. 그리하여 두 개 부분의 총점수를 각 부분별로 산출하여 두 부분 간의 상관을 검토한다. 그 결과 두 개 부분의 하위 항목의 총점수 사이에 상관이 높으면, 그 측정치의 내부일치성이 높은 것으로 판단한다.

연구자가 측정항목들의 동질성에 대한 정도를 평가하려고 할 때는 언제나 이와 같은 '내부일치성의 추정'을 활용해야 한다. 그래서 내부일치법에 의한 신뢰성분석의 대상으로 적절한 것은 단일 차원의 측정을 의도하는 다항목 측정의 경우이다. 가령 직무만족, 직무전념도(job involvement), 역할갈등(role conflict)과 같이 주로 연필과 종이에 의한 측정은 대개의 경우,

내부일치 신뢰성의 평가에 의해 그 신뢰도가 측정되어야 할 대상들이다.

하나의 개념에 대하여 여러 개의 항목으로 구성된 척도를 이용할 경우에, 해당문항에 대하여 가능한 모든 반분신뢰도(split-half reliability)를 구하고 이들의 평균을 산출한 것이 바로 크론바하 알파(Chronbach's alpha) 계수이다. 이 방법을 이용하여 해당 척도를 구성하고 있는 각 항목들의 신뢰성까지 평가할 수 있다. 크론바하 알파 계수를 구하는 구하는 공식은 다음과 같다.

$$\alpha = \frac{N}{N-1}\left(1 - \sum\frac{\sigma_i^{\,2}}{\sigma_t^{\,2}}\right)$$

여기에서,

$$N\ =\ \text{문항 수}$$
$$\sigma_t^{\,2}\ =\ \text{총분산}$$
$$\sigma_i^{\,2}\ =\ \text{각 문항의 분산}$$

문항 전체 수준의 경우 크론바하 알파 계수가 0.5 이상, 개별 문항 수준인 경우 0.9 이상 정도면 신뢰도가 높다고 할 수 있다.

신뢰성의 증대

만일 신뢰도가 기준보다 낮은 경우에는 측정항목 수를 늘리기도 하고 혹은 내부일치성을 향상시킴으로써 측정의 신뢰도를 높일 수 있다. 신뢰도의 수준이 이미 알려진 측정에 대하여 그 항목의 수를 일정한 양만큼 늘렸을 경우 그 늘어난 측정항목의 신뢰도는 쉽게 추정할 수 있다. 원래 측정의 신뢰도를 r_{XX}이라 하고 측정항목의 길이를 k배로 늘렸을 때 늘어난 측정의 신뢰도 r_{XX}^*는 다음과 같이 나타낼 수 있다.

$$r_{XX}^* = \frac{kr_{XX}}{1+(k-1)r_{XX}}$$

예를 들어, 10개 항목으로 구성된 신뢰도가 0.6이라고 할 때, 그 측정항목 수를 두 배로 확대할 경우 20개 항목으로 늘어난 측정의 신뢰도는 0.75가 된다. 이 경우에 추가된 항목은 원래의 측정항목과 동일한 내용영역(the same content domain)의 것이고 동시에 추가 항목 간 간상관의 평균(average intercorrelation of the added items)과 원래의 항목 간 간상관(間相關)의 평균은 동일하지 않다는 것을 가정하고 있는 것이다.

측정의 신뢰도를 높이기 위한 또 하나의 방법은 내부일치성을 향상시키는 것이다. 어떤 측정항목이 구성항목 간 상관이 다른 비교적 많은 수의 항목들로 구성되어 있다면, 측정항목 간의 상관이 비교적 낮은 항목들을 제거함으로서 내부일치성을 향상시킬 수 있다. 이러한 항목을 제거함에 따라 소위 '순수화된' 측정항목이 생겨난다. 그러나 측정의 순수화는 한편으로 신뢰도를 증가시키지만, 다른 한편으로 타당성에는 정반대의 영향을 미친다는 사실에 유의해야 한다. 즉, 측정의 내부일치성을 증대시킴으로써 다른 측정 스코어에 대한 예측능력을 감소시키는 경우이다.

2. 타당성

타당성의 개요

전술한 신뢰성은 모든 측정치가 갖추어지지 않으면 안 되는 특성이다. 그러나 이에 덧붙여 모든 측정치는 또 하나의 중요한 특성인 타당성(validity)을 구비하고 있어야 한다.

측정치의 타당성평가에서는 그것이 당초에 측정하려고 의도하였던 것을 어느 정도로 측정하고 있는가를 명확하게 밝히는 데 관심이 있는 것이다. 이와 같은 타당성평가를 위해서 측정방법의 개발자나 혹은 사용자는 다음과 같은 몇 개의 구체적인 유형의 타당성을 고찰해야 한다. 이들 구체적인 유형의 타당성에는 (a) 내용적 타당성(content validity), (b) 구성개념 타당성(construct validity), (c) 기준관련 타당성(criterion-related validity), (d) 표면적 타당성(face validity), (e) 증가적 타당성(incremental validity), (f) 수렴적 변별적 타당성(convergent and discriminant validity), (g) 종합적 타당성(synthetic validity) 등이 있다.

측정치를 구성하고 있는 항목이 측정하려고 하는 변수와 관련된 항목들의 정의역(定義域)을 대표하는 표본일 때, 그 측정치는 내용적 타당성을 갖추고 있다고 말할 수 있다. 그 측정치가 측정하려고 하는 변수의 정의역 밖의 어떤 항목을 포함하고 있으면 내용적 타당성은 손상을 입게 된다. 예를 들면, 설문지법으로 직무만족을 측정하려고 할 경우 그 설문지 속에 종교적 신념의 강도, 사회적 소외의 정도 등을 측정하기 위한 항목들이 포함되어 있으면 그것은 내용적 타당성이 결여되어 있는 것이다. 어떤 측정이 내용적 타당성을 갖추도록 하기 위해서는 대상항목의 범위를 규정하고 그 측정항목이 대상범위를 대표하는 표본으로 구성되도록 추출되어야 한다.

측정치의 구성개념 타당성은 측정하려고 하는 구성개념의 조작적 정의가 적절한가의 여부를 나타내 보임으로써 그 타당성이 입증되는 것이다. 우선 첫째로 연구자는 연구하려고 하는 구성개념의 조작적 정의(측정방법)를 개발해야 한다. 그리고 나서 그 측정의 스코어가 직접 관찰 가능한 변수와 어떻게 관련되는가에 대한 가설을 설정해야 한다. 연구자는 또 연구대상이 되고 있는 그 구성개념이 다른 구성개념과 어떻게 관련되고 있는가에 대해서도 명확한 언급이 있어야 한다. 이와 같이 변수들 상호 간에 어떤 관계가 있는가에 관한 일련의 가설은 '법칙론적 네트워크'로 이해되고 있다. 이와 같은 법칙론적 네트워크가 구체화되고 나면 연구자는 하나 혹은 그 이상의 실증적 연구를 통해서 검증대상이 되고 있는 구성개념의 조작적 정의가 네트워크 내의 다른 변수들과 가설이 시사하는 방법대로 관련되고 있는가의 여부를 나타내 보이지 않으면 안 된다. 그리하여 관련되고 있는 정도에 따라 측정치의 구성개념 타당성(즉 구성개념의 조작적 정의)은 입증되게 된다.

다음에 어떤 측정치의 스코어에 대한 기준관련 타당성의 문제가 등장하게 된다. 기준관련 타당성에는 예측변수와 기준변수를 어느 시점에서 측정할 것인가에 대한 관점에 따라 세 가지의 접근방법이 있다. 하나의 방법은 예측변수를 일정 시점에서 측정하고 그 뒤에 기준변수를 측정하는 방법이다. 예를 들면, 미국 대학의 대학원 입학자격시험(GRE) 혹은 경영대학원 입학자격시험(GMAT)의 점수(스코어)는 그 학생의 대학원에서의 성적을 예측하는 데 자주 이용되고 있다. 우리는 이와 같은 경우를 예측 타당성(predictive validity)이라고 한다. 둘째 방법은 예측변수와 기준변수를 같은 시점에서 측정하는 경우이다. 조직성원들이 현재 받고 있는 급여수준이 그들의 '급여에 대한 만족도'를 예측하는 데 사용되는 경우이다. 이와 같은 경우를 공시적 타당성(concurrent validity)이라고 한다. 셋째 방법은 기준측정, 즉 기준변수가 일정 시점에서 먼저 측정되고 예측변수는 나중에 측정되는 경우이다. 예를 들어, 시체의 해부에서 얻어진 증거에 의해서 사망의 원인이 추정되는 경우이다. 이와 같은 경우가 소위 사후적 타당성(post-dictive validity)인 것이다.

한편, '측정치가 측정하려고 의도한 것을 측정하고 있는 것처럼 보이는 경우' 그 측정치는 표면적 타당성을 갖추게 되는 것이다. 어떤 측정치가 외견상 어떤 변수의 타당성 지표인 것처럼 보일지라도 구성개념 타당성과 기준관련 타당성이 결여되고 있는 경우가 있다는 사실에 유의해야 한다. 또, 이와는 반대로 표면적 타당성은 결여되어 있지만 그 측정치가 뛰어난 예측변수일 경우가 있다. 표면적 타당성이 중요하다고 하는 기본적인 이유의 하나는, 측정방법을 실제의 측정상황에서 효과적으로 이용하기 위해서는 그 측정방법의 이용자와 측정의 대상자 쌍방이 수용할 수 있는 것이어야 하기 때문이다.

측정방법을 실제의 상황에 적용하기 전에 측정치의 증가적 타당성에 관한 증거가 제시되어야 한다고 주장되고 있다. 어떤 측정치가 쉽고 값싸게 활용할 수 있는 다른 정보에 비하여 예측

효율이 뛰어난 경우, 즉 예측효율에 어떤 증진을 가져왔을 경우, 그 측정치는 증가적 타당성을 갖추고 있다고 말할 수 있다. 사회과학의 영역에서는 다양한 측정방법이 급속히 개발되고 있기 때문에, 이 증진적 타당성의 개념에 마땅히 받아야 할 만큼의 충분한 주의가 기울여지지 않고 있다.

변수의 측정방법을 개발하는 과정에서 연구자는 측정치의 수렴적 타당성에 관한 입증자료를 제시하게 된다. 수렴적 타당성은 변수에 대한 어떤 측정방법에 의한 스코어가 다른 독립적인 측정방법에 의한 스코어와 상관되고 있는 정도를 나타낸다. 측정방법의 수렴적 타당성과 동시에 연구자는 변별적 타당성에 대해서도 주의를 기울여야 한다. 변별적 타당성은 어떤 특정한 측정치와 관계가 없는 다른 측정치와의 사이에 강한 상관관계가 존재하지 않는 정도를 나타낸다.

공석이 된 직위를 위해 종업원을 채용할 때, 조직에서는 몇 개의 '채용을 위한 사전 검사'를 한다. 이와 같은 검사들의 기준관련 타당성은 일반적으로 공시적 타당성 전략에 의해 확정될 수 있다. 이와 같은 방법에 의해 검사의 타당성을 검증하는 경우에는 비교적 많은 사람들을 대상으로 한 검사 점수(test score)와 기준변수 측정치가 요구되는 것이다. 일반적으로 공시적 타당성은 자주 0.4를 넘지 않고 있으며, 적어도 25개 이상의 표본에 근거한 것이 아니면 타당성 계수 0.4는 통계적으로 신뢰할 수 없기 때문이다. 그러나 조직에 있어서 실제로 25명 이상의 직무담당자를 필요로 하는 단일 직무는 거의 없다. 직무담당자가 비교적 소수인 경우, 선발검사의 타당성은 다른 방법에 의하지 않으면 안 된다. 직무담당자가 소수인 직무를 대상으로 한 검사의 타당성을 검증하는 데 사용될 수 있는 방법이 종합적 타당성이다. 종합적 타당성은 직무의 구성요소를 논리적으로 분석하고, 각 요소에 대한 측정의 타당성을 검증하여 각 요소의 타당성을 하나의 전체에 결합하는 경우에 있어서의 타당성을 추론하는 것이다.

예측-기준관계성 : 범위제약의 영향

상관계수는 어떤 측정치의 기준관련 타당성의 정도를 나타내는 데 사용된다. 그리고 예측변수와 기준변수의 예정치 신뢰도가 낮으면, '관찰된 예측-기준 상관'은 영(zero)에 가까워진다. 그래서 우리가 연구를 수행하는 과정에서 '낮은 예측-기준 상관'을 관찰하게 될 경우, 사용하고 있는 측정치의 신뢰도가 최적수준 이하가 될 가능성을 항상 검토해 보아야 한다. 그러나 예측-기준 상관이 낮은 것은 '범위의 제약(restriction of range)'이라고 하는 문제로부터 기인된 것이다. 이와 같은 상태는 '표본상관계수'를 구할 때에 그 기초가 된 변수의 변동범위(variability)가 모집단의 그것보다 작은 표본만을 사용할 때 생기는 현상이다.

기준관련 타당성을 입증한다는 관점에서 보면 모집단을 구성하는 모든 사람들을 검사하고 동시에 그 사람들을 모두 채용한다는 것은 이상적이라고 할 수 있다. '예측변수'와 '기준변수'에 대한 분산이 매우 크게 나타난 것이고 또 이것은 매우 중요한 것이 된다. 왜냐하면, 다른 모든 조건이 변함이 없다면 두 변수의 변동범위가 크면 클수록 두 변수 간의 상관도 그만큼 커지기 때문이다.

실제로 범위의 제약이 '예측기준 타당성'에 미치는 영향이나 그 밖에 다른 상관에 미치는 영향은 자주 주목의 대상이 되고 있다. 예를 들어, 어떤 연구[5])에 의하면 '제약을 받지 않는 표본 (unrestricted sample)'의 경우, 혼합적성검사(composite aptitude test)의 점수와 기준변수 측정치와의 사이에 0.64의 상관을 나타내 보이지만 범위의 제약을 받은 표본의 경우 '예측-기준 상관'은 0.18밖에 되지 않는다고 보고하고 있다. 이와 같은 연구결과는 범위의 제약이 상관계수에 미치는 영향에 대한 명백한 증거를 제시해 주고 있는 것이다.

2. 신뢰성분석의 실제

 14-1

다음은 K대학교 학생회에서 학교 구내식당에 대한 학생들의 반응을 조사하기 위해서 작성한 설문내용이다.

[설문 1] 귀하는 구내식당을 이용할 때 다음의 항목들을 어느 정도 중요하게 생각하십니까?

중요도

	1	2	3	4	5	6	7
1. 청결상태(X1)	: ___	: ___	: ___	: ___	: ___	: ___	:
2. 음식량 (X2)	: ___	: ___	: ___	: ___	: ___	: ___	:
3. 대기시간(X3)	: ___	: ___	: ___	: ___	: ___	: ___	:
4. 음식맛 (X4)	: ___	: ___	: ___	: ___	: ___	: ___	:
5. 친절 (X5)	: ___	: ___	: ___	: ___	: ___	: ___	:

---

5) Guilford, J. P. and Frutcher, B., *Fundamental Statistics in Psychology and Education*, 5th ed., New York : McGraw Hill, 1973.

[설문 2]	귀하는 구내식당을 평균적으로 일주일에 몇 번 정도 이용하십니까?	(이용횟수)	(X6)
[설문 3]	귀하의 성별(남, 여)	(X7)	

　다음의 데이터표는 학생 25명에 대한 설문결과를 정리한 것이다. 이 데이터에 대해 신뢰성분석을 실시하라.

| 표 14.1 | 데이터표

No.	X1	X2	X3	X4	X5	X6	X7	No.	X1	X2	X3	X4	X5	X6	X7
1	6	4	7	6	5	4	1	14	6	3	5	5	7	3	2
2	5	7	5	6	6	6	1	15	3	4	4	3	2	2	2
3	5	3	4	5	6	4	1	16	2	7	5	5	4	4	2
4	4	3	2	3	4	3	1	17	3	5	2	7	2	5	2
5	5	3	3	3	2	2	1	18	6	4	5	5	7	4	2
6	2	6	2	4	3	3	1	19	7	4	6	3	5	2	2
7	1	3	3	3	2	1	1	20	5	6	6	3	4	3	2
8	3	5	3	4	2	2	1	21	2	3	3	4	3	2	2
9	7	3	6	5	5	4	1	22	3	4	2	3	4	3	2
10	6	4	3	4	4	5	1	23	3	6	3	5	3	5	2
11	6	6	2	6	4	6	1	24	6	5	7	5	5	5	2
12	3	2	2	4	2	3	1	25	7	6	5	4	6	5	2
13	5	7	6	5	2	6	2								

　SPSS에 의한 신뢰성분석

《순서 1》 데이터의 입력

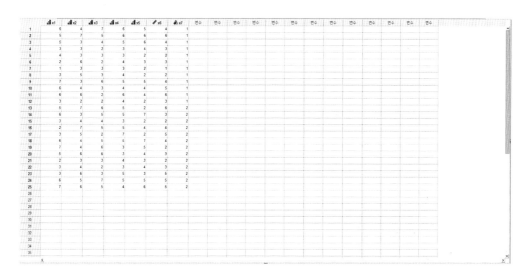

《순서 2》신뢰도분석의 선택

메뉴에서 [분석(A)] - [척도분석(A)] - [신뢰도분석(R)]을 선택한다.

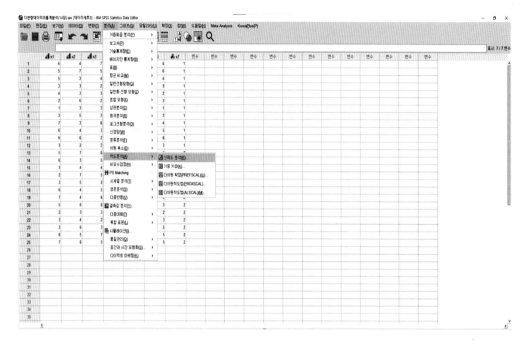

↓ (대화상자가 나타난다)

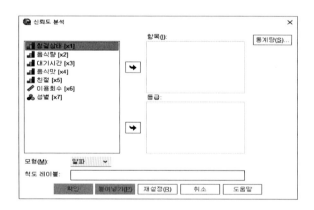

《순서 3》변수의 선택

신뢰도분석에서 변수는 두 개 이상이어야 한다. [항목(I)] 난에 'x_1', 'x_2', 'x_3', 'x_4', 'x_5' 등 다섯 개의 변수를 선택한다. 이들 다섯 개의 변수들이 동일한 개념을 가지고 있는지 알아보기 위함이다.

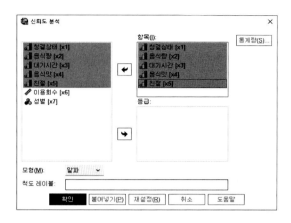

위의 대화상자에서 [모형(M)] 난의 '알파'는 크론바하 알파(Chronbach's alpha) 계수를 이용함을 의미한다.

《순서 4》 통계량의 선택

위의 대화상자에서 [통계량(S)] 버튼을 클릭하면 다음과 같은 대화상자가 나타난다.

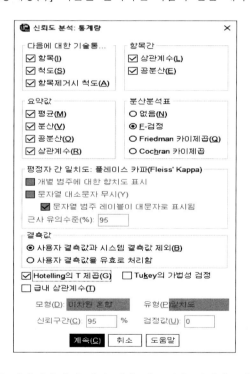

[신뢰도분석 : 통계량] 대화상자에서 위와 같은 항목들을 지정하고 [계속] 버튼을 클릭하면, 앞의 화면으로 복귀한다. 여기에서 [확인] 버튼을 클릭하면 분석결과를 얻을 수 있다.

(1) 크론바하 알파 계수의 계산

신뢰도 통계량

Cronbach의 알파	표준화된 항목의 Cronbach의 알파	항목 수
.709	.700	5

(A) Cronbach의 알파 = 0.709 : 크론바하 알파 모형에 의해서 $X1$, $X2$, $X3$, $X4$, $X5$를 하나의 척도로 신뢰성 검사를 실시한 결과 크론바하 알파 계수는 0.709가 나왔다. 일반적으로 신뢰도의 척도인 크론바하 알파 계수가 0.6 이상이면 신뢰성이 있다고 보며, 전체 변수(항목)를 하나의 척도로 종합하여 분석할 수 있다는 것이다.

어떤 연구결과에 의하면, 탐색적인 연구 분야에서는 크론바하 알파 계수가 0.6 이상이면 충분하고, 기초연구 분야에서는 0.8 그리고 중요한 결정이 요구되는 응용연구 분야에서는 0.9 이상이어야 한다고 주장하고 있다.[6] 조직 단위의 분석수준에서 일반적으로 크론바하 알파 계수가 0.6 이상이면 측정도구의 신뢰도에는 별 문제가 없는 것으로 알려져 있다.[7]

(B) Cronbach's Alpha Based on Standardized Items = 0.700 : 표준화된 각 변수들로 신뢰성분석을 했을 경우에는 크론바하 알파 계수가 0.700이 된다. 만일 각 변수들의 척도가 큰 분산을 가지고 있다면, 두 가지 종류의 알파 계수 간에 차이가 크기 때문에 이 방법을 이용해야 한다.

(2) 신뢰도분석의 기술통계량

항목 통계량

	평균	표준화 편차	N
청결상태	4.36	1.823	25
음식량	4.52	1.503	25
대기시간	4.04	1.695	25
음식맛	4.40	1.155	25
친절	3.96	1.645	25

각 개별항목들에 대한 기술통계량이 제시되어 있다. 분석대상이 되는 5변수들의 이름과 각 변수의 평균, 표준편차, 사례(케이스) 수가 나타나 있다. $X1$(청결상태) 변수의 표준편차가 1.823으로서 5변수 중 가장 크다는 것을 알 수 있다.

---

6) Nunnally, J. C., *Psychometric Theory*, 2nd ed., New York : McGraw Hill, 1978.
7) Van de Ven, A. H. and Ferry, D. L., *Measuring and Assessing Organization*, New York, 1980.

(3) 상관행렬 및 공분산행렬

항목간 상관행렬

	청결상태	음식량	대기시간	음식맛	친절
청결상태	1.000	.050	.629	.265	.686
음식량	.050	1.000	.220	.355	.009
대기시간	.629	.220	1.000	.183	.509
음식맛	.265	.355	.183	1.000	.272
친절	.686	.009	.509	.272	1.000

항목간 공분산 행렬

	청결상태	음식량	대기시간	음식맛	친절
청결상태	3.323	.138	1.943	.558	2.057
음식량	.138	2.260	.562	.617	.022
대기시간	1.943	.562	2.873	.358	1.418
음식맛	.558	.617	.358	1.333	.517
친절	2.057	.022	1.418	.517	2.707

5변수들 간의 상관행렬 및 공분산행렬이 제시되어 있다. $X1$(청결상태), $X3$(대기시간), $X5$(친절) 간에 상관관계가 높고, $X2$(음식량), $X4$(음식맛) 간에 상관관계가 비교적 높은 값(0.355)을 보이고 있다.

(4) 요약 항목 통계량

요약 항목 통계량

	평균	최소값	최대값	범위	최대값 / 최소값	분산	항목 수
항목 평균	4.256	3.960	4.520	.560	1.141	.059	5
항목 분산	2.499	1.333	3.323	1.990	2.493	.570	5
항목간 공분산	.819	.022	2.057	2.035	94.923	.498	5
항목간 상관관계	.318	.009	.686	.677	78.278	.049	5

(A) 항목평균 : 각 변수들의 평균의 평균, 평균값 중 최소값·최대값, 평균의 범위, 최대평균과 최소평균의 비율, 평균의 분산 등을 나타낸다.

(B) 항목분산 : 각 변수들의 분산의 평균, 분산값 중 최소값·최대값, 분산의 범위, 최대분산과 최소분산의 비율, 분산의 분산 등을 나타낸다.

(C) 항목 간 공분산 : 각 변수들 간의 공분산의 평균, 공분산 중 최소값·최대값, 공분산의 범위, 최대공분산과 최소공분산의 비율, 공분산의 분산 등을 나타낸다.

(D) 항목 간 상관관계 : 각 변수들 간의 상관계수의 평균, 상관계수 중 최소값·최대값, 상관계수의 범위, 최대상관계수와 최소상관계수의 비율, 상관계수의 분산 등을 나타낸다.

(5) 항목 총계 통계량 및 척도 통계량

항목 총계 통계량

	항목이 삭제된 경우 척도 평균	항목이 삭제된 경우 척도 분산	수정된 항목-전체 상관계수	제곱 다중 상관계수	항목이 삭제된 경우 Cronbach 알파
청결상태	16.92	16.160	.641	.585	.576
음식량	16.76	23.940	.182	.197	.763
대기시간	17.24	17.440	.605	.449	.598
음식맛	16.88	23.443	.367	.213	.698
친절	17.32	18.143	.573	.497	.614

척도 통계량

평균	분산	표준화 편차	항목 수
21.28	28.877	5.374	5

(A) 항목이 삭제된 경우 척도 평균 : 해당하는 하나의 변수를 분석대상에서 제외했을 경우에 그 변수 이외의 변수들로 구성되는 척도의 평균을 의미한다. 예를 들면, $X1$(청결상태)을 제외하고 신뢰성을 분석하면 척도의 평균 21.28이 16.92로 바뀐다는 것을 의미한다. 이 값은 척도의 평균에서 $X1$의 평균을 뺀 값과 같다(21.28 − 4.36 = 16.92).

(B) 항목이 삭제된 경우 척도 분산 : 해당하는 하나의 변수를 분석대상에서 제외했을 경우에 그 변수 이외의 변수들로 구성되는 척도의 분산을 의미한다. 예를 들면, $X2$(음식량)를 제외한 스케일의 분산은 23.94로서 가장 크다.

(C) 수정된 항목 - 전체 상관관계 : 각 개별 변수와 그 변수를 제외한 나머지 변수로 구성된 척도와의 상관계수를 의미한다. 예를 들면, $X1$(청결상태)과 $X2$(음식량), $X3$(대기시간), $X4$(음식맛), $X5$(친절)로 구성된 척도와의 상관계수는 0.641로서 가장 크다.

(D) 제곱 다중 상관관계 : 각 개별 변수를 제외하고 구성된 척도가 전체 분산 중에서 얼마나 설명하는가를 나타낸다. 예를 들면, $X1$을 목적변수로 하고 $X2$, $X3$, $X4$, $X5$를 설명변수로 하는 회귀식이 가지는 설명력(R^2)을 의미한다.

(E) 항목이 삭제된 경우 크론바하 알파 : 각 개별 변수를 제외했을 때의 크론바하 알파 계수이다. 신뢰도분석에서는 신뢰도 모형을 초기지정값으로 크론바하 알파 모형으로 실행하도록 되어 있다. 예를 들면, $X1$(청결상태)을 제외하면 크론바하 알파 계수는 원래의 알파값 0.709(마지막 출력결과 참조)에서 0.576으로 크게 작아지고, $X2$(음식량)를 제외하면 크론바하 알파 계수는 원래의 알파값에서 0.763으로 커진다. 만일, 이 변수들을 하나의 요인으로 나타내고자 할 경우에는 $X2$를 제외한 나머지 네 개의 변수로 구성해야 할 것이다. 신뢰도의 척도인 알파값은 클수록 좋은 것이므로, 그 변수를 제외함으로써 알파값이 작아지는 경우에는 그 변수를 제외하지 않도록 해야 한다.

(F) 척도 통계량 : 분석변수를 하나로 간주한 가상변수인 척도(scale)에 관한 평균, 분산, 표준편차, 변수의 수가 나타나 있다.

(6) 분산분석표

ANOVA

		제곱합	자유도	평균제곱	F	유의확률
개체 간		138.608	24	5.775		
개체 내	항목 간	5.888	4	1.472	.876	.481
	잔차	161.312	96	1.680		
	전체	167.200	100	1.672		
전체		305.808	124	2.466		

총 평균 = 4.26

(A) 개체 간 : $X1$, $X2$, $X3$, $X4$, $X5$ 등 다섯 개 변수 간의 차이 여부를 검정하기 위한 것으로 표본의 자유도는 24(= 표본의 수 − 1 = 25 − 1)이다.

(B) 항목 간 : 항목 간의 자유도는 4(= 항목의 수 − 1 = 5 − 1)이며, F값은 0.876이고 유의확률 = 0.481 > 0.05이므로 유의하지 않다. 즉, 항목 간에 차이가 없다는 귀무가설이 채택된다.

(7) Hotelling T 제곱 검정

Hotelling T 제곱 검정

Hotelling의 T 제곱.	F	자유도1	자유도2	유의확률
4.281	.936	4	21	.462

Hotelling의 T제곱 = 4.281, F = 0.936, 유의확률 = 0.462 : 변수 간 평균의 동일 여부를 검정하기 위한 것으로 F = 0.936이며 유의확률 = 0.462 > 0.05이므로 통계적으로 유의하지 않다. 즉, 변수 간의 평균이 같다는 귀무가설이 채택된다.

결측값의 처리

Chapter 15

결측값의 처리

1. 앙케트 조사와 결측값

 15-1

음식의 기호에 관한 다음과 같은 앙케트 조서를 실시했다. 여섯 개의 질문을 하고 있다.

Q1. **어느 알콜 음료를 가장 좋아하십니까?**
　　1. 청주　　　2. 맥주　　　3. 포도주

Q2. **어느 식사를 가장 좋아하십니까?**
　　1. 한식　　　2. 중화　　　3. 양식

Q3. **알콜류를 마실 때의 안주로서 어느 것을 가장 좋아하십니까?**
　　1. 채소　　　2. 초콜릿　　　3. 치즈

Q4. **어느 차를 가장 좋아하십니까?**
　　1. 녹차　　　2. 커피　　　3. 홍차

Q5. **맛의 기호는 어느 쪽이십니까?**
　　1. 연한 맛　　2. 진한 맛

Q6. **저녁식사는 어디에서 드시는 일이 많습니까?**
　　1. 자택　　　2. 외출처

결측값의 문제

앙케트의 조사에서 회답자 전원이 모든 질문에 응답해 주면 결측값은 생기지 않는다. 그러나 어떤 질문에는 응답을 하고 어떤 질문에는 응답하지 않는다고 하는 회답자가 존재하면, 결측값이 생기게 된다.

| 표 15.1 | **결측값이 있는 데이터표(1)**

회답자	Q1	Q2	Q3	Q4	Q5	Q6
1	3	2	2	2	2	2
2	3	3	3	2	2	2
3	3	2	1	2	2	1
4	3	3	3	3	2	2
5	1	1	1	2	1	1
6	3	3	2	1	2	1
7	1	1	1	2	1	2
8	2	2	2	2	1	1
9	2	2	3	3	2	2
10	1	1	2	2	1	2
11	3	2	1	2	2	1
12	2	2	1	1	2	1
13	1	1	2	2	1	1
14	1	1	3	3	1	2
15	3	3	3	3	2	2
16	1	2	1	1	1	1
17	2	2	1	1	1	1
18	3	3	3	3	2	2
19		1	3	3	1	2
20	2		2	2	2	1

예를 들면, 여섯 개의 질문을 20명에게 했을 때 19번의 회답자는 [질문 1]에 회답하고 있지 않고, 20번의 회답자는 [질문 2]에 회답하고 있지 않다고 하는 상황이 생겼다. 이 경우에 <표 15.1>과 같은 데이터표가 된다.

결측값이 있는 경우의 처리방법으로서는 다음의 세 가지를 생각할 수 있다.

　① 결측값이 있는 회답자(대상)를 삭제한다.
　② 결측값이 있는 질문(변수)을 삭제한다.
　③ 결측값을 보충한다.

결측값의 처리로서는 ①이 무난한 태도일 것이다. 그러나 <표 15.2>의 예와 같은 경우에는 곤란하게 된다.

결측값이 있는 회답자는 제거한다고 하는 방법으로 처리하면, 유효한 회답자는 1, 3, 8번의 세 사람밖에 남지 않게 된다. 이와 같은 상황일 때에는 결측값을 보충한다고 하는 방법을 취하게 될 것이다.

| 표 15.2 | **결측값이 있는 데이터표(2)**

회답자	Q1	Q2	Q3	Q4	Q5	Q6
1	3	2	2	2	2	2
2	3	3		2	2	2
3	3	2	1	2	2	1
4	3	3	3	3		2
5	1	1	1	2	1	
6	3	3	2	1	2	
7	1	1	1	2		2
8	2	2	2	2	1	1
9	2	2		3	2	2
10	1		2	2	1	2
11		2	1	2	2	1
12		2	1	1	1	1
13	1		2	2	1	1
14	1	1		3	1	2
15	3	3	3		2	2
16	1	2	1	1		1
17	2	2	1	1	1	
18	3	3	3	3	2	
19		1	3	3	1	2
20	2		2	2	2	1

결측값을 보충할 때에는 최빈값(mode)을 이용해서 결측값을 추정하는 방법과 '무회답'이라고 하는 범주가 있다고 생각해서 새로 범주를 추가하는 방법이 있다.

최빈값을 이용해서 추정하는 방법에 대해서 설명하기로 한다. 예를 들면, <표 15.1>에 있어서 Q1의 경우에 다음과 같은 집계결과로 되어 있다.

범주	회답자
1	6
2	5
3	8
무회답	1
합계	20

따라서, 최빈수는 3이 된다. 이때, 결측값의 추정치로서 3을 사용하는 것이 최빈값을 이용하는 추정방법이다. 추정 후는 다음과 같은 집계결과가 된다.

범주	회답자
1	6
2	5
3	9
합계	20

최빈값이 두 개 이상 있을 때는 최빈값으로부터 랜덤하게 고르면 된다. 그리고 이 방법은 결측값이 많은 질문에 대해서는 피하는 것이 좋다.

한편, 무회답이라고 하는 범주를 추가하는 방법은 Q1의 경우에 무회답의 사람을 네 번째의 범주에 회답했다고 간주하는 것이다. 이 경우에는 다음과 같은 집계결과가 된다.

범주	회답자
1	6
2	5
3	8
4	1
합계	20

그런데 다음의 <표 15.3>에 보이는 바와 같은 경우도 상정할 수 있다. 이것은 어떤 특정의 질문에 결측값이 집중한다고 하는 상황이다. 이 경우에 결측값이 있는 회답자는 제거하는 방법으로 처리하면, Q5의 결측값이 많기 때문에 유효한 회답자는 다섯 명밖에 남지 않게 된다. 이와 같은 상황일 때에는 Q5를 삭제하는 방법이 좋을 것이다.

> **결측값**(missing data)의 취급방법에는 여러 가지가 있는데, 대별하면 다음의 두 가지이다.
> - 결측값을 어떤 방식으로 추정한 다음에 모수의 추정을 실시한다.
> - 먼저 모수를 추정한 다음에 결측값의 추정을 실시한다.

| 표 15.3 | **결측값이 있는 데이터표(3)**

회답자	Q1	Q2	Q3	Q4	Q5	Q6
1	3	2	2	2	2	2
2	3	3	3	2		2
3	3	2	1	2	2	1
4	3	3	3	3		2
5	1	1	1	2		1
6	3	3	2	1	2	1
7	1	1	1	2	1	2
8	2	2	2	2		1
9	2	2	3	3		2
10	1	1	2	2		2
11	3	2	1	2		1
12	2	2	1	1		1
13	1	1	2	2		1
14	1	1	3	3		2
15	3	3	3	3		2
16	1	2	1	1		1
17	2	2	1	1		1
18	3	3	3	3	2	2
19	1	1	3	3		2
20	2	3	2	2		1

이상으로 지금까지 보아 온 바와 같이 결측값에 대한 대처는 결측값의 수나 어떠한 상황에서 결측값이 발생하고 있는가에 따라서 다른 방법을 취해야 하는 것으로, 어떠한 대처방법이 좋은가는 일괄적으로 말할 수 없다.

결측값 그 자체의 분석이란 결측값분석(missing value analysis)이라고 불리며, 다음과 같은 두 개의 테마를 갖고 있다.

① 결측값에는 어떠한 경향이 있는가를 발견한다.
② 결측값을 추정한다.

예를 들면, 여성은 연령의 무회답이 많다든가, 질문 1에서 무회답인 사람은 질문 3에서도 무회답이라든가 하는 경향을 분석하는 것이 ①의 경우이다. 이 회답자는 연령이 무회답이지만, 반드시 몇 살 정도일 것이라고 추정하는 것이 ②의 경우이다.

SPSS의 다중대응분석에는 이와 같은 결측값을 처리하는 방법이 마련되어 있으므로, <표 15.1>의 예로 소개하기로 한다.

⟳ SPSS에 의한 해법

《순서 1》 데이터의 입력

<표 15.1>의 데이터를 다음과 같이 입력한다. 결측값은 공란으로 둔다. Q1의 19번째와 Q2의 20번째에 공란이 있다.

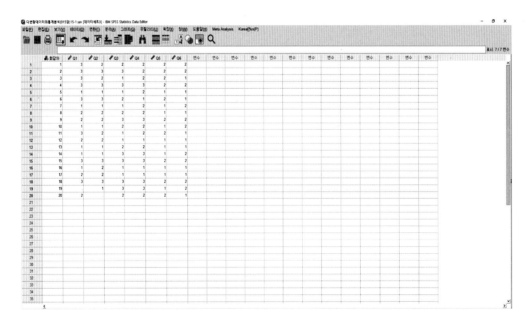

[변수값 설명]

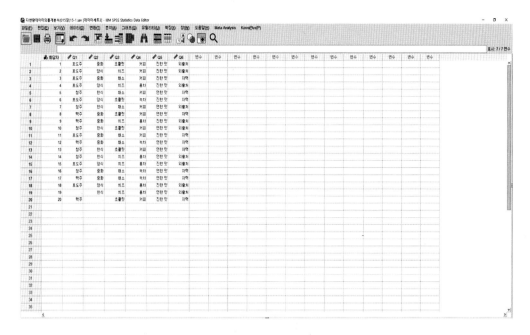

《순서 2》 다중대응분석의 선택

(1) 메뉴에서 [분석(A)] - [차원 축소(D)] - [최적화 척도법(O)]을 선택한다.

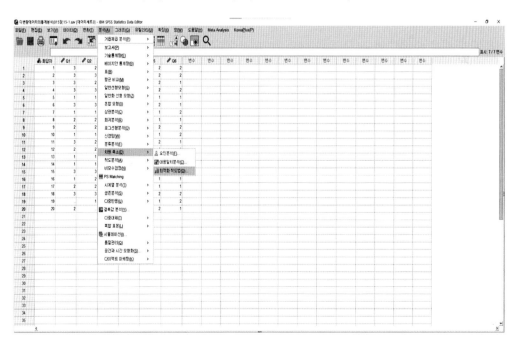

(2) 다음과 같이 다중대응분석(다중 대응일치분석)을 선택하고 [정의]를 클릭한다.

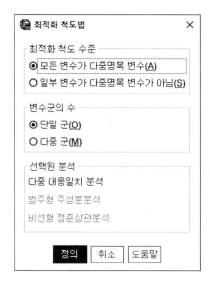

《순서 3》 변수의 선택

다음 화면에서 변수 Q1, Q2, Q3, Q4, Q5, Q6를 [분석변수(A)] 난으로 이동한다.

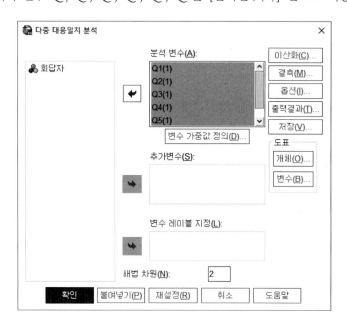

[결측(M)] 버튼을 클릭한다.

그러면 다음과 같은 [결측값] 대화상자가 나타난다.

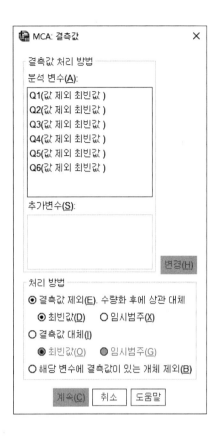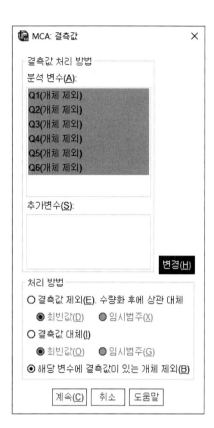

여기서부터는 결측값에 대해서 어떠한 처리를 하는가에 따라서 절차가 다르다.

(1) 결측값이 있는 대상을 삭제하고 싶을 때

결측값이 있는 회답자를 분석의 대상에서 삭제할 때에는, [분석변수(A)] 난에 있는 Q1, Q2, Q3, Q4, Q5, Q6를 선택하고 [해당 변수에 결측값이 있는 개체 제외(B)]에 체크한다. 그리고 [변경(H)] 버튼을 클릭한다.

이와 같은 설정을 해서 다중대응분석을 실행하면 된다. 다중대응분석을 실시하는 절차는 다음과 같다.

SPSS에 의한 다중대응분석 해법

《순서 4》 변수의 선택

[예제 15-1]의 <표 15.1>에 대한 결측값 처리의 절차 《순서 3》에 이어서 변수를 선택 한다. 계속해서 '회답자'를 [변수 레이블 지정]의 난으로 이동하고 [출력결과]를 클릭한다.

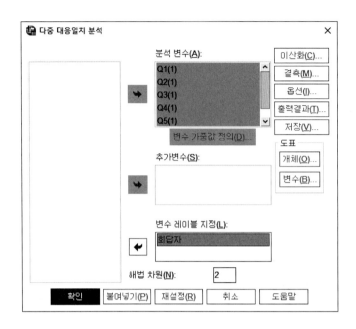

《순서 5》 출력결과의 설계

[출력결과] 화면이 되면 [개체변수], [판별측도], [변환된 변수 간 상관관계]를 선택하고, 이어서 'Q1~Q6'를 [범주 수량화 및 기여도] 난과 [다음 범주 포함] 난으로 이동한다. '회답자'를 [개체점수 레이블 기준]의 난으로 이동하고 [계속] 버튼을 클릭한다.

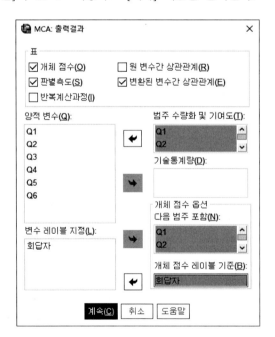

《순서 6》 개체도표 설계

(1) 다음 화면이 되면 [도표] 중의 [개체]를 클릭한다.

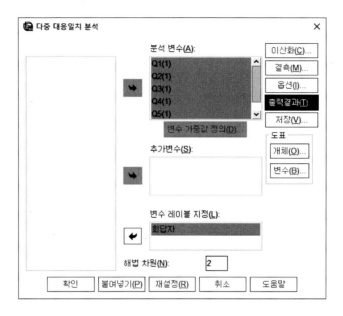

(2) [개체도표] 화면이 되면 다음과 같이 선택하고, '회답자'를 [선택]의 난으로 이동하고
[계속] 버튼을 클릭한다.

《순서 7》 변수도표 설계

앞의 순서 (1)의 화면으로 되돌아오면 [도표] 중의 [변수]를 클릭한다. 다음과 같은 [변수도표] 화면이 되면 'Q1~Q6'를 [결합범주도표]의 난으로 이동하고 [계속] 버튼을 클릭한다.

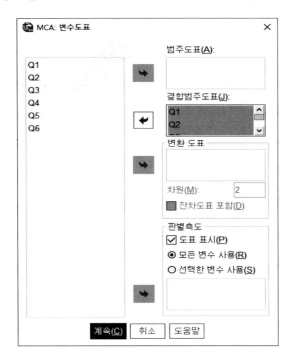

《순서 8》 다중대응분석의 실행

앞의 화면으로 되돌아오면, [다중 대응일치분석] 대화상자에서 [확인] 버튼을 클릭하면, 다음과 같은 출력결과를 얻을 수 있다.

어느 질문에 있어서도 결측값이 있는 2행이 제거되어 있으므로, 도수의 합계는 20이 아니라 18로 되어 있는 것을 확인할 수 있다.

Q1

포인트: 좌표

범주	빈도	중심값 좌표 차원 1	중심값 좌표 차원 2
청주	6	.689	1.111
맥주	4	.577	-.994
포도주	8	-.805	-.336

변수 주정규화

Q2

포인트: 좌표

범주	빈도	중심값 좌표 차원 1	중심값 좌표 차원 2
한식	5	.598	1.440
중화	8	.434	-.795
양식	5	-1.292	-.168

변수 주정규화

Q3

포인트: 좌표

범주	빈도	중심값 좌표	
		차원	
		1	2
채소	7	.782	-.374
초콜릿	5	.354	.296
치즈	6	-1.207	.190

변수 주 정규화

Q4

포인트: 좌표

범주	빈도	중심값 좌표	
		차원	
		1	2
녹차	4	.769	-1.084
커피	9	.326	.363
홍차	5	-1.203	.215

변수 주 정규화

Q5

포인트: 좌표

범주	빈도	중심값 좌표	
		차원	
		1	2
연한 맛	9	.804	.361
진한 맛	9	-.804	-.361

변수 주 정규화

Q6

포인트: 좌표

범주	빈도	중심값 좌표	
		차원	
		1	2
자택	9	.702	-.463
외출처	9	-.702	.463

변수 주 정규화

범주 포인트의 결합 도표를 그리면 다음과 같다.

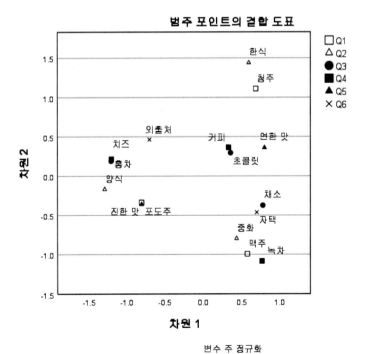

범주 포인트의 결합 도표

변수 주 정규화

한편, 개체점수와 배치도는 다음과 같다.

개체 점수

회답자	차원 1	차원 2	Q1	Q2	Q3	Q4	Q5	Q6
1	-.328	-.157	포도주	중화	초콜릿	커피	진한 맛	외출처
2	-1.228	.066	포도주	양식	치즈	커피	진한 맛	외출처
3	.174	-.846	포도주	중화	채소	커피	진한 맛	자택
4	-1.647	.001	포도주	양식	치즈	홍차	진한 맛	외출처
5	1.068	1.050	청주	한식	채소	커피	연한 맛	자택
6	-.295	-.910	포도주	양식	초콜릿	녹차	진한 맛	자택
7	.684	1.449	청주	한식	채소	커피	연한 맛	외출처
8	.876	-.531	맥주	중화	초콜릿	커피	연한 맛	자택
9	-.795	-.554	맥주	중화	치즈	홍차	진한 맛	외출처
10	.567	1.738	청주	한식	초콜릿	커피	연한 맛	외출처
11	.174	-.846	포도주	중화	채소	커피	진한 맛	자택
12	1.114	-1.445	맥주	중화	채소	녹차	연한 맛	자택
13	.951	1.339	청주	한식	초콜릿	커피	연한 맛	자택
14	-.280	1.626	청주	한식	치즈	홍차	연한 맛	외출처
15	-1.647	.001	포도주	양식	치즈	홍차	진한 맛	외출처
16	1.145	-.537	청주	중화	채소	녹차	연한 맛	자택
17	1.114	-1.445	맥주	중화	채소	녹차	연한 맛	자택
18	-1.647	.001	포도주	양식	치즈	홍차	진한 맛	외출처
19[a]	.	.	.	.	.	.	.	.
20[a]	.	.	.	.	.	.	.	.

변수 주 정규화

a. Excluded case (case number).

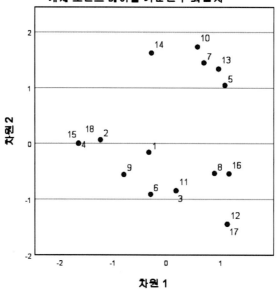

개체 포인트 레이블 기준변수 회답자

19번과 20번째의 대상점수가 공란으로 되어 있어, 제외되어 있는 것을 알 수 있다. 배치도상에 19번과 20번은 플롯되어 있지 않다.

(2) 결측값을 최빈값으로 추정하고 싶을 때

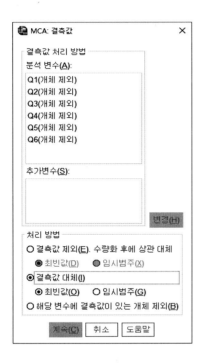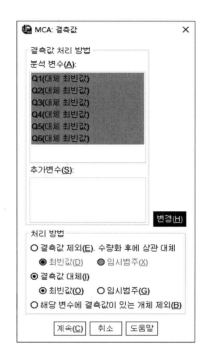

결측값을 최빈값으로 보충할 때에는 [결측값] 대화상자에서 [결측값 대체], [최빈값]을 선택한다. [분석변수(A)] 난에 있는 Q1, Q2, Q3, Q4, Q5, Q6를 선택하고 [변경(H)] 버튼을 클릭한다.

그리고 다중대응분석을 실행하면 다음과 같은 출력결과를 얻게 된다. 결측값이 있는 2행은 제거되어 있지 않으므로, 도수의 합계는 20으로 되어 있다.

Q1

포인트: 좌표

범주	빈도	중심값 좌표 차원 1	중심값 좌표 차원 2
청주	6	.588	-1.249
맥주	5	.675	.821
포도주	9	-.767	.376

변수 주 정규화

Q2

포인트: 좌표

범주	빈도	중심값 좌표 차원 1	중심값 좌표 차원 2
한식	6	.235	-1.446
중화	9	.559	.723
양식	5	-1.288	.433

변수 주 정규화

Q3

포인트: 좌표

범주	빈도	중심값 좌표 차원 1	2
채소	7	.846	.144
초콜릿	6	.410	.049
치즈	7	-1.197	-.185

변수 주 정규화

Q4

포인트: 좌표

범주	빈도	중심값 좌표 차원 1	2
녹차	4	.891	.804
커피	10	.359	-.163
홍차	6	-1.192	-.264

변수 주 정규화

Q5

포인트: 좌표

범주	빈도	중심값 좌표 차원 1	2
연한 맛	10	.612	-.608
진한 맛	10	-.612	.608

변수 주 정규화

Q6

포인트: 좌표

범주	빈도	중심값 좌표 차원 1	2
자택	10	.766	.403
외출처	10	-.766	-.403

변수 주 정규화

범주 점의 결합 도표를 그리면 다음과 같다.

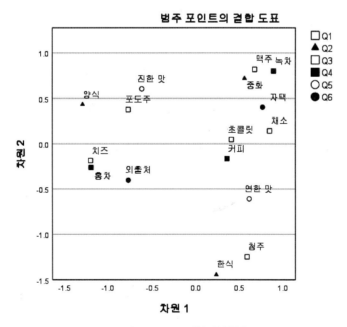

범주 포인트의 결합 도표

변수 주 정규화

한편, 개체점수와 배치도는 다음과 같다. 19번과 20번째의 개체점수가 계산되어 있는 것을 알 수 있다. 배치도상에 19번과 20번은 플롯되어 있다.

개체 점수

회답자	차원 1	2	Q1	Q2	Q3	Q4	Q5	Q6
1	-.236	.510	포도주	중화	초콜릿	커피	진한 맛	외출처
2	-1.232	.286	포도주	양식	치즈	커피	진한 맛	외출처
3	.332	.899	포도주	중화	채소	커피	진한 맛	자택
4	-1.679	.244	포도주	양식	치즈	홍차	진한 맛	외출처
5	.982	-1.255	청주	한식	채소	커피	연한 맛	자택
6	-.173	1.149	포도주	양식	초콜릿	녹차	진한 맛	자택
7	.540	-1.602	청주	한식	채소	커피	연한 맛	외출처
8	.975	.526	맥주	중화	초콜릿	커피	연한 맛	자택
9	-.731	.560	맥주	중화	치즈	홍차	진한 맛	외출처
10	.414	-1.644	청주	한식	초콜릿	커피	연한 맛	외출처
11	.332	.899	포도주	중화	채소	커피	진한 맛	자택
12	1.254	.985	맥주	중화	채소	녹차	연한 맛	자택
13	.856	-1.298	청주	한식	초콜릿	커피	연한 맛	자택
14	-.496	-1.786	청주	한식	치즈	홍차	연한 맛	외출처
15	-1.679	.244	포도주	양식	치즈	홍차	진한 맛	외출처
16	1.229	.095	청주	중화	채소	녹차	연한 맛	자택
17	1.254	.985	맥주	중화	채소	녹차	연한 맛	자택
18	-1.679	.244	포도주	양식	치즈	홍차	진한 맛	외출처
19	-.887	-1.087	포도주	한식	치즈	홍차	연한 맛	외출처
20	.622	1.049	맥주	중화	초콜릿	커피	진한 맛	자택

변수 주 정규화

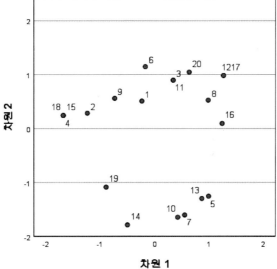

개체 포인트 레이블 기준변수 회답자

(3) 결측값을 임시범주로 추정하고 싶을 때

결측값을 무회답이라고 하는 범주를 추가해서 보충할 때에는 [결측값] 대화상자에서 [결측값 대체], [임시범주]를 선택한다. [분석변수(A)] 난에 있는 Q1, Q2, Q3, Q4, Q5, Q6를 선택하고 [변경(H)] 버튼을 클릭한다.

그리고 다중대응분석을 실행하면 다음과 같은 출력결과를 얻게 된다.

Q1

포인트: 좌표

범주	빈도	중심값 좌표 차원 1	중심값 좌표 차원 2
청주	6	.574	1.102
맥주	5	.684	-.657
포도주	8	-.738	-.670
임시범주	1	-.961	2.038

변수 주 정규화

Q2

포인트: 좌표

범주	빈도	중심값 좌표 차원 1	중심값 좌표 차원 2
한식	6	.210	1.430
중화	8	.556	-.566
양식	5	-1.275	-.561
임시범주	1	.666	-1.253

변수 주 정규화

Q1과 Q2에는 결측값이 있기 때문에 무회답이라고 하는 범주가 '임시범주'로 추가되어 있는 것을 알 수 있다. 한편, 다음에 보이는 바와 같이 Q3, Q4, Q5, Q6에는 결측값이 없으므로 임시범주는 나타나고 있지 않다.

Q3

포인트: 좌표

범주	빈도	중심값 좌표 차원 1	2
채소	7	.845	-.081
초콜릿	6	.420	-.201
치즈	7	-1.205	.253

변수 주 정규화

Q4

포인트: 좌표

범주	빈도	중심값 좌표 차원 1	2
녹차	4	.895	-.601
커피	10	.364	.013
홍차	6	-1.203	.379

변수 주 정규화

Q5

포인트: 좌표

범주	빈도	중심값 좌표 차원 1	2
연한 맛	10	.597	.697
진한 맛	10	-.597	-.697

변수 주 정규화

Q6

포인트: 좌표

범주	빈도	중심값 좌표 차원 1	2
자택	10	.773	-.383
외출처	10	-.773	.383

변수 주 정규화

범주 점의 결합 도표를 그리면 다음과 같다.

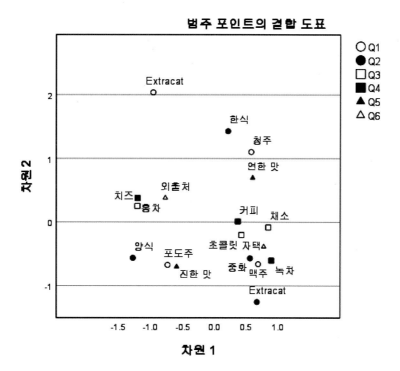

범주 포인트의 결합 도표

변수 주 정규화

'Extracat'로 표시되어 있는 것이 임시범주이다. 이 예에서는 ○는 Q1, ●는 Q2의 임시 범주를 나타내고 있다.

한편, 개체점수와 배치도는 다음과 같다. 19번과 20번째의 개체점수가 계산되어 있는 것을 알 수 있다. 배치도상에 19번과 20번은 플롯되어 있다.

개체 점수

회답자	차원 1	차원 2	Q1	Q2	Q3	Q4	Q5	Q6
1	-.221	-.685	포도주	중화	초콜릿	커피	진한 맛	외출처
2	-1.217	-.504	포도주	양식	치즈	커피	진한 맛	외출처
3	.347	-.937	포도주	중화	채소	커피	진한 맛	자택
4	-1.669	-.359	포도주	양식	치즈	홍차	진한 맛	외출처
5	.969	1.092	청주	한식	채소	커피	연한 맛	자택
6	-.150	-1.224	포도주	양식	초콜릿	녹차	진한 맛	자택
7	.523	1.393	청주	한식	채소	커피	연한 맛	외출처
8	.978	-.432	맥주	중화	초콜릿	커피	연한 맛	자택
9	-.731	-.355	맥주	중화	치즈	홍차	진한 맛	외출처
10	.401	1.345	청주	한식	초콜릿	커피	연한 맛	외출처
11	.347	-.937	포도주	중화	채소	커피	진한 맛	자택
12	1.253	-.624	맥주	중화	채소	녹차	연한 맛	자택
13	.847	1.044	청주	한식	초콜릿	커피	연한 맛	자택
14	-.519	1.669	청주	한식	치즈	홍차	연한 맛	외출처
15	-1.669	-.359	포도주	양식	치즈	홍차	진한 맛	외출처
16	1.222	.068	청주	중화	채소	녹차	연한 맛	자택
17	1.253	-.624	맥주	중화	채소	녹차	연한 맛	자택
18	-1.669	-.359	포도주	양식	치즈	홍차	진한 맛	외출처
19	-.961	2.038	임시범주	한식	치즈	홍차	연한 맛	외출처
20	.666	-1.253	맥주	임시범주	초콜릿	커피	진한 맛	자택

변수 주 정규화

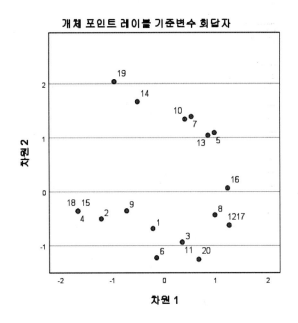

개체 포인트 레이블 기준변수 회답자

2. 추가처리 기능

추가처리의 예

[예제 15-1]의 20명에 대한 데이터표에 새로 다섯 명분의 회답결과를 추가하게 되었다. 단, 이 다섯 명은 미성년이기 때문에 Q1(알코올 음료의 기호)의 질문에는 회답하고 있지 않다. 그 결과가 <표 15.4>와 같다.

| 표 15.4 | **데이터표**

회답자	Q1	Q2	Q3	Q4	Q5	Q6
1	3	2	2	2	2	2
2	3	3	3	2	2	2
3	3	2	1	2	2	1
4	3	3	3	3	2	2
5	1	1	1	2	1	1
6	3	3	2	1	2	1
7	1	1	1	2	1	2
8	2	2	2	2	1	1
9	2	2	3	3	2	2
10	1	1	2	2	1	2
11	3	2	1	2	2	1
12	2	2	1	1	1	1
13	1	1	2	2	1	1
14	1	1	3	3	1	2
15	3	3	3	3	2	2
16	1	2	1	1	1	1
17	2	2	1	1	1	1
18	3	3	3	3	2	2
19	1	1	3	3	1	2
20	2	3	2	2	2	1
21		2	1	3	1	2
22		1	1	3	1	2
23		2	2	3	1	2
24		1	2	2	2	1
25		1	1	2	1	2

이와 같은 때에는 Q1을 추가변수, 회답자 21부터 25를 보조개체로 하는 추가처리 기능을 사용하면 된다.

구체적으로는 다음과 같은 조작을 실시한다.

① **추가변수의 설정**

다중대응분석 대화상자에서 [분석변수]에 Q2, Q3, Q4, Q5, Q6를, [추가변수]에 Q1을 투입한다.

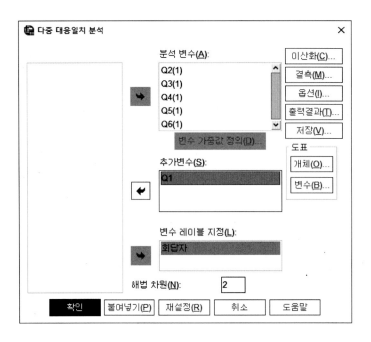

② 보조개체의 설정

[옵션]을 클릭한다. [처음(F)]에 21, [마지막(S)]에 25를 입력하고 [추가] 버튼을 클릭한다.

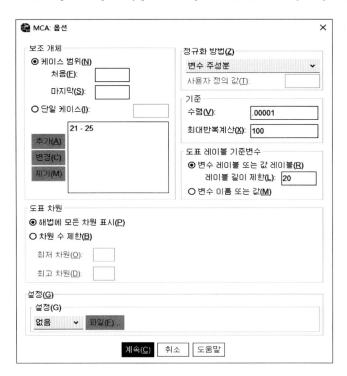

그 다음에 [계속] 버튼을 클릭한다. 설정한 후에 다중대응분석을 실시하면 다음과 같은 결과가 출력된다.

① 관성

모형 요약

차원	Cronbach의 알파	설명된 분산		
		전체(고유값)	요약 관성	% 분산
1	.836	3.016	.603	60.318
2	.517	1.706	.341	34.113
전체		4.722	.944	
평균	.721[a]	2.361	.472	47.215

a. 평균 Cronbach의 알파는 평균 고유값에 기준합니다.

② 범주의 수량화

Q2

포인트: 좌표

범주	빈도	중심값 좌표 차원 1	차원 2
한식	6	.021	1.457
중화	8	.668	-.483
양식	6	-.912	-.814

변수 주 정규화

Q3

포인트: 좌표

범주	빈도	중심값 좌표 차원 1	차원 2
채소	7	.959	-.058
초콜릿	6	.327	.023
치즈	7	-1.240	.039

변수 주 정규화

Q4

포인트: 좌표

범주	빈도	중심값 좌표 차원 1	차원 2
녹차	4	1.065	-.778
커피	10	.338	.227
홍차	6	-1.273	.140

변수 주 정규화

Q5

포인트: 좌표

범주	빈도	중심값 좌표 차원 1	차원 2
연한 맛	10	.500	.727
진한 맛	10	-.500	-.727

변수 주 정규화

Q6

포인트: 좌표

범주	빈도	중심값 좌표 차원 1	차원 2
자택	10	.822	-.306
외출처	10	-.822	.306

변수 주 정규화

Q1[a]

포인트: 좌표

범주	빈도	중심값 좌표 차원 1	차원 2
청주	7	.208	1.174
맥주	5	.503	-.461
포도주	8	-.497	-.739

변수 주 정규화

a. 추가변수

여기에서 추가변수로서 설정한 Q1은 위와 같이 출력된다.

③ 범주 점의 결합 도표

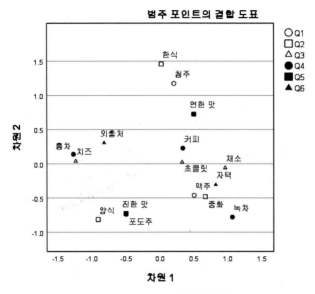

범주 포인트의 결합 도표

변수 주 점규화

④ 개체점수와 배치도

개체 점수

회답자	차원 1	차원 2	Q2	Q3	Q4	Q5	Q6	Q1
1	.003	-.380	중화	초콜릿	커피	진한 맛	외출처	포도주
2	-1.040	-.567	양식	치즈	커피	진한 맛	외출처	포도주
3	.758	-.789	중화	채소	커피	진한 맛	자택	포도주
4	-1.574	-.620	양식	치즈	흄차	진한 맛	외출처	포도주
5	.876	1.201	한식	채소	커피	연한 맛	자택	청주
6	.266	-1.524	양식	초콜릿	녹차	진한 맛	자택	포도주
7	.330	1.559	한식	채소	커피	연한 맛	외출처	청주
8	.880	.113	중화	초콜릿	커피	연한 맛	자택	맥주
9	-1.050	-.427	중화	치즈	흄차	진한 맛	외출처	맥주
10	.120	1.609	한식	초콜릿	커피	연한 맛	외출처	청주
11	.758	-.789	중화	채소	커피	진한 맛	자택	포도주
12	1.331	-.529	중화	채소	녹차	연한 맛	자택	맥주
13	.666	1.251	한식	초콜릿	커피	연한 맛	자택	청주
14	-.933	1.563	한식	치즈	흄차	연한 맛	외출처	청주
15	-1.574	-.620	양식	치즈	흄차	진한 맛	외출처	포도주
16	1.331	-.529	중화	채소	녹차	연한 맛	자택	청주
17	1.331	-.529	중화	채소	녹차	연한 맛	자택	맥주
18	-1.574	-.620	양식	치즈	흄차	진한 맛	외출처	포도주
19	-.933	1.563	한식	치즈	흄차	연한 맛	외출처	청주
20	.025	-.932	양식	초콜릿	커피	진한 맛	자택	맥주
21[a]	.011	.367	중화	채소	흄차	연한 맛	외출처	.
22[a]	-.204	1.506	한식	채소	흄차	연한 맛	외출처	.
23[a]	-.199	.417	중화	초콜릿	흄차	연한 맛	외출처	.
24[a]	.334	.399	한식	초콜릿	커피	진한 맛	자택	.
25[a]	.330	1.559	한식	채소	커피	연한 맛	외출처	.

변수 주 점규화
a. 보조개체

회답자 21부터 25가 보조개체가 되어 있는 것을 알 수 있다. 배치도는 다음과 같다.

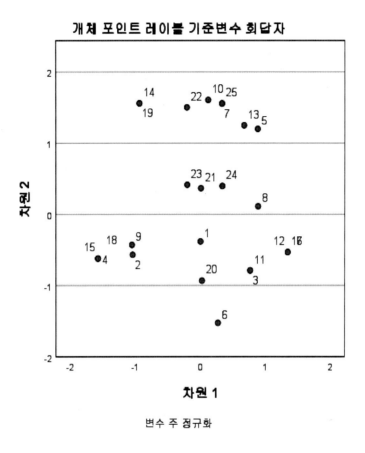

개체 포인트 레이블 기준변수 회답자

변수 주 정규화

회답자 21부터 25도 배치도상에 플롯되어 있는 것을 알 수 있다.

추가처리 기능의 활용

추가처리 기능은 데이터 중에 이질적인 대상이나 이질적인 변수가 혼재하고 있을 때에 유효한 데이터 처리의 기능이다. 어떠한 경우에 활용할 수 있는지를 소개하기로 한다.

[활용 장면 1]

동일한 앙케트 조사를 연도를 바꾸어서 실시하는 경우에는 다음과 같은 데이터표가 된다.

이와 같은 때에는 금년의 회답자인 16번부터 30번을 보조개체로서 설정하는 방법을 생각할 수 있다. 이와 같이 하면 작년과 금년의 회답자 사이의 차이를 시각적으로 파악할 수가 있게 된다.

회답자	Q1	Q2	Q3	Q4
1				
2				
3	작년의 앙케트 조사의 회답결과			
4				
5	15명			
6				
7				
8				
9				
10				
11				
12				
13				
14				
15				
16				
17				
18	금년의 앙케트 조사의 회답결과			
19				
20	15명			
21				
22				
23				
24				
25				
26				
27				
28				
29				
30				

(좌측 병합 셀: 1~15 작년, 16~30 금년)

[활용 장면 2]

동일한 인물이 연도를 바꾸어서 회답하는 앙케트 조사의 경우에는 다음과 같은 데이터표가
된다.

회답자	작년				금년			
	Q1	Q2	Q3	Q4	Q5	Q6	Q7	Q8
1								
2								
3	작년의 앙케트 조사의 회답결과				금년의 앙케트 조사의 회답결과			
4								
5								
6								
7								
8								
9								
10								
11								
12								
13								
14								
15								

[활용 장면 3]

동일한 인물이 동일한 앙케트 조사에 연도를 바꾸어서 회답하는 경우에는 활용장면 1의 분석 방법(16번부터 30번은 1번부터 15번과 동일한 인물)과 활용장면 2의 분석방법(Q5부터 Q8은 Q1부터 Q4와 같은 질문)이 가능하게 된다. 금년과 작년에 회답이 크게 변화한 회답자나 질문을 시각적으로 파악할 수 있다.

	회답자	Q1	Q2	Q3	Q4
작년	1				
	2		작년의 앙케트 조사의 회답결과		
	3				
	4				
	5		15명		
	6				
	7				
	8				
	9				
	10				
	11				
	12				
	13				
	14				
	15				
금년	1				
	2		금년의 앙케트 조사의 회답결과		
	3				
	4				
	5		15명		
	6				
	7				
	8				
	9				
	10				
	11				
	12				
	13				
	14				
	15				

참고문헌

| 국내문헌 |

1. 강병서. 「인과분석을 위한 연구방법론」. 무역경영사, 1999.
2. 강병서·김계수. 「사회과학 통계분석」. 고려정보산업, 1998.
3. 노형진. 「EXCEL을 활용한 유형별 데이터의 통계분석」. 학현사, 2010.
4. 노형진. 「SPSS를 활용한 정성적 데이터의 통계분석」. 학현사, 2010.
5. 노형진. 「SPSS를 활용한 조사방법 및 통계분석」(제2판). 학현사, 2014.
6. 노형진 외 2인. 「SPSS를 활용한 일반선형모형 및 일반화선형혼합모형」. 학현사, 2013.
7. 노형진. 「SPSS를 활용한 분할표의 분석 및 대응분석」. 학현사, 2011.
8. 노형진·정한열. 「SPSS에 의한 통계분석 입문」. 한올출판사, 2008.
9. 노형진. 「SPSS를 활용한 주성분분석과 요인분석」. 한올출판사, 2014.
10. 노형진. 「SPSS를 활용한 회귀분석과 일반선형모형」. 한올출판사, 2014.
11. 노형진. 「다변량해석 - 질적 데이터의 수량화 - 」. 석정, 1990.
12. 노형진. 「SPSS를 활용한 앙케트의 통계분석」. 지필미디어, 2015.
13. 양병화. 「다변량 데이터 분석법의 이해」. 커뮤니케이션북스, 2006.

| 일본문헌 |

1. 石村貞夫. 「SPSSによる統計處理の手順」. 東京圖書, 1995.
2. 石村光資郎·石村貞夫. 「SPSSによる多變量データ解析の手順」. 東京圖書, 2021.
3. 石村貞夫. 「SPSSによる分散分析と多重比較の手順」. 東京圖書, 1997.
4. 石村貞夫. 「SPSSによる時系列分析の手順」. 東京圖書, 1999.
5. 石村貞夫. 「SPSSによるカテゴリカルデータ分析の手順」. 東京圖書, 2001.
6. 內田治. 「SPSSによるアンケートのコレスポンデンス分析」. 東京圖書, 2006.
7. 內田治. 「SPSSによるノンパラメトリック檢定」. Ohmsha, 2014.
8. 內田治. 「SPSSでやさしく學ぶアンケート處理」. 東京圖書, 2015.

8. 小林龍一. 「數量化入門」. 日科技連出版, 1981.

9. 芳賀·橋本. 「回歸分析と主成分分析」. 日科技連出版, 1980.

10. 林知己夫, 「數量化の方法」. 東洋經濟新報社, 1974.

11. 柳井·高木 編著. 「多變量解析ハンドブック」. 現代數學社, 1986.

| 서양문헌 |

1. Akaike, H. (1973). Information theory and an extension of the maximum likelihood principle. In Petrov, B. N. and Csaki, F.[Eds.], *Proceedings of the 2nd International Symposium Theory*. Budapest: Akademiai Kiado, 267~281.

2. Akaike, H. (1987). Factor analysis and AIC. *Psychometrika*, 52, 317~332.

3. Anderson, T. W. (1957). Maximun likelihood estimates for a multivariate normal distribution when some observations are missing. *Journal of the American Statistical Association*, 52. 200 ~203.

4. Anderson, T. W. (1984). *An introduction to multivariate statistical analysis*. New York: Wiley.

5. Beale, E. M. L. and Little, R. J. A. (1975). Missing values in multivariate analysis. *Journal of the Royal Statistical Society Series B*, 37, 129~145.

6. Bentler, P. M. (1980). Multivariate analysis with latent variables: Causal modeling. *Annual Review of Psychology*, 31, 419~456.

7. Diaconis, P. and Efron, B. (1993). Computer-intensive methods in statistics. *Scientific American*, 248(5), 116~130.

8. Kendall, M. G. and Stuart, A. (1973). *The advanced theory of statistics*. (vol. 2nd, 3rd edition). New York: Hafner.

9. Little, R. J. A. and Rubin, D. B. (1987). *Statistical analysis with missing data*. New York: Wiley.

10. Little, R. J. A. and Rubin, D. B. (1989). The analysis of social science data with missing values. *Sociological Methods and Research*, 18, 292~326.

11. Little, R. J. A. and Schenker, N. (1995). Missing data. In G. Arminger, C.C. Clogg and M.E. Sobel(Eds.)*Handbook of statistical modeling for the social and behavioral sciences*. New York: Plenum.

12. Mardia, K. V. (1970). Measures of multivariate skewness and kurtosis with applications. *Biometrika*, 57, 519~530.

13. Mardia, K. V. (1974). Applications of some measures of multivariate skewness and kurtosis in testing normality and robustness studies. *Sankhya*, Series B, 36, 115~128.

14. McDonald, R. P. and Marsh, H. W. (1990). Choosing a multivariate model: Noncentrality and goodness of fit. *Psychological Bulletin*, 107, 247~255.

15. Rubin, D. E. (1976). Inference and missing data. *Biometrika*, 63, 581~592.

16. Rubin, D. E. (1987). *Multiple imputation for nonresponse in surveys*. New York: Wiley

17. Schafer, J. L. (1997). *Analysis of incomplete multivariate data*. London, UK: Chapman and Hall.

18. Wothke, W. (1993). Nonpositive definite matrices in structural modeling. In Bollen, K.A. and Long, J.S. [Eds.], *Testing structural equation models* (pp. 256~293). Newbury Park, California: Sage.

19. Wothke, W. (1999). Longitudinal and multi-group modeling with missing data. In T.D. Little, K.U. Schnabel and J. Baumert [Eds.] *Modeling longitudinal and multiple group data: Practical issues, applied approaches and specific examples*. Mahwah, New Jersey: Lawrence Erlbaum Associates.

Index

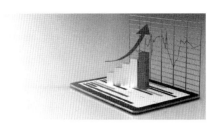

ㄱ

결측값 / 345
결측값분석(missing value analysis) / 348
고차요인분석(higher-order factor analysis)
  / 220
공선성 / 12
관능평가(sensory evaluation) / 208
군집 구성법 / 252
군집 구성법의 종류 / 253
군집분석(cluster analysis) / 246
군집의 중심(cluster center) / 267
군집화 방법 / 255

ㄴ

뉴럴 네트워크(neural network) / 20

ㄷ

다중공선성 / 83
다중대응분석 / 320
다중회귀분석(multiple regression analysis)
  / 4
다차원척도법(multidimensional scaling) / 278
다차원척도법의 목적 / 279
다항 로지스틱 회귀(multinomial logistic
  regression) / 36

다항 로지스틱 회귀분석 / 150
단말 노드(terminal node) / 176
단순 선형 회귀(simple linear regression) / 5
단순회귀분석(simple regression analysis) / 4
대응분석(correspondence analysis) / 308
덴드로그램(dendrogram) / 265
동시 군집분석법(paralleled threshold method)
  / 268

ㄹ

레버리지 값 / 110
로그 변환 / 37
로지스틱 함수 / 37
로지스틱 회귀(logistic regression) / 36
로지스틱 회귀분석의 용도 / 39
로지스틱 회귀분석의 확장 / 148
로지트 함수(logit function) / 37

ㅁ

마하라노비스 거리 / 249
모든 가능한 회귀(all possible regression)
  / 56
모형의 적합도 지수 / 285
민감도 / 114

ㅂ

반복 다차원척도법(replicated MDS) / 292
반복측정 / 128
반분신뢰도(split-half reliability) / 330
범위의 제약(restriction of range) / 333
변수감증법 / 56
변수선택법 / 55
변수증감법 / 56
부호역전 / 80
분류(classification) / 176
불일치의 정도(badness of fits) / 284
비대칭 행렬 데이터의 다차원척도법 / 299

ㅅ

상관행렬 작업 / 141
상이성(dissimilarity) / 263
서수 로지스틱 회귀(ordinal logistic regression) / 37
수신동작특성곡선 / 114
수직 고드름(vertical icicle) / 264
순서 로지스틱 회귀분석 / 160
순차적 군집분석법(sequential threshold method) / 267
스트레스값(stress value) / 284
시그모이드 곡선 / 32
시그모이드 함수 / 32
신경망 / 20
신경망 분석 / 22
신뢰성(reliability) / 328
신뢰성의 증대 / 330

ㅇ

오즈비(odds ratio) / 46
완전 분리 / 89
요인분석과 주성분분석 / 221
우도비 / 60
우도비에 의한 변수감소법 / 71

우도비에 의한 변수증가법 / 68
유사 분리 / 92
유사성(similarity) / 246
의사결정나무(decision tree) / 176
의사결정나무 프로시저 / 177
이상치(outlier) / 102
이상치와 영향도 / 102
이항 로지스틱 회귀분석 / 148
인공신경망(artificial neural network) / 21
인공지능(AI) / 20
일반선형모형 / 120
일반화 선형모형 / 120
일반화 추정방정식 / 128

ㅈ

적중률 / 114
전통적 다차원척도법(classical) / 286
주성분분석(principal component analysis) / 192
주성분분석과 관능평가 / 208
주성분분석의 역사 / 193

ㅊ

최빈값(mode) / 346
최적할당 군집분석법(optimizing partitioning method) / 268
추가처리 기능 / 363
추가처리 기능의 활용 / 367
축차변수선택법(step-wise regression) / 55
축차변수선택법의 종류 / 59

ㅋ

크론바하 알파(Chronbach's alpha) / 330

ㅌ

타당성(validity) / 328

탐색적 요인분석(exploratory factor analysis)
 / 220
특이도 / 114

> ㅍ

포지셔닝 맵(positioning map) / 285
품질 / 373

> ㅎ

행렬 산점도 / 198
확인적 요인분석(confirmatory factor analysis)
 / 220

> B

Bartlett의 구형성 검정 / 238

> C

Cook의 거리 / 108

> K

Kaiser-Meyer-Olkin의 타당성 / 238

> H

Hosmer와 Lemeshow의 적합도검정 / 44

Hotelling의 T제곱 / 341

> R

ROC 곡선 / 114

> Q

quality / 373

※ **노형진**(e-mail: hjno@kyonggi.ac.kr)

- 서울대학교 공과대학 졸업(공학사)
- 고려대학교 대학원 수료(경영학박사)
- 일본 쓰쿠바대학 대학원 수료(경영공학 박사과정)
- 일본 문부성 통계수리연구소 객원연구원
- 일본 동경대학 사회과학연구소 객원교수
- 러시아 극동대학교 한국학대학 교환교수
- 중국 중국해양대학 관리학원 객좌교수
- 현재) 경기대학교 경상대학 경영학과 명예교수
  한국제안활동협회 회장

| 주요 저서 |

- 『Amos로 배우는 구조방정식모형』 학현사
- 『SPSS를 활용한 주성분분석과 요인분석』 한올출판사
- 『Excel 및 SPSS를 활용한 다변량분석 원리와 실천』 한올출판사
- 『SPSS를 활용한 연구조사방법』 지필미디어
- 『SPSS를 활용한 고급통계분석』 지필미디어
- 『제4차 산업혁명을 이끌어가는 스마트컴퍼니』 한올출판사
- 『제4차 산업혁명의 핵심동력 - 장수기업의 소프트파워-』 한올출판사
- 『제4차 산업혁명의 기린아 기술자의 왕국 혼다』 한올출판사
- 『제4차 산업혁명의 총아 제너럴 일렉트릭』 한올출판사
- 『망령의 포로 문재인과 아베신조』 한올출판사
- 『프로파간다의 달인』 한올출판사
- 『3년의 폭정으로 100년이 무너지다』 한올출판사

※ **유자양**(e-mail: victor@kgu.ac.kr)

- 석가장육군사관학교 공상관리학과 졸업(관리학 학사)
- 경기대학교 대학원 석사과정 졸업(경영학석사)
- 경기대학교 대학원 박사과정 졸업(경영학박사)
- 현재) 경기대학교 대학원 글로벌비즈니스학과 교수

| 주요 저서 |

- 『SPSS및 EXCEL을 활용한 다변량분석 이론과 실제』 지필미디어
- 『Excel을 활용한 컴퓨터 경영통계』 학현사
- 『엑셀을 활용한 품질경영』 한올출판사

※ **조신생**(e-mail: xinshengxyz@dsu.ac.kr)

- 요성대학교 한국어전공 졸업
- 경기대학교 이벤트학과 졸업(관광학사)
- 경기대학교 대학원 석사과정 졸업(경영학석사)
- 경기대학교 대학원 박사과정 졸업(경영학박사)
- 하북민족사범대학교 관광항공서비스대학 교수 역임
- 현재) 동신대학교 기초교양대학 교수

| 주요 저서 |

- 『SPSS를 활용한 설문조사 및 통계분석』 학현사
- 『마케팅경영전략연구』 길림출판사

※ **동초희**(e-mail: chrisdong0715@hotmail.com)

- 충칭사범대학교 영어영문학과(문학 학사)
- 경기대학교 대학원 무역학과 졸업(경영학석사)
- 경기대학교 대학원 글로벌비즈니스학과 박사과정수료
- 현재) 명지대학교 국제학부 공상관리전공 객원교수

| 주요 저서 |

- 한국 전자산업의 대중국 직접투자 결정요인에 관한연구, 경기대학교 대학원
- 『엑셀을 활용한 품질경영』 한올출판사

SPSS를 활용한 다변량 데이터의 통계분석

초판 1쇄 인쇄 2022년 6월 20일
초판 1쇄 발행 2022년 6월 25일

저 자 노형진·유자양·조신생·동초희
펴낸이 임순재
펴낸곳 (주)한올출판사
등 록 제11-403호
주 소 서울시 마포구 모래내로 83(성산동 한올빌딩 3층)
전 화 (02) 376-4298(대표)
팩 스 (02) 302-8073
홈페이지 www.hanol.co.kr
e-메일 hanol@hanol.co.kr
ISBN 979-11-6647-235-0

SPSS를 활용한
다변량 데이터의
통계분석